Faszination
Farbe im Garten

Christopher Lloyd

Faszination Farbe im Garten

Herausgegeben von Erica Hunningher

Fotos von Jonathan Buckley

Callwey

Seite 1
Quirlsalbei Salvia involucrata *'Bethellii'* mit Dahlia *'Chimborazo'*.

Seite 2/3
Das Ende der Langen Rabatte in Great Dixter Anfang August mit orange blühender Fackellilie Kniphofia uvaria *'Nobilis' und Sonnenbraut* Helenium *'Moerheim Beauty', rosa* Phlox, *gelber Königskerze (*Verbascum*) und violetter* Clematis *'Jackmanii Superba' – dazwischen reichlich beruhigendes Grün.*

Seite 4/5
Die dicht gedrängten Blütenköpfe von Verbena bonariensis.

Die Originalausgabe erschien 2001 unter dem Titel "Colour for adventurous gardeners" im Verlag BBC Worldwide Ltd., Woodlands, 80 Wood Lane, London W12 0TT

**Übersetzung aus dem Englischen
von Claudia Arlinghaus, Münster**

© 2001 Fotografie Jonathan Buckley
© 2002 Verlag Georg D.W. Callwey GmbH & Co. KG,
Streitfeldstraße 35, 81673 München
www.callwey.de
E-Mail: buch@callwey.de

Die Deutsche Bibliothek – CIP-Einheitsaufnahme
Ein Titelsatz für diese Publikation ist bei der Deutschen Bibliothek erhältlich.

ISBN 3-7667- 1518-6

Das Werk einschließlich aller seiner Teile ist urheberrechtlich geschützt. Jede Verwertung außerhalb der engen Grenzen des Urheberrechtsgesetzes ist ohne Zustimmung des Verlages unzulässig und strafbar. Das gilt insbesondere für Vervielfältigungen, Übersetzungen, Mikroverfilmungen und die Einspeicherung und Verarbeitung in elektronischen Systemen.

Layout: STUDIOGOSSETT
Umschlaggestaltung: Griesbeck/Griesbeck, München
Satz: Edith Mocker, Eichenau
Litho: Radstock Reproductions Ltd., Midsomer Norton
Printed in Italy 2002

INHALT

FARBE Nur Mut! 6

ROT Nur nicht so schüchtern! 14

ORANGE Welche Herausforderung! 36

Echtes BLAU Eine Seltenheit! 56

Wozu MAUVE? 78

Rätselhaftes GRÜN 94

Gebrochenes WEISS 108

Fröhliches GELB 124

Die ganze Wahrheit ROSA 140

Leuchtendes VIOLETT 154

Studie in BRAUN 166

Edles SCHWARZ 176

Register 188

Danksagungen 192

FARBE Nur Mut!

Regeln setzen Grenzen – ein sicherer Hafen, doch dem abenteuerlustigen Gärtner steht der Sinn nach mehr.

◀ *Ein sorgfältig gehegter Teppich aus „Ackerunkraut" blüht im Juli bei The Old Vicarage, East Ruston, unweit der Küste Norfolks. Die Mischung der Primärfarben ist überaus ansprechend. Kaufen Sie Saat für die verschiedenen Spezies getrennt und mischen Sie sie selbst; meiden Sie dabei zu aggressive Arten wie die Kornrade, auch wenn diese in allen kommerziellen Mischungen enthalten ist.*

Die Wiese wird im Oktober gemäht; einen Monat darauf kommt gegen ausdauernde Unkräuter notgedrungen Herbizid zum Einsatz. Hat dieses seine Wirkung getan, so wird das Feld gepflügt und geeggt. Der Fortbestand der Mischung ist durch Selbstaussaat recht gut gesichert; sollte eine erwünschte Art zurückgehen, so schafft Nachsäen Abhilfe. Die Lage muss vollkommen offen sein.

Die Verwendung von Farbe im Garten ist zu einem regelrechten Kult geworden. Daher auch die Flut an Büchern zu diesem Thema – allein in England waren es wenigstens fünf in den letzten fünfzehn Jahren, deutsche Übersetzungen folgten fast immer sofort. Warum ist dies so, und bleibt da überhaupt noch etwas zu sagen? Schließlich sind die wichtigsten Aspekte des Gärtnerns als Erstes, solche Pflanzen zu ziehen, die einem gut gefallen, und ihren Bedürfnissen gerecht zu werden; als Zweites, ihnen einen Gartenrahmen mit fester, sinnvoller Struktur zu geben; als Nächstes, sich zu überlegen, wann die Pflanzungen am wirkungsvollsten sein sollen, damit der Standort gut genutzt ist und niemals langweilig wird: Dazu gehört auch die Planung von Blühfolgen, sodass eine Pflanze von der vorhergehenden entsprechend das Regime übernimmt. Wollen wir ein zusammenhängendes Bild schaffen, sollte uns auch die Bedeutung der Struktur gebenden Pflanzen genau bewusst sein und ebenso jene der Belaubung – letztere ist wichtiger als die Blüte, denn das Laub bleibt uns länger erhalten und hat im Allgemeinen deutlichere Konturen.

Pflanzen, die nahe beieinander stehen, sollten sich gegenseitig optisch unterstützen. Beispielsweise benötigt eine Pflanze mit einer Wolke kleiner, panaschierter Blätter als Ausgleich entweder eine interessante Wuchsform, wie sie etwa der Pagodenhartriegel *Cornus alternifolia* 'Argentea' mit seinem etagenförmigen Habitus aufweist, oder aber Nachbarn oder einen Hintergrund mit dunklerem, eventuell gröberem Laub als Gegensatz, nicht dagegen weitere kleinblättrige panaschierte Pflanzen, die im Extremfall

▲ Cornus alternifolia 'Argentea' im Frühjahr; darunter selbst ausgesäte Vergissmeinnicht. Das relativ kleinformatige Laub trägt eine lebhafte Panaschierung, doch das prägnante Gerüst des Großstrauches mit seiner horizontalen Verzweigung verhindert, dass er wie eine formlose Wolke wirkt.

einen chaotischen, überfrachteten Eindruck machen. Die Textur der Blätter ist unbedingt zu bedenken, ebenso wie ihre Oberfläche, die matt und Licht absorbierend oder aber glänzend und Licht reflektierend sein kann.

Jetzt endlich gelangen wir zur Farbe, und wie inzwischen klar sein dürfte, erfüllt diese keinen reinen Selbstzweck. Und doch ist sie ein Aspekt der Gartengestaltung, bei dem etliche Gärtner nervös werden. Es gibt so viele unterschiedliche Farben, dass sich der Gärtner gern selbst in eine Zwangsjacke steckt, indem er gegen oder für gewisse Farben Vorurteile entwickelt („Ich hasse Orange" – „Glaub mir, am liebsten hätte ich einen Garten ganz in Blau"). In unserem Leben stehen wir vor so vielen Einschränkungen, dass es eine rechte Schande ist, noch mehr hinzuzufügen. Damit vollkommen klar ist, worum es hier geht, soll gesagt sein, dass alle Farben potenziell gut sind, wobei es allerdings manche weniger wünschenswerte Schattierungen gibt, etwa ein trübes Magenta oder eine wie „abgestanden" wirkende Lachsfarbe. Diese Erkenntnis lässt uns reichliche Möglichkeiten der Auswahl offen.

Nun ein Wort zu Farbgegenüberstellungen, womit wir uns auf unsicheres Gelände begeben. Am beliebtesten sind Farbharmo-

FARBE Nur Mut!

▲ *Derselbe Hartriegel im Winter: Mit seinen nackten violetten Zweigen ist er jetzt nicht weniger interessant als zu anderen Jahreszeiten. Regentropfen hängen aufgereiht an der Unterseite der waagerechten Zweige; sie glänzen und glitzern im Sonnenlicht.*

▲▶ *Die apricot-orangefarbene Dahlie 'David Howard' ist ein wichtiger, lange blühender Blickpunkt im Exotischen Garten. Sie bildet einen fröhlichen Kontrast zur luftigen malvenfarbenen* Verbena bonariensis *und zum dunklen Laub des Indischen Blumenrohrs* Canna indica *'Purpurea'.*

nien oder, um es mit einem neuen Schlagwort zu bezeichnen, so genannte „Leitfarben". Nehmen wir an, wir haben eine violett blühende Pflanze, die uns gefällt. Wir denken, was kann ich dazusetzen? Orange? Oh nein, um Himmels willen, die Meiers von nebenan wären über einen so krassen Gegensatz ganz entsetzt. Farbscheue Gärtner schauen aus Furcht vor Kritik ständig über die Schulter beziehungsweise über fremde Zäune. Also Mauve? Ja schon, aber eigentlich mag ich Mauve nicht so recht. Wie wäre es mit Lavendel oder Flieder (der Farbe, nicht der Pflanze)? Ja, das klingt nett.

Also traben wir durch den Garten und suchen eine Pflanze, die gerade lavendel- oder fliederfarben blüht und zu unserer hohen, in gedämpftem Violett blühenden *Verbena bonariensis* passt. Und so finden wir chinesische Wiesenraute *Thalictrum delavayi*, eine Wolke winziger violetter Blüten, die ganz einsam dasteht. Wir stecken die beiden zusammen, und *voilà!* Meiers gratulieren uns zu unserem guten Geschmack, und wir treiben es noch ein wenig weiter, setzen uns vielleicht eine violette Rabatte zum Ziel wie diejenige, die wir beim Besuch in Sissinghurst Castle gesehen haben.

▶ Weiße 'Triumphator'-Tulpen zwischen aufstrebendem Fingerhut erwecken im April diesen mittleren Abschnitt der Langen Rabatte zum Leben; Vergissmeinnicht durchziehen als wiederkehrendes Frühjahrsthema das ganze große Beet.

◀ Anfang Juni steht der Fingerhut Digitalis purpurea 'Sutton's Apricot' in voller Blüte; danach werden ihn spät ausgesäte Einjährige ersetzen. Die großen violetten Blütenkugeln des verwildernden Sternkugellauchs (Allium christophii) sind eine wichtige Komponente in diesem Bereich.

▶ Ende Juni sind die Blütenkerzen des Rittersporns Delphinium *Mighty Atom* von den kontrastierenden Blütentellern der Schafgarbe Achillea 'Lucky Break' und dem Storchschnabel Geranium 'Ann Folkard' im Vordergrund und der weiß schäumenden Knorpelmöhre Ammi majus *dahinter umringt. (Dasselbe Foto findet sich noch einmal vergrößert auf den Seiten 88–89).*

FARBE Nur Mut!

▲ Bereits Mitte August trocknet die Karde zu Braun, doch ihre Gestalt bleibt bis zum Frühjahr bestehen. Die Schafgarbe 'Lucky Break' ist inzwischen zu Weißgold verblasst. Im Hintergrund blühen Kardonen (Cynara cardunculus) auf, weiter vorn steht die Strauchhortensie Hydrangea arborescens 'Annabelle' mit weißen Köpfen in voller Blüte.

▶ Der letzte Tag im August. Allium christophii und Achillea 'Lucky Break' halten noch immer ihre Form; Hydrangea arborescens 'Annabelle' wird noch einige Monate die Blicke auf sich ziehen, ebenso wie die Kardonen im Hintergrund.

▲ *Der Rote Hornmohn* (Glaucium corniculatum) *ist eng mit dem an unseren Küsten heimischen Gelben Hornmohn* (Glaucium flavum) *verwandt, blüht jedoch anders als die reingelbe Art in tiefstem Orangerot mit gelbem Grund. Die Pflanze trägt graugrüne Blätter mit gewelltem Rand und hat eine lange Blütezeit, verausgabt sich jedoch nach zwei Jahren.*

▼ *Ganz anders der Scheinmohn* Meconopsis x sheldonii. *Der Kranz aus dunkelgelben Staubgefäßen steht in herrlichem Kontrast zu den nach außen gewandten blauen Blüten (vgl. auch S. 67). Ein leichter violetter Schimmer auf den Blütenblättern gereicht ihm nicht zum Nachteil.*

Das ist alles vollkommen in Ordnung, davon einmal abgesehen, dass wir uns der vermeintlichen Überlegenheit von Meiers Geschmack unterwerfen. Allerdings sollte man immer für Kritik offen sein: Sie mag berechtigt sein. Zögern Sie dennoch nie, Kritik zu hinterfragen: Warum? Warum nicht? Uns mag der Geduldsfaden reißen, wenn Kinder ständig nach dem Warum fragen, doch eigentlich ist es wunderbar und wichtig, dass sie neugierig nachforschen. Wägen Sie also ab, was die Meiers zu sagen haben, und entscheiden Sie dann selbst.

Ich persönlich probiere häufig Farbharmonien aus. Bedenken Sie jedoch, was Ihnen entgeht, wenn Sie einzig auf dieser Schiene fahren. Stellen Sie sich nur einmal die niedrige apricot-orangefarbene, dunkellaubige Schmuckdahlie 'David Howard' mit Ihrer *V. bonariensis* vor. Das ist ein starker Kontrast, und zwar nicht nur in der Farbe, sondern auch in der Form: kräftig und geschlossen gegen die leichte, durchsichtige Verbene.

Bei so einer Paarung schlägt das Herz einen Takt schneller; ich glaube fest, dass Spannung eine wichtige Komponente der erfolgreichsten Gärten ist. Ähnliche Blüten- und Blattfarben zu kombinieren ist einfach und immer sicher, frei von Dissonanz. Kontraste zu schaffen ist schwieriger, dieses Gebiet ist weiter offen. *Womit* kontrastieren? Kontraste finden sich überall, das Ergebnis kann chaotisch sein – wo fange ich also an?

Im Experimentieren liegt eine weitere Freude des Gärtnerns. Probieren Sie es einmal selbst praktisch. Diskutieren Sie das Ergebnis mit einem aufgeschlossenen Freund und beurteilen Sie dann, inwieweit das Experiment erfolgreich war und wo es noch verbessert werden könnte. Und schon sind Sie auf dem richtigen Weg; nehmen Sie aber immer nur Pflanzen, die Sie wirklich mögen. Es wird mit Sicherheit etwas Neues dabei herauskommen, und das ist dann Ihre ureigene Kreation.

Allen Vorbehalten zum Trotz sind auch heftige Gegensätze manchmal wirkungsvoll – abhängig von Licht und Tageszeit, von der Jahreszeit und unserer eigenen Stimmung. Haben wir die Eintönigkeit des Winters durchlebt, so sehnen wir uns nach Farbe, egal welcher, Hauptsache, wir dürfen uns daran satt sehen. Sie haben vielleicht einen riesigen Gewöhnlichen Seidelbast *(Daphne mezereum)*, der im Februar an jedem Zweig mit malvenrosa Blüten besetzt ist, und darunter einen Teppich aus *Crocus x luteus* in leuchtendem Orange, der sich zur wärmenden Sonne öffnet. Wie könnten Sie da nicht froh werden? Die zwei Farben mögen sich anschreien, doch es sind Freudenschreie.

Manchmal, besonders in Schottland im Sommer, trifft man auf einen kleinen Vorgarten, der buchstäblich mit jeder erdenklichen Farbe vollgestopft ist, bis auf Grau wahrscheinlich (schon reichlich Grau im Himmel). Er ist vollkommen undurchdacht und doch überschäumend von Freude, ein Gefühl, das sich dem Betrachter sofort mitteilt. „Wie viel Spaß sie doch hatten!" rufen

FARBE Nur Mut!

▲ Die Gelappte Sternwinde (Ipomoea lobata, syn. Mina l.) ist eine charmante einjährige Winde mit auffälligem Farbenspiel in den Blüten, die von Rot über Gelb zu Weiß verblassen. Als Gastgeber fungiert hier Verbena bonariensis in dunklem Flieder.

▼ Lediglich mit ihrer Blattrosette verrät die Orchideenprimel (Primula vialii) ihre Familienzugehörigkeit. Noch in Knospe leuchten die roten Kelchblätter, doch sobald die malvenrosa Blütenkrone aufblüht, werden diese unsichtbar, und so bietet der halb entfaltete Blütenstand einen recht erstaunlichen Anblick.

Sie aus, wenn Sie auch mit dem Ergebnis nicht recht einverstanden sind. Wahrscheinlich wüssten auch Sie sämtliche Einzelkomponenten zu nutzen, doch neben einzelnen Farbklecksen wären größere Flecken nötig und zurückhaltendere Pflanzen, um die leuchtenden abzusetzen. Doch eine völlige Ablehnung dieses psychedelischen Gartens, ein Schließen der Augen, während Sie den Kopf abwenden und „Du meine Güte!" flüstern, wäre lediglich ein Zeichen Ihrer Selbstgefälligkeit und Beweis dafür, dass Ihnen noch die rechte Gärtnercourage fehlt.

Ich glaube, dass unter den rechten Umständen jede Farbe erfolgreich mit jeder anderen kombiniert werden kann; dies ist die Botschaft, die ich überbringen will. Es ist ein vollkommen neuer Ansatz, wenn auch Andrew Lawsons *Das Gartenbuch der Farben* dem unausgesprochen sehr nahe kommt. Es gibt etwas, das als „Farbkreis" bezeichnet wird und das ich noch nie verstanden habe; daher werde ich auch hier nicht versuchen, dies zu ergründen oder zu erklären. Er soll irgendwie zeigen, welche Farben gut zusammenpassen und welche nicht, doch das Resultat leuchtet mir nicht ein, und so werde ich meinen eigenen Weg einschlagen.

Regeln, so sagt man, sind da, um gebrochen zu werden. Lernt man zum Beispiel das Komponieren, so ist es bestimmt gut, die Regeln der Harmonielehre zu kennen und zu verstehen, aber dabei sollte man es nicht belassen. Bach kannte alle Regeln und brach sie, wann immer nötig; dies macht seine Musik selbst nach zweieinhalb Jahrhunderten noch ungemein überraschend und mitreißend. Auf meinem Gebiet ist es Gertrude Jekyll, die ständig zitiert und angeblich imitiert wird – ich werde sie an angemessener Stelle in meinem eigenen Sinne zitieren, denn sie war ganz und gar nicht engstirnig, was sie zu der überragenden Künstlerin machte, die sie war.

Nicht jeder ist mit echter Originalität begnadet, doch zumindest können wir die unnötigen Ketten ablegen, welche die Konvention uns auferlegt. Nur Mut – das ist mein Motto.

▶ Eine meiner liebsten Tulpen: die lilienblütige 'Queen of Sheba'. Bei Sonnenschein öffnen sich die Blüten mit zunehmendem Alter immer weiter, bis die rauchige, grünlichschwarze Mitte sichtbar wird – ein Musterbeispiel für Kontraste.

ROT Nur nicht so schüchtern!

Ein Anfang voller Leidenschaft: Wir „sehen Rot", wir laufen rot an vor Scham oder Wut, erröten freudig. Wir schwenken ein rotes Tuch, um den Stier herauszufordern. Rot signalisiert Gefahr. Rote Blumen sind im Krankenhaus ebenso verpönt wie weiße – Blut und Bandagen.

Wie sollen wir nun, derart vorgewarnt und entsprechend gehemmt, mit roten Blumen in unserem Garten verfahren? Ich selbst wünschte mir, die Auswahl wäre größer. Nur wenige winterharte Stauden blühen wirklich rot, und so müssen wir unser Auskommen bei den frostempfindlichen Arten und Einjährigen suchen.

Ich möchte nicht all mein Rot in einem Getto versammeln; dies wäre eine feige Reaktion auf eine Farbe, die man im Grunde fürchtet. „Bringen wir es hinter uns," wird impliziert, „dann können wir uns unbeschwert den sanften Harmonien widmen, bei denen wir uns sicher und wohl fühlen." Doch Rot sollte uns aufmuntern, uns fröhlich machen. Was ist mitreißender als ein Türkenmohn *(Papaver orientale)*, der seine frisch aufgesprungene Knospe dem Sonnenaufgang eines klaren Tages präsentiert? Rote Blumen zu meiden, weil die Farbe schwierig ist, wäre ebenso tragisch wie sich ein reifes Alter herbeizusehnen, bevor man von dem Elixier der unternehmungslustigen, sorgenfreien Jugendzeit gekostet hat.

Wie also wollen wir es einsetzen? Rot scheint von einer eigenen, leidenschaftlichen Energie beseelt. Kurz vor Sonnenuntergang elektrisiert es uns mit seiner Intensität, um ganz plötzlich zu einem nicht weniger spannenden Schwarz zu verlöschen. Ich fand schon immer, dass die Violette Rabatte von Sissinghurst erst dann so richtig auflebt, wenn im August die scharlachroten Hagebutten der zwei großen Mandarinrosen *(Rosa moyesii)* heranrei-

◀ *Die Montbretie* Crocosmia *'Lucifer' bringt Adrenalin in die mittsommerliche Szenerie, blüht allerdings nur recht kurz im Juli. Später entwickelt sie attraktive Samenstände. Wir brauchen mehr rot blühende winterharte Stauden.*

▲▲ *Die tomatenroten Hagebutten der Heckenrose* (R. rugosa) *nehmen im Spätsommer ihre Farbe an und überschneiden sich farblich mit späten Blüten, die oft pink oder magentafarben sind.*

▲ *Scharlachroter Türkenmohn verbindet Farbenpracht mit zartester Textur; es lohnt, ihn von Nahem zu betrachten (und zu fotografieren).*

fen, die hier selbst dann noch verbleiben durften, als das violette Thema zur Ausführung kam.

Ein weiteres elegantes Beispiel mit roten Hagebutten, das ich zufällig entdeckte und nun thematisch bewusst ausbaue (ein Großteil der besten Gärten entwickelt sich auf diese Weise), bieten im Herbst die reifen Fruchtgirlanden meiner Weinrosen (*Rosa rubiginosa*) vor den glänzenden, just aufgeblühten sahneweißen Federbüschen des Pampasgrases *Cortaderia selloana* 'Pumila'.

Man möchte vielleicht meinen, Rot mit Pink läge jenseits des Erlaubten, doch die Natur setzt sich gern über den „guten Geschmack" hinweg. Die Heckenrose *R. rugosa* 'Dagmar Hastrup' (2 m), ein exzellenter Heckenstrauch, trägt ungefüllte pastellrosa Blüten, denen kurz darauf tomatenrote Hagebutten folgen. Die Früchte reifen im Spätsommer, doch die Blüte dauert noch

ROT Nur nicht so schüchtern!

▲ Dies konnte ich mir einfach nicht verkneifen: den dunkel blutroten Türkenmohn 'Goliath' neben leuchtend gelben, hohen Butterblumen (Ranunculus acris 'Stevenii'). Das Federgras Stipa gigantea wirkt beschwichtigend.

▶▶ Einzelne Flecken der fedrigen, weiß blühenden Staude Sanguisorba tenuifolia 'Alba' erheben sich in einem mittsommerlichen Schauspiel über einem Teppich aus Marienkäfermohn (Papaver commutatum). Im Spätsommer und Herbst wird eine Beetpflanze an dessen Stelle treten.

wesentlich länger an. Zugegeben, das üppige gesunde Blattwerk wirkt vermittelnd, doch die Farben sind großartig im Zusammenspiel. Später verfärbt sich das Laub zitronenfarben, sodass Gelb und Rot nebeneinander stehen – manch einer muss sich daran gewöhnen.

Nun aber zurück zu unserem Türkenmohn. Er blüht recht frühzeitig, und am einfachsten kombiniert man ihn mit dem grünen Austrieb noch nicht erblühter Stauden. Der Mohn erweckt das ganze Beet zum Leben. Rot zu Grau ist auch gut, wie etwa das Blutrot des hoch aufrechten Mohns 'Goliath' vor dem gezackten, graugrünen jungen Laub der Kardone *(Cynara cardunculus)*. Setzen Sie den Mohn ein gutes Stück weiter nach vorn, da die Kardone breit ausladend wächst. Eine Zusammenstellung von Violett und Rot, die mir gefällt, ergibt sich mit dem klassischen Scharlachrot des Türkenmohns vor den jungen Sprossen der Aufrechten Waldrebe *Clematis recta* 'Purpurea' (siehe Foto Seite 160). Die Clematis benötigt recht bald eine kräftige Stütze, doch das schiebe ich auf, solange der Mohn blüht.

Der einjährige Marienkäfer-Mohn *Papaver commutatum* ist von tief blutroter Farbe und trägt an der Basis jedes Blütenblattes einen großen schwarzen Flecken – Rot mit Schwarz ist elegant. Wir haben ihn in einer Art Cottage-Garten-Arrangement als Akzent unter karminrosa zweijährigen Storchschnabel *Geranium rubescens* gemischt, der sich überreich aussät. Hier findet sich noch vieles mehr, darunter versamte Vergissmeinnicht. Der Eindruck ist ganz frisch und lebendig. Bei anderer Gelegenheit säten wir den Mohn im Frühjahr in einzelne Töpfchen aus, um ihn dann als breites Band um einzelne Flecken (Abstand etwa 1 m) von Wiesenknopf *Sanguisorba tenuifolia* 'Alba' zu schlingen. Mit 90 cm stehen dessen überhängende Ruten weißer Blüten doppelt so hoch wie der Mohn. Ein weiteres ausgezeichnetes rotweißes Team sind Marienkäfer-Mohn (rot und schwarz) mit weißen Marienglockenblumen *(Campanula medium)*. Putzt man alle drei Tage die braunen verblühten Glöckchen aus, so lässt sich die Blütezeit der Glockenblume verlängern und das Schauspiel insgesamt aufpolieren, was nicht zum Schaden ist.

Ein Fehler sind große Gruppen ungeminderten Rots – so unverdaulich wie ein roher Teigklumpen. Vor allem im Frühjahr stößt man darauf, wenn rote Rhododendren oder immergrüne Azaleen so dicht blühen, dass kein Blatt zu sehen ist. Unwillkürlich muss man blinzeln, was nicht unbedingt schlecht ist, doch man sehnt sich nach ein paar Nebendarstellern – das Rot jedoch steht außer Konkurrenz. Dasselbe trifft auf die Patentlösung öffentlicher Anlagen zu: Feuersalbei mit Namen, die das Blut gerinnen lassen – 'Feuersbrunst', 'Freudenfeuer', 'Knallfrosch', 'Furie', 'Inferno', 'Red River', 'Glutrot' und 'Vulkan'.

Bei diesem Salbei sind Blütenkrone und -kelch scharlachrot. Hat ihn der Züchter schließlich zu einem kompakten, nichts

▲ Der Scharlachrote Salbei Salvia coccinea 'Lady in Red', eine einjährige Beetpflanze, setzt einen markanten Kontrast in vielerlei Umgebung, die sich von Jahr zu Jahr oder sogar häufiger immer wieder neu gestalten lässt. Hier sieht man ihn mit der violettblauen, einjährigen Browallia americana; im Vordergrund eine Flockenblume, Centaurea cineraria (ehemals C. gymnocarpa).

▶ Am Rande dieser Rabatte flankiert Scharlachroter Salbei Salvia coccinea 'Lady in Red' den Star des Ensembles, blauen Strandroggen (Leymus arenarius). Im Hintergrund rot blühende Canna mit wertvollem, auffallendem Laub und die roten Früchte von Rosa setipoda und Gemeinem Schneeball Viburnum opulus 'Compactum'.

sagenden Unding geschrumpft, ist außer Scharlach nichts mehr zu sehen. Dies mag ein gewisser Sieg sein, wirkt jedoch monoton und wird nicht dadurch besser, dass man die Pflanze mit ebenso plumpen, gefüllten Tagetes in Orange kombiniert. Der Scharlachrote Salbei (Salvia coccinea) hingegen, dessen Urform eher zu langgliedrig und kleinblütig ist, um im Garten zu wirken, erfuhr in der perfekten niedrigeren Zuchtform 'Lady in Red' (45 cm) eine starke Verbesserung; sie hat eine größere Aussagekraft und ist dennoch eine recht ungebändigte Pflanze voller Selbstachtung. In meinem Garten mische ich sie gern mit der leuchtend violetten Verbena rigida (38 cm) aus einer frühen Märzsaat. Sie ist auch eine exzellente Begleitung für blauen Strandroggen (Leymus arenarius, 60 cm), der einzig wegen seiner anmutig überhängenden bläulichen Halme gezogen wird.

Dass Rot sowohl eine gute Ergänzung als auch ein Kontrast zu anderen kräftigen Farben sein kann, zeigt sich bei Fleißigen Lieschen als Mischung. Hier sieht man Rot neben leuchtendem Pink, Magenta, kräftigem Violett, Orange und Weiß. So erstaunlich es scheint, sieht dies gut aus. Ich sollte allerdings hinzufügen, dass dazu der Halbschatten unter Bäumen von Nöten ist, will man nicht geblendet werden, und dass es eine große Hilfe ist, wenn die Impatiens-Serie nicht so kompakt ist, dass die Vermittlerrolle

ROT Nur nicht so schüchtern!

▲ *Rote Beet „geranien" dienen zwischen den untersten blau bereiften Blattschwertern der* Furcraea longaeva *als Lückenfüller. Die paddelförmigen Blätter der* Canna 'Durban' *(vielerorts auch unter dem Namen 'Tropicanna') sorgen für Kontraste. Höhepunkt dieses Ensembles ist der Spätsommer.*

◄ *Mitte August schiebt sich im Exotischen Garten die Dahlie 'Grenadier' kontrastreich in das Hauptmotiv dieser Anlage, die sich selbst aussäende fliederfarbene* Verbena bonariensis. *Indisches Blumenrohr* Canna indica 'Purpurea' *trumpft ebenfalls auf.*

dunkelgrünen Laubes und verzweigten Wuchses entfällt. Leider sind die Züchter anderer Meinung – je zwergenhafter, desto besser scheint ihr Ziel.

Zu meinen liebsten frostempfindlichen Stauden zählen Dahlien und Indisches Blumenrohr *(Canna)*. Sie lassen sich gut miteinander und auch mit anderen Pflanzen kombinieren, und beide gibt es in breit gefächerten markanten Erscheinungsformen.

Ein Vorteil vieler rot blühender *Canna*-Sorten ist das zusätzliche Gewicht ihrer emphatisch purpur-bronzefarbenen Blätter. *Canna indica* 'Purpurea' erreicht 180 cm oder mehr an Höhe. Ihre hellroten Blüten sind recht klein, aber passend, und ich stimme jenen Kollegen nicht zu, die sie köpfen, um sie als reine Blattpflanze einzusetzen. Sie sieht noch einmal so gut aus, setzt man sie neben einen zweijährigen Tasmanien-Eukalyptus *(E. gunnii)*, der in diesem Jugendstadium relativ kleine, rundliche Blätter von metallisch graublauer Farbe trägt. (Überlebt dieser den Winter, so verjüngt ihn ein kräftiger Rückschnitt im Frühjahr.)

Neben Farbkontrasten sind auch Farbharmonien sehr nett, besonders dann, wenn die Pflanzen abgesehen von der Farbe vollkommen verschieden sind. Gute Erfahrungen habe ich mit einem Team aus Gemeinem Schneeball *Viburnum opulus* 'Compactum' (150 cm) hinter oder neben der oben genannten *Canna* gemacht.

Er trägt ahornartig gefingertes Laub und blüht im Mai mit weißen Spitzenhäubchen, die allein schon ein Plus sind. Bereits im August hängen seine glänzend roten Beerendolden reif herab, werden aber wochenlang von den Vögeln ignoriert (zumindest habe ich diese Erfahrung gemacht). Er macht sich also ausgezeichnet in einer gemischten Rabatte neben der beschriebenen hohen *Canna* mit violettem Laub oder hinter der etwas kürzeren *C.* 'General Eisenhower' (dieser Name ist ein wenig zweifelhaft). Die breiten, bronzefarbenen Blätter dieser *Canna* sind wunderbar gewellt, wie bei einer Skulptur, und von großen, leuchtend roten Blüten gekrönt. Sie wird nicht höher als 180 cm, bleibt eher darunter, was gut zu meiner Art, den Schneeball zu ziehen, passt: Im Winter entferne ich sämtliche abgeblühten Äste und lasse nur das gerade, unverzweigte neue Holz stehen, das dann in der neuen Saison Frucht trägt. Die Höhe des Strauchs lässt sich recht gut durch die Art des Rückschnitts regulieren.

ROT Nur nicht so schüchtern!

◄▲ *Der Exotische Garten zeigt sich im August hinter einem Wandschirm aus Verbena bonariensis und der üppigen niedrigen Semikaktus-Dahlie D. 'Wittemans Superba' (rot mit einem Hauch von Violett auf der Rückseite der Strahlen).*

▲ *Eine ganz besondere Wirkung hat Rot vor violettem und graublauem Laub. Hier sehen wir Dahlia 'Alva's Doris', Canna indica 'Purpurea' und das Jugendlaub eines winterharten, aus Samen gezogenen Tasmanien-Eukalyptus, E. gunnii.*

◄ *Dahlia 'Bishop of Llandaff', die aufgrund ihres kontrastreichen, tief eingeschnittenen burgunderroten Laubes selbst bei solchen Gärtnern beliebt ist, die eigentlich keine Dahlien mögen.*

Lassen Sie sich nicht dadurch abschrecken, dass das Laub der meisten Dahlien eine Spur gewöhnlich ist. Dieser Mangel wird leicht durch Begleitpflanzen und durch ihre eigenen Blüten überspielt, die sie über dem Laub tragen. Es gibt allerdings zumindest eine bemerkenswerte Dahlie, die für ihr burgunderrotes, tief eingeschnittenes Blattwerk bekannt ist – 'Bishop of Llandaff', mit halb gefüllten Päonienblüten in reinem Rot. Dahlien werden sehr häufig von oben herab betrachtet und aufgrund ihres derben Wuchses und der enormen Schaublüten der als Riesendahlien bezeichneten Klasse als vulgär abgelehnt (was hoffentlich im Abnehmen begriffen ist). Diese Riesendahlien sind für den Garten weniger geeignet; die Mehrzahl der Dahlien bringt adrette Blüten in unterschiedlichen Formen hervor.

Dahlia 'Bishop of Llandaff' (120 cm) kann eine Höhe von 180 cm erreichen, wenn sie nur lange genug wachsen darf; sie ist ausgezeichnete Gesellschaft für die hohe *Verbena bonariensis* in

▼ *Die ungewöhnliche Bromelienpflanze* Fascicularia bicolor *ist überraschend kälteverträglich. Im Spätsommer oder Herbst bildet sich ein himmelblaues Blütenkissen in der Mitte der niedrigen Rosette, deren innere scharf gesägte Blätter sich rot verfärben. Wer könnte dieser Pflanze widerstehen?*

▲ *Die rankende Kapuzinerkresse* Tropaeolum speciosum *wirkt am besten, wenn sie an einer immergrünen Hecke wächst. Dieser Kalkflieher zieht im Winter ein, was dem Gastgeber eine Erholungspause verschafft; dann kann die Hecke auch gestutzt werden.*

dunklem Fliederton. Hierbei handelt es sich um eine durchsichtige Pflanze mit mehr Stängel denn Blatt, eine kurzlebige Staude mit unglaublich langer Blütezeit von Ende Juni bis Ende Oktober. In warm-gemäßigten Klimabereichen ist sie ein verbreitetes Gartenunkraut, das sich reichlich aussät und daher von manchen Gärtnern gescheut wird. Wer dagegen in härteren Klimaten seinen Garten hat, wird keinen Samen finden und die Pflanze verlieren, sorgt er nicht durch Stecklinge vor.

Vermehrt man Dahlien noch spät durch Stecklinge, sagen wir Anfang Mai, so werden diese im Oktober ganz frisch zur Blüte gelangen (sofern es nicht friert). Halb durch Zufall fand ich mich einem hübschen Kontrast gegenüber, wo der 'Bischof' – aufgrund seines späten Starts nur 100 cm hoch – neben den leuchtend rosa Trompeten einer Guernseylilie *(Nerine bowdenii)* und einer Japanischen Mandelkirsche *Prunus glandulosa* 'Alba Plena' stand. Die Ruten dieses Strauches sind im April mit gefüllten weißen Blüten besetzt; danach schneiden wir ihn insgesamt kräftig zurück, um ihn auf 120 cm Höhe zu begrenzen. Das Laub an den nachgewachsenen biegsamen Ruten verfärbt sich im Herbst zu einem sanften Pfirsichrosa. Und so haben wir nebeneinander eine rot blühende frostempfindliche Staude, eine leuchtend rosa blühende Zwiebelpflanze und einen Strauch im zartrosa Blattkleid, und nicht zu vergessen goldene Herbstsonne auf glitzerndem Tau als Beigabe.

Wer in einer kalten Senke seinen Garten hat, ist arm dran, doch die meisten von uns sollten meiner Ansicht nach dem Herbstgarten größere Aufmerksamkeit widmen, wo sich noch so viel letzte Wärme genießen lässt. 'Ellen Huston' (75 cm) ist eine weitere Dahlie, die sich in dieser Jahreszeit gut macht; ihr Rot geht in Richtung Orange, die Blüten sind halb gefüllt und die Wuchsform kompakt und für das Beet geeignet. Das Laub hat einen ausgeprägten Bronzeton. Ihre Blüte beginnt früh, bereits Anfang Juli, die Hauptblüte liegt jedoch relativ spät. 'Grenadier' (120 cm) ist eine niedrige, ganz gefüllte kräftig rote Schmuckdahlie, die mir ebenfalls viel Freude macht. Bei ganz normaler Behandlung ist sie Anfang Juli eine der Ersten, die aus überwinterten Knollen blüht, doch spät geschnittene Stecklinge verhalten sich wie oben beschrieben, mit der besten Blüte im Oktober.

Auch eine Lage, in der zeitiger Frost zu erwarten ist, kann zum Vorteil genutzt werden, wenn man bestimmte Bäume und Sträucher pflanzt, die für ihr flammendes Herbstlaub bekannt sind. Nur wenige von diesen sind heimisch; wir müssen hauptsächlich auf Arten aus Japan und Nordamerika, wie die Scharlacheiche *(Quercus coccinea)*, zurückgreifen, die uns grundsätzlich gern zu Gefallen, jedoch immer dann am besten sind, wenn der Laubverfärbung ein früher Frost vorausgeht.

Nicht anders als bei der Rhododendronblüte im Frühjahr und dem Prachtsalbei im Sommer sind ungebrochene Flächen herbst-

ROT Nur nicht so schüchtern!

▲ *Die Silbereiche* Grevillea *'Canberra Gem' ist ein hübscher, recht winterharter Strauch, dessen frischgrüne Blattnadeln einen fröhlichen Hintergrund für seine Blüten bilden. Diese werden im Frühjahr wenigstens vier Monate lang immer wieder neu gebildet.*

▼ *Ein idealer Kontrast für den Prachtwein (*Vitis coignetiae*) mit seinem lang anhaltenden Herbstrot ist das glänzend grüne Laub wilden Efeus (*Hedera helix*). Beide erklimmen eine Esche. Wichtigste Wachstumsbedingung für den Wein ist ein gleichmäßig feuchter Wurzelbereich.*

lichen Rots zwar spannend, jedoch alles andere als subtil; sie wirken umso schöner, wenn sie durch reichliches Grün abgesetzt werden. Die chinesische Eberesche *Sorbus scalaris* (10 m) bewerkstelligt dies ganz allein. Ihre blutroten Beerendolden reifen heran, wenn das Laub noch leuchtend grün ist, und während die Blätter sich von Grün nach Rot verfärben, durchlaufen sie ein Stadium, wo sich entlang der Blattadern noch letztes Blattgrün hält. Dies ist noch attraktiver als das spätere gleichmäßige Rot des Laubs.

Herbstfarben hängen nicht nur in erster Linie von der Spezies und in zweiter vom Wetter ab. Manche Kulturvarietäten verfärben sich weitaus leuchtender als andere. Werden diese vegetativ vermehrt, so erhalten sie den Namen einer Selektion, beispielsweise *Quercus coccinea* 'Splendens'. Diese kostet mehr, da sie im Gegensatz zu der weitaus weniger aufwändig aus Samen gezogenen Pflanze veredelt ist, doch die Gewissheit ist den Mehrpreis unbedingt wert.

Der wohl dekorativste echte Wein ist der Prachtwein *Vitis coignetiae*, der an seinen kräftigen Trieben lange Girlanden übergroßer Blätter über seine Rankhilfe drapiert. Diese japanische Art verfärbt sich zu einem schönen Blutrot und sieht am allerbesten vor einem glänzend grünen Hintergrund aus schlichtem Efeu aus, etwa in einer Esche, einem Baum mit lichter, heller Krone, der sich daher besonders gut zur Berankung eignet.

Der Wein hält seine Herbstfarbe ungewöhnlich lange – bis zu etwa sechs Wochen. Zwei Dinge allerdings sollten beachtet werden, um Enttäuschungen zu vermeiden. Bei manchen Sorten vergehen Jahre ohne eine gute Herbstfärbung. Ist eine benannte Selektion wie 'Claret Cloak' ('Frovit'), die den Erfolg garantiert, nicht problemlos erhältlich, so besuchen Sie im Herbst eine Gärtnerei oder ein Gartencenter und begutachten Sie die vorhandene Topfware. Nun mag sich aufgrund von Mangelerscheinungen eine Pflanze im Topf stärker verfärben als später im Boden, doch im Allgemeinen sollte eine im Geschäft kräftig gefärbte Pflanze auch im Garten ähnliche Leistung erbringen.

Die zweite Sache ist die, dass die Pflanze nicht in ausgelaugtem, staubtrockenem, dicht durchwurzeltem Boden zur ewigen Ruhe gebettet werden sollte. Aus ihr wird nie etwas werden. Bereiten Sie einen wirklich guten Standort mit reichlich grober organischer Materie vor. Pflanzen Sie in gutem Abstand von dem zu erkletternden Baum, wo Wurzeln ein weniger großes Problem sind; reichern Sie alljährlich die Mulchschicht an und wässern Sie reichlich während der Wachstumsperiode. Natürlich können Sie auch gegen einen Zaun oder eine Felswand oder eine beliebige andere leblose Stütze pflanzen, doch ein Baum wäre am schönsten.

Zu den aufregendsten Blüten in unverfälschtem Rot zählen die Hybriden der nordamerikanischen Lobelienarten *Lobelia cardinalis* und *L. fulgens*. *L.* x *speciosa* 'Queen Victoria' trägt bis

▲ *Einen herzerfrischenden bunten Blätterteppich in feucht-schattiger Lage bilden* Lobelia F_1 *'Fan Scharlach', die grünen Blattquirle der chinesischen Einbeere* Paris polyphylla *und panaschiertes Immergrün. Die Lobelien aus der F_1-Fan-Serie haben einen hohen mittleren Blütenstand, verzweigen sich jedoch außerdem zu einem dichten Blütenbusch, der von August bis Oktober blüht.*

zu 100 cm hohe Blütenkerzen mit rotviolettem Laub. Sie wirkt hervorragend vor einem Hintergrund aus grün-weiß gestreiftem Riesenschilf *Arundo donax* var. *versicolor* (die besten Sorten enthalten mehr Weiß als Grün). Die meisten unter uns müssen beide als frostempfindliche Beetstauden behandeln. Unter den neueren Saatgut-Sorten beeindruckt mich sehr die F_1-Hybride 'Fan Scarlet' ('Fan Scharlach'). Die Sämlinge variieren ein wenig in der Farbe (die besten Pflanzen lassen sich leicht für das nächste Jahr auslesen), doch im Allgemeinen sind sie von leuchtendem, klarem Rot und buschigem Wuchs bis 75 cm, nicht so schmächtig, wie 'Queen Victoria' gerne wächst. 'Fan Scharlach' lässt sich als kälteverträgliche Einjährige ziehen, doch der sparsame Gärtner gräbt am Ende der Saison den Wurzelstock aus und setzt ihn unter Glas, wo er weitgehend vor Frost geschützt ist. Im Frühjahr werden dann die ruhenden Wurzelstöcke geteilt und so vermehrt. 'Fan Deep Red' ('Fan Tiefrot') ist ebenfalls gut, doch die scharlachrote Spielart leuchtet heller aus dem Beet.

ROT Nur nicht so schüchtern!

▲ *Manchen Gärtnern (mir leider nicht) ist regelmäßiger Erfolg mit der 90 cm hohen Lobelia tupa vergönnt, die im Sommer blüht und in diesem küstennahen Garten – The Old Vicarage, East Ruston, Norfolk – winterhart ist.*

▶▲ *Diese alte verlässliche Beetstaude, Brennende Liebe (Lychnis chalcedonica), reckt ihre knapp 8 cm runden Blütenstände in reinem Scharlachrot zu Mittsommer leider viel zu wenige Wochen in die Höhe. Nach einem Regen belastet das Gewicht der Blütenköpfe die steifen, rauen Stängel; eine Stütze ist notwendig, damit sie dann nicht an der Basis nachgeben.*

Brennende Liebe (*Lychnis chalcedonica*, 90 cm) ist eine im Bauerngarten seit jeher sehr beliebte, rein rote ausdauernde Staude; sie trägt Hauben aus scharlachroten Einzelblüten mit tief eingeschnittenen Blütenblättern, die ihr in England den Namen „Malteserkreuz" eingetragen haben. Kleinliche Gärtner allerdings merken kritisch an, dass die Blütenblätter fünf an der Zahl sind. Die rundlichen Blütenstände bilden Anfang Juli einen ganz und gar wunderbaren Kontrast zu den tief violetten Blütenkerzen des Salbeis *Salvia* x *superba*, der genauso kälteverträglich ist, jedoch wesentlich länger blüht als das drei Wochen ausdauernde Nelkengewächs.

Kein bisschen weniger rein und effektvoll ist das Rot der Lichtnelke *Lychnis* x *haageana* (30 cm). Hier handelt es sich um eine kurzlebige Staude, die wir am liebsten zweijährig ziehen – wir säen im Juli, vereinzeln, setzen die Pflänzchen in 8-cm-Töpfe, überwintern sie im Frühbeet und setzen sie im Frühjahr aus. Sie blüht zur gleichen Zeit wie die Marienglockenblume, die doppelt

ROT Nur nicht so schüchtern!

◀ Mein eigener Sämling Crocosmia *'Late Lucifer'* blüht praktischerweise zwei Wochen später als sein Ahne *'Lucifer'*. Im Hintergrund hier Catalpa bignonioides *'Aurea'*; ein kräftiger Rückschnitt lässt den Trompetenbaum strauchig sprießen. Das violette Laub der einjährigen Gartenmelde Atriplex hortensis *var.* rubra, *die reiche Samen bildet, bringt Würze in die Kombination.*

▶ *Die gleiche Montbretie wie gegenüber, doch hier neigt sie sich* Staudenphlox Phlox paniculata *'Alba'*, Kniphofia uvaria *'Nobilis'* (der Fackellilie, erst halb entflammt) *und Purpur-Wasserdost* Eupatorium purpureum *zu. Gemeinsam bevölkern sie ein Anzuchtbeet, das wir lieber in Gruppen als in Reihen bepflanzen, was viel mehr Spaß macht.*

▶ Crocosmia masoniorum *'Dixter Flame' (mein Sämling) neigt sich über eine Kolonie von* Houttuynia cordata *'Chameleon'. Dem unbezwingbaren Ausbreitungsdrang dieser Pflanze müssen wir eine Wurzelsperre aus versenktem Eisenblech entgegensetzen, doch hübsch anzusehen ist sie.*

▲ Bereits dreißig Jahre harrt die Darwintulpe 'Red Matador' an derselben Stelle in meiner Langen Rabatte aus, wo sie sich großzügig vermehrt. Ihre Blüte liegt recht früh; bei Sonnenschein öffnen sich die Blumen und zeigen ihre herrliche Innenzeichnung.

▶ Kontraste bietet Beth Chattos Kiesgarten im April mit der scharlachroten Anemone x fulgens zwischen niedrig liegender Walzenwolfsmilch Euphorbia myrsinites, deren graugrüne Blätter fast völlig von den giftiggrünen breiten Blütenständen verdeckt werden.

▼ Rot und Orange sind ein wirkungsvoller Kontrast zu dem giftigen Hellgrün von Wolfsmilchgewächsen, hier der strauchigen Euphorbia x martinii. Die orange Tulpe heißt 'Ballerina', die rote 'Dyanito'. Beide sind lilienblütig.

so hoch wird, doch das macht nichts. Die scharlachroten Blüten dieser *Lychnis* sind doppelt so groß wie die von *L. chalcedonica* und stechen in Gesellschaft der Glockenblume derart hervor, dass sie problemlos die beabsichtigte Wirkung erzielen, wobei der gemeinsame Höhepunkt in die Monate Juni/Juli fällt. Eine Mischung blauer, violetter und weißer Glockenblumen ist ideal, doch haben wir selbst schon ganz überrascht festgestellt, dass auch einige rosa Glöckchen das Bild absolut nicht stören. Da Marienglockenblumen zweijährig sind, lässt sich die Kombination Anfang August komplett beiseite fegen und durch eine Neubepflanzung ersetzen, die das Jahr dann zu Ende führt.

Begrenzt winterhart sind einige der rot blühenden Montbretien, vor allem die hohe, kräftige *Crocosmia* 'Lucifer' (120 cm). Diese blüht nur drei Wochen lang Ende Juli. Wie jedes reine Rot ergänzt sie gut giftiges Limonengrün, beispielsweise das des einjährigen Sichelblättrigen Hasenohrs *(Bupleurum falcatum)*. Richtig aufregend wird es für mich, wenn sich eine meist selbst ausgesäte Kranzlichtnelke *(Lychnis coronaria)* seitlich in die Gruppe drängt. Diese Pflanze ist von einem herrlichen Magenta, das die grauen Stiele und Kelchblätter ein wenig mildern. Sie scheint ständig auf der Suche nach Neuland zu sein und ist immer für eine Überraschung gut.

Apropos Limonengrün mit Rot – sicheren Erfolg im Frühjahr garantiert eine Kombination der einfachen roten *Anemone* x *fulgens* (25 cm) mit einer nicht allzu hohen Wolfsmilch, wie der sehr niedrigen Walzenwolfsmilch *Euphorbia myrsinites*, der Blaugrünen Wolfsmilch *E. rigida* (30 cm) oder gar der Goldwolfsmilch *E. polychroma* (30 cm zur Blütezeit, später höher). Ich habe die Absicht, diese Kombination zusammen mit zwei lilienblütigen Tulpen, 'Dyanito' in reinem Scharlach und 'Ballerina' in Orange, vor der strauchartigen *Euphorbia* x *martinii* (60 cm) zu etablieren, deren grüne Hochblätter eine punktgroße rote Blüte umrahmen. Gemeinsam sorgen sie für einen äußerst lebhaften Frühlingsgarten.

Ich schrieb dies an einem kalten Tag Mitte Januar, und als ich kurz vor Sonnenuntergang aus meinem Nordfenster blickte, lag der Garten ganz in warmem Sonnenlicht gebadet. Ich musste einfach hinauseilen, um mich daran zu erfreuen. Am Ende meiner Langen Rabatte steht eine hohe kegelförmige Stechpalme, *Ilex* x *altaclerensis* 'Golden King', mit relativ stachellosem, gelb gerändertem Laub. Sie ist das ganze Jahr über der schönste Blickfang und entgegen der Erwartung ein weiblicher Strauch, der regelmäßig Beeren ansetzt – nicht allzu viele in diesem Jahr, doch noch immer am Strauch, denn die Vögel hatten noch nicht unter dem Winter zu leiden. Tagsüber fallen sie mir kaum ins Auge, doch dieses Licht setzte jedes kleine Büschel vor dem grüngelben Hintergrund ab. Einen solchen Anblick als „magisch" zu bezeichnen, klingt banal, und doch war er es, und das Zaubermittel war die Farbe Rot.

Anemone x *fulgens*
Höhe: 25 cm
Breite: 15 cm
Winterhart, Sonne
Knollen bildende Anemone mit leuchtend roten Blütentellern im Frühjahr. Ein Kranz schwarzer Staubblätter in der Blütenmitte unterstreicht das Rot zusätzlich. Versuchen Sie sie neben giftgrünen Pflanzen, wie der niederliegenden Walzenwolfsmilch (*Euphorbia myrsinites*), die denselben mäßig fruchtbaren, lockeren, gut durchlässigen Boden bevorzugt.
◀

Canna indica 'Purpurea'
Indisches Blumenrohr
Höhe: 200 cm
Breite: 50 cm
Frostempfindlich, Sonne
Eine der widerstandsfähigsten dunkelblättrigen *Canna*-Arten, die charakteristische Blüten wie zusammengenommene Seidentücher oben auf hohen Stängeln trägt. 'General Eisenhower' bleibt etwas niedriger. Rhizome herausnehmen und in eben feuchter Erde an kühlem, frostfreiem Ort überwintern. Pflanzen Sie sie neben Tasmanien-Eukalyptus (*Eucalyptus gunnii*) mit grauem Jugendlaub.

Crocosmia 'Lucifer'
Montbretie
Höhe: 120 cm
Breite: 30 cm
Winterhart, Sonne
Attraktiv längs gerippstes Laub und im Hochsommer schwebende, aufwärts gerichtete Blüten in flammendem Rot. Einen gewagten Kontrast bringt ringsum eingesamte magentafarbene Kranzlichtnelke *Lychnis coronaria*; weniger harsch ist die Verbindung mit Sichelblättrigem Hasenohr (*Bupleurum falcatum*).

Dahlia 'Grenadier' ▲
Dahlie
Höhe: 120 cm
Breite: 45 cm
Frostempfindlich, Sonne
Diese niedrige, breit wachsende Schmuckdahlie trägt kleine, gefüllte, intensiv rote Blüten mit zurückgebogenen Blütenblättern; überwinterte Knollen blühen ab Juli, Stecklinge im Spätherbst. Sie passt gut zu herbstlichen Goldtönen (z.B. Sonnenhut *Rudbeckia* 'Goldsturm') und zu Blau (z.B. *Aster* x *frikartii*). *D.* 'Ellen Huston' ist kompakter. *D.* 'Bishop of Llandaff' harmoniert mit violettem *Canna*-Laub; *Verbena bonariensis* bringt Auflockerung.

Ilex x *altaclerensis* 'Golden King'
Stechpalme, Ilex
Höhe: 6 m
Breite: 5 m
Winterhart, Sonne / leichter Schatten
Eine praktisch stachellose Stechpalme mit leuchtend roten Beeren und breit gelb gerändertem Laub, ein Hingucker zu jeder Jahreszeit. Lassen Sie eine rote *Clematis viticella* durch ihre Äste kraxeln.

Impatiens
Fleißiges Lieschen
Höhe: 60 cm
Breite: 60 cm
Frostempfindlich, Sonne / leichter Schatten
Sorten mit und ohne Namen in unterschiedlichen Rottönen, die als Beet- und Balkonpflanzen angeboten werden. Mischen Sie sie mit anderen Farbschattierungen. Wählen Sie nicht zu kompakte Sorten mit dunklem Laub.

Lobelia F$_1$ 'Fan Scharlach'
Höhe: 75 cm
Breite: 25 cm
Frostempfindlich, Sonne / Halbschatten
Eine buschig wachsende Staude mit leuchtend roten Blüten, die bereits im ersten Jahr aus Samen blüht. Man kann sie in einem Frühbeet überwintern oder als Einjährige ziehen. Probieren Sie sie neben leuchtend grünen Pflanzen, wie der Einbeere *Paris polyphylla*.
▼

Lobelia 'Queen Victoria'
Höhe: 90 cm
Breite: 30 cm
Bedingt winterhart, Sonne
Leuchtend rote Blütenkerzen über violettem Laub. In kalter Lage am besten als einjährige Beetpflanze zu ziehen. Überwinterung im Frühbeet, Teilung der Wurzelstöcke im darauffolgenden Frühjahr.
Sie sieht hübsch aus am Wasserrand oder vor dem hohen grünweißen Pfahlrohr *Arundo donax* var. *versicolor*.

Lychnis chalcedonica
Brennende Liebe
Höhe: 90 cm
Breite: 30 cm
Winterhart, Sonne
Halbkugelige, leuchtend scharlachrote Blütenstände auf Stielen, die sich gern zur Seite neigen. Leicht durch Teilung oder Aussaat zu vermehren. Sie passt gut zu kräftigen Gelbtönen. Einen stärkeren Kontrast bildet die violette *Salvia* x *superba*.

Lychnis x *haageana*
Lichtnelke
Höhe: 30 cm
Breite: 30 cm
Sonne
Eine kurzlebige Staude, die am besten als Zweijährige gezogen wird, mit leuchtend roten oder orangefarbenen Blüten von bis zu 5 cm Durchmesser; die fünf Blütenblätter sind tief eingeschnitten. Kombinieren Sie sie mit weißen oder bunt gemischten Marienglockenblumen oder mit rankender *Petunia integrifolia*.

ROT Nur nicht so schüchtern!

◄ *Meconopsis punicea*
Scheinmohn
Höhe: 30 cm
Breite: 30 cm
Halbschatten
Praktisch die einzige wirklich rote *Meconopsis* und nicht einfach zu ziehen, am besten in höheren Lagen. Feuchter, saurer Boden und kühle, halbschattige Lage. Sie blüht sich häufig zu Tode. Nachzucht aus Samen. Wer sie erfolgreich zieht, hat sich einen Namen als Gärtner gemacht.

Papaver commutatum 'Ladybird'
Marienkäfer-Mohn
Höhe: 45 cm
Breite: 15 cm
Frostverträgliche Einjährige, Sonne
Die leuchtend blutroten Blütenblätter tragen einen großen schwarzen Flecken an der Basis, ein eleganter Kontrast zu weißer *Campanula medium* und von lebhafter Wirkung mit rosa und violetten Begleitern wie dem Storchschnabel *Geranium rubescens*.

Papaver orientale 'Goliath Group'
Türkenmohn
Höhe: 90 cm
Breite: 75 cm
Winterhart, Sonne
Dieser spektakuläre Türkenmohn trägt im Frühsommer tellergroße, strahlend rote Blüten. Mit dem magentafarbenen Armenischen Storchschnabel *Geranium psilostemon* oder vor silbern belaubter Kardone (*Cynara cardunculus*) entfachen Sie einen Kampf der Titanen.

Penstemon 'Chester Scarlet'
Bartfaden
Höhe: 60 cm
Breite: 30 cm
Winterhart, Sonne / Halbschatten
Auffällig und fast das klarste Rot, das zu finden ist. Vermehren Sie ihn vorsichtshalber durch Stecklinge, da die Staude nicht sehr langlebig ist. Probieren Sie weiße Madonnenlilie *Lilium candidum* dazu, die ebenfalls neutralen bis kalkhaltigen Boden bevorzugt.
▼

Quercus coccinea
Scharlacheiche
Höhe: 20 m
Breite: 15 m
Winterhart, Sonne / leichter Schatten
Das grüne Laub dieser Eiche verfärbt sich im Herbst strahlend rot, bei vorhergegangenem Frost umso intensiver. Manche Sorten verfärben sich besser als andere; benannte Selektionen, wie 'Splendens', sind recht verlässlich. Seine Endgröße macht diesen Baum für den kleinen Garten ungeeignet.

Rosa 'Fru Dagmar Hastrup'
Heckenrose
Höhe: 2 m
Breite: 2 m
Winterhart, Sonne / Halbschatten
Trägt ab Spätsommer große rote Hagebutten, die hübsch mit den letzten einfachen, rosa Blüten und später dem gelben Herbstlaub aussehen. Gut als ungeschnittene Hecke und als Solitär. Kann auf kalkhaltigem Boden fürchterlich unter Chlorose leiden.

Salvia coccinea 'Lady in Red'
Scharlachroter Salbei
Höhe: 45 cm
Breite: 30 cm
Frostempfindlich, Sonne
Eine Staude, die als Einjährige gezogen wird. Über dunkelgrünem Laub trägt sie während der meisten Sommermonate und den Herbst über lockere Blütenkerzen in brillantem Rot, das gut mit der leuchtend violetten *Verbena rigida* kontrastiert. Ein kongenialer Partner ist blauer Strandroggen (*Leymus arenarius*).

Tulipa sprengeri ►
Höhe: 40 cm
Breite: 10 cm
Winterhart, Sonne
Die späteste Tulpe, in reinem Rot mit langem, schmalem, glänzend grünem Laub. Die schlanke Knospe ist gelbbraun. Ein reizender Partner für Schwertlilien; passt außerdem gut zum Giftgrün von *Euphorbia* x *martinii* und *E. polychroma*. 'Red Shine' ist eine hohe, späte, sanftrote Sorte, die im Ton den Zierrhabarber *Rheum palmatum* 'Atrosanguineum' ergänzt.

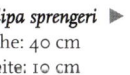

Viburnum opulus 'Compactum'
Gemeiner Schneeball
Höhe: 1,50 m
Breite: 1,50 m
Winterhart, Sonne / leichter Schatten
Pflanzen Sie ihn um seiner fleischigen, rot glänzenden, johannisbeergroßen Früchte willen, die in Trauben lange am Strauch hängen. Im Frühjahr trägt er flache weiße Blütenteller. Kombinieren Sie dazu rot blühendes Blumenrohr, z.B. *Canna indica* 'Purpurea'.
►

Vitis coignetiae
Prachtwein
Höhe: 15 m
Breite: 6 m
Winterhart, Sonne / Halbschatten
Eine Kletterpflanze mit riesigen Blättern, die sich im Herbst lange tiefrot verfärben; eindrucksvoll vor grünem Hintergrund. Das Rot benannter Selektionen ist verlässlicher. Der Wein wirkt aus der Entfernung am besten und lässt sich am schönsten an hohen Bäumen oder Bauten ziehen, z.B. einer Pergola.

ORANGE
Welche Herausforderung!

Orange ist so lebendig wie glühende Kohlen, die der Wind anfacht – möglicherweise die aufregendste und stimulierendste Farbe auf der Palette des Gärtners. Und doch ist dies die Farbe, welche so mancher ohne zu zögern aus dem ganzen Garten verbannt.

◄ *Oranger geht's nicht: Die* Tithonia rotundifolia *(180 cm) ist eine derbe, mit der Zinnie verwandte Einjährige; ihre Blüten jedoch präsentiert sie sehr stilvoll auf einem nach oben hin hübsch verstärkten Stängel. Die eigentliche Spezies wird im Allgemeinen als 'Torch' geführt; achten Sie darauf, dass Sie nicht etwa 'Goldfinger' kaufen, die kleiner, ungelenker, weniger langgliedrig und insgesamt gewöhnlicher ist. Säen Sie Ende Frühjahr aus, und ab geht die Post!*

Es ist schon seltsam. Orangen – die Früchte – sollen unbedingt in der Farbe gleichen Namens leuchten, und wie prächtig sehen sie aus, hoch am Baum inmitten des üppigen Grüns. Ist ihre Farbe nicht kräftig genug, werden sie vor dem Verkauf eingefärbt. Tomaten halten sich etwas mehr zurück, sind jedoch auch unbestreitbar rötlich-orange. Man kann gelbfrüchtige Sorten ziehen, doch die Befriedigung ist nie die gleiche, und für kulinarische Zwecke scheinen sie geradezu bleichsüchtig. Wer kauft schon ein Weckglas voll gelber Tomaten?

Ein typischer Vertreter dieser Farbe ist die orange Grundform der Ringelblume *(Calendula officinalis)*. Streuen Sie einmal deren Blütenblätter über einen gemischten grünen Salat. Dann, quasi als Nachsatz, geben Sie als Kontrast zum Orange nur wenige blaue Blüten von Borretsch, Ochsenzunge *(Anchusa)* oder Wegwarte darüber. Das sieht gut aus, murmeln Sie vor sich hin, doch denken Sie einmal weiter und überlegen Sie, wie Sie diese Farbkombination auch in Ihren Beeten wachsen lassen können. Ringelblume mit Jungfer im Grünen *(Nigella damascena)* beispielsweise, oder mit Chinesischem Vergissmeinnicht *(Cynoglossum amabile)*.

Von allen Farben ist Orange diejenige, die am lautesten nach Kontrasten schreit. Sie mit Rot zu mischen kann man sich sparen. Seien Sie mutig und setzen Sie sie zu Violett, Lorbeergrün, Blau, sogar Pink. Ich erinnere mich an meinen Besuch in einem Garten, in dem die feurige, kompromisslos orange Lilie *Lilium* 'Enchantment' in direkter Nachbarschaft zu *Alstroemeria Ligtu-*

▲ *Die Naturform der Ringelblume* Calendula officinalis *blüht in klarem Orange – die besten Selektionen gefüllt, doch Sämlinge schlagen zu der hier gezeigten Blütenform zurück. Die winterharte Einjährige mit angenehmem Duft kontrastiert hübsch mit dem Blau des Chinesischen Vergissmeinnichts (Cynoglossum amabile).*

▶ *Im Mittelpunkt dieses ziemlich erstaunlichen Sommerteppichs in Sarah Ravens Garten in Sussex steht das Orange der Lilien. Rotvioletter Phlox, giftgrüne Wolfsmilch und Sonnenbraut Helenium 'Moerheim Beauty' in gebranntem Orange sorgen für Kontrast.*

▼ *An den Straßenrändern seiner Heimat breitet der Kalifornische Goldmohn (Eschscholtzia californica) wundervolle Decken aus, und manchmal kommt er neben Klarkie (Clarkia) in leuchtendem Pink zu stehen. Wenden wir den Kopf ab? Sicherlich nicht. Probieren Sie es selbst – beide sind unkomplizierte Einjährige.*

Hybriden in Pink stand. Das Licht an jenem Julitag war unerbittlich harsch, ohne jeden Schatten. Ich war auf einen Schock vorbereitet. Doch die Pflanzen standen in gesprenkeltem Baumschatten, der eine ideale, beruhigende Wirkung ausübte, ein mildernder Umstand, der aus der Situation etwas Wunderbares machte.

Es gibt eine andere *Alstroemeria*, die Inkalilie *A. aurea* (syn. *A. aurantiaca*), die selbst gelb-orange blüht und große Kolonien bildet. Ideal platziert ist sie bei Stourton House in Somerset, wo sie im Juli in großer Zahl unter Bäumen blüht und so in einem schwierigen Monat Leben in den Waldgarten bringt. Die Sorte 'Dover Clone' ist von noch satterer Farbe und sähe sogar noch besser aus.

Doch zurück zum Potenzial von Orange mit Pink: Im August führen wir unseren großen Nerventest durch. Auf der einen Seite die Fackellilie *Kniphofia uvaria* 'Nobilis', 240 cm hoch und von reinstem Orange. Ihr Laub ist ganz und gar ungepflegt und muss versteckt werden, was ich mit rosa Staudenphlox bewerkstellige – kein grelles Pink, doch kräftig und zweifarbig. Fragen Sie mich nicht nach dem Namen: Phloxableger bekommt man von Freunden und nennt sie nach ihnen oder ihrem Haus. Ich nenne diese Sorte 'Doghouse Pink' ('Hundehüttenrosa'!), denn sie stammt von Doghouse Farm, die ursprünglich ein Pub war, nämlich The Dog. So läuft das.

Orange mit Pink – wo soll das noch hinführen? Manch ein Freund staunte nicht schlecht. Ganz offensichtlich funktionierte es trotz aller Regelwidrigkeiten in dieser Kombination, und genau darum geht es. Schauen Sie sich das Foto auf Seite 2/3 an, dann merken Sie, was ich meine. Den Hintergrund der Rabatte bildet eine dunkelgrüne Hecke. Davor gesellt sich der graulaubige, lavendelfarbene Sommerflieder *Buddleia* 'Lochinch' zu einem großen Stand amerikanischen Purpur-Wasserdosts *Eupatorium purpureum* 'Atropurpureum' (180 cm) und den distelblütigen Kandelabern der Kardonen (*Cynara cardunculus*, 270 cm). Vor diesen dann die Fackellilie und davor, am Rande des Natursteinwegs, der Phlox mit einem Saum aus weiß blühendem Schnittknoblauch *(Allium tuberosum)*.

Nun zu einer Juni-Pflanzung, die den Betrachter mit den Augen zwinkern lässt. Die Johanniskamille *(Anthemis sancti-johannis*, 75 cm) blüht in dem reinsten Hellorange, das man sich vorstellen kann, und das trifft sowohl auf die Blütenblätter als auch auf die Mitte zu. Wir haben sie einmal in großer Zahl gleich neben den dunkeläugigen, magenta-violetten Storchschnabel *Geranium psilostemon* gesetzt. In der Nachbarschaft vermittelten Fingerhut *(Digitalis purpurea)* mit sanftem Pfirsichton und graziöser blauer Garten-Rittersporn *(Consolida)*, fast eine Wildform, aus Samen gezogen, den mir ein Brieffreund geschickt hatte. Die Kamille ist kurzlebig und wird am besten zweijährig gezogen.

▲ *Hier flammen Fackellilien (Kniphofia) wie glühende Kohlen. Mit im Bild* Tithonia rotundifolia *und im Vordergrund gelbe* Crocosmia *'Citronella'.*

▶ *Die recht kurios geformte* Kniphofia rooperi *(120 cm) blüht später. Mitte Oktober steht sie hier vor einem Hintergrund aus Honigstrauch* (Melianthus major) *mit schönem, dunkel graugrünem Laub.*

◀ *Kniphofia uvaria 'Nobilis' im Spätsommer vor einer Ranksäule mit Clematis 'Jackmanii superba'. Sie ist der Gigant unter den Fackellilien. Andere sind fast winzig, gehen daher im Tumult einer gemischten Rabatte leicht verloren.*

▶ *Die Fackelblüten von* Kniphofia linearifolia *(120 cm) brausen übermütig im Oktober heran; sie machen sich hervorragend vor dem Pampasgras* Cortaderia selloana *'Pumila' (oben). Das leuchtend grüne Laub der Fackellilie erfreut uns bereits im Sommer. Mit 150 cm steht 'Lord Roberts' etwas höher (unten); wie der Name dieses Generals der Burenkriege und des Ersten Weltkriegs vermuten lässt, handelt es sich um eine recht ehrwürdige Sorte. Ihr Blütenstand ist schlank und orangerot mit einem leichten Anflug von Rosa. Hier steht sie zusammen mit Gartenmelde vor den trockenen Blütenähren eines der besten Ziergräser, Reitgras* Calamagrostis x acutiflora *'Karl Foerster', das selbst vor dem Rückschnitt im März noch schön aussieht.*

ORANGE Welche Herausforderung!

▲ *Meine Lieblingstulpe, die spät blühende 'Dillenburg' mit einem sanften rosa Schimmer auf den äußeren orangefarbenen Blütenblättern. Ich setze sie zu einem Goldlack, dem malvenfarbenen Erysimum linifolium, der ebenfalls im späten Frühling am schönsten ist; wir ziehen ihn im vorangehenden Sommer aus Samen.*

Leuchtende Farben sind am Ende des Winters und zum Frühjahrsbeginn ganz besonders willkommen; das Himmelsgrau macht uns hungrig nach Licht, und unsere eigene Vitalität befindet sich auf einem Tiefpunkt. Da hilft nichts besser als der im Februar blühende Gelbe Safran *(Crocus flavus* subsp. *flavus,* syn. *C. aureus).* Seine Blüten sind zwar klein, doch von einem weit intensiveren Orange als der bekannte gelbe Gartenkrokus, und er sät sich aus, was wunderbar ist, wenn man eine größere Kolonie möchte. Er lässt sich in einer Wiese verwildern und bildet einen guten Kontrast zu einer anderen schönen früh blühenden, verwildernden Art, dem malvenblauen Elfenkrokus *C. tommasinianus.*

Etwas später im Frühjahr folgen die herrlichen Tulpen. Eine recht frühe Sorte ist eine *Tulipa fosteriana*-Hybride namens 'Orange Emperor'. Die sanft orangefarbenen Blüten sind recht groß, und auf ihren äußeren Blütenblättern hält sich ziemlich lange ein grüner Mittelstreifen. Diese Tulpe gefällt mir sehr in einer Farbharmonie mit den steifen, orange-braun gestreiften Blattspeeren von *Libertia peregrinans* im Vordergrund und einem Spierstrauch *Spiraea japonica* 'Gold Mound' daneben, der sich beliebig kurz halten lässt und hellgelbes junges Laub austreibt (S. 43 oben). In einer anderen Kombination wäre das kontrastierende Tiefblau von Traubenhyazinthen *(Muscari)* ein guter Partner für die Tulpe.

Zur Mitte der Tulpenzeit blüht eine meiner liebsten lilienblütigen Tulpen – 'Ballerina', hübsch von Gestalt und von weicher und doch leuchtender Farbe. Im Mai dann 'Dillenburg', eine der spätesten, die orange mit sanft rosa überlaufener Außenseite blüht. Wir setzen diese am liebsten auf einen Teppich aus malvenfarbenem Schöterich *Erysimum linifolium,* fädeln sie aber auch gerne durch Rabattenstauden wie *Phlox paniculata,* was herrliches Leben in die zu dieser Zeit eher langweilige Rabatte bringt.

Rosa überhauchtes Orange findet sich nicht nur bei vielen weiteren Tulpen wie der schönen Papageientulpe 'Orange Favourite', sondern beispielsweise auch in der Wolfsmilch-Sorte *Euphorbia griffithii* 'Dixter'. Diese Himalaja-Wolfsmilch ist eine ausdauernde Staude, die sich über Wurzelausläufer vermehrt und im April/Mai blüht. Ihre Stängel und Blätter sind rotviolett, der Blütenstand rot-orange mit einem Anflug von Pink. Die zweite weit verbreitete Sorte ist 'Fireglow', deren Blütenstand stärker orange leuchtet, doch insgesamt ist diese Pflanze viel grüner und völlig ohne pink-violette Tönung. Diese Wolfsmilchgewächse färben in praller Sonne am besten aus. Ihre Blütenfarbe findet in *Libertia*-Arten hübsche Ergänzung – *L. formosa, L. grandiflora* (Neuseelandiris) und *L. ixioides*-Hybriden sind Fächer aus schmalen, irisartigen Blättern mit kleinen weißen Blüten an hohen Rispen.

Nicht vergessen in der Frühjahrsszene dürfen wir die kühnen, architektonischen Kaiserkronen *(Fritillaria imperialis)* mit ihrem charakteristischen, beinahe düsteren Orange. Ich finde sie beson-

ORANGE Welche Herausforderung!

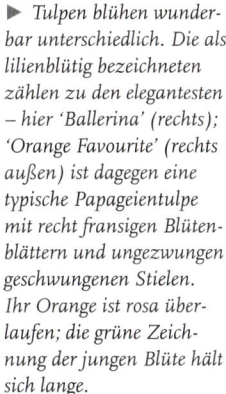

▲ Die recht früh blühende Fosteriana-Hybride 'Orange Emperor' harmoniert in dieser Rabatte mit Libertia peregrinans; das gebrannte Orange des steif aufrechten, immergrünen irisartigen Blattwerks leuchtet im Winter und Frühjahr am stärksten.

▶ Tulpen blühen wunderbar unterschiedlich. Die als lilienblütig bezeichneten zählen zu den elegantesten – hier 'Ballerina' (rechts); 'Orange Favourite' (rechts außen) ist dagegen eine typische Papageientulpe mit recht fransigen Blütenblättern und ungezwungen geschwungenen Stielen. Ihr Orange ist rosa überlaufen; die grüne Zeichnung der jungen Blüte hält sich lange.

▲ *Himalaja-Wolfsmilch* Euphorbia griffithii *'Dixter'. Bei dieser Spielart der bekannten ausdauernden Wolfsmilchstaude ist das Orange faszinierend rosa überhaucht, die Blätter und Stängel dagegen sind violett. Nur bei voller Sonne zur Blütezeit im Frühjahr färbt sie sich kräftig aus. Die Pflanze bildet mit ihren waagerecht austreibenden Rhizomen ganze Kolonien. Sie lässt sich gut mit kleinen Frühjahrszwiebeln vergesellschaften.*

▶ *Wieder einmal bildet giftgrüne Walzenwolfsmilch* Euphorbia characias *einen passenden Hintergrund für Orange, hier in Beth Chattos Garten. Die Kaiserkrone* (Fritillaria imperialis) *ist eine grandiose Gestalt, deren Blütenglocken sich von den dunklen Stielen abheben. Das ganze Bild beruht auf Kontrasten von Struktur und Farbe.*

ders schön, wenn sie in der Nähe der gelb blühenden Variante stehen, der sie, von der Farbe abgesehen, völlig gleichen. Diese Zwiebeln treiben mit einem intensiven Geruch nach Knoblauch aus. Bei mir sind sie noch nie gut gediehen, doch manch einem Gärtner bescheren sie jedes Jahr neue Sträuße, und das anscheinend ohne Mühe. In Beth Chattos steinigem Boden vermehren sie sich gut; Palisadenwolfsmilch *(Euphorbia characias)* bildet dort einen schönen Hintergrund in Gelb und Giftgrün (rechte Seite).

Für den Rand der Rabatte gefällt mir im Mai eine Kombination aus Nelkenwurz *Geum* 'Borisii' und tief violetten Hornveilchen (*Viola cornuta*); allerdings können beide später das Sommerbild stören. Der Nelkenwurz trägt auf recht kurzen Stielen (30 cm) einfache Blüten in klarem, dunklem Orange.

Die Ingwerlilie *(Hedychium)* ist häufig eher frostempfindlich, *H. densiflorum* (90 cm) ist in gemäßigten Klimaten jedoch absolut winterhart und bildet mit ihren flachen Rhizomen dichte Kolonien. Im August trägt diese Art Blüten wie aus Biskuitporzellan, doch weit eindrucksvoller ist Kingdon Wards Einführung 'Assam Orange', die dichte, leuchtend orangefarbene Blütenähren austreibt. Diese halten nicht lange, aber es folgt eine gute Nachblüte. Noch sensationeller ist die Sorte 'Tara' des von Tony Schilling aus Nepal eingeführten *H. coccineum*. Ihr imposantes wechselständiges, an Canna erinnerndes Laub wird von einem ausgesprochen stämmigen Blütenstand in lebhaftem, jedoch unaufdringlichem Orange gekrönt.

Weiches Orange kann eine bezaubernde Farbe sein, bar jeden Schreckens. Man findet es in einer alten Montbretien-Sorte, *Crocosmia* 'Solfatare' (45 cm), die kupfriges Laub und apricotfarbene Blüten trägt. Ich mag es, wenn sie sich durch das verworrene graue Laub des Kampferwermuts *Artemisia alba* 'Canescens' schiebt. Eine ganze Reihe von Mohnarten blüht apricotfarben; hier ist vor allem der ganz eigene *Papaver spicatum* mit seinem dicht behaarten grauen Laub zu nennen. Über einen langen Zeitraum im Frühsommer hinweg öffnen sich in scheinbar wahlloser Folge die Knospen entlang seines Blütenstängels. Die äußerst zarten Blüten entfalten sich frühmorgens und sind noch vor dem Mittag dahin – wer am Morgen zum Einkaufen oder Arbeiten aus dem Haus geht, hat nichts davon. Einer meiner Lieblinge ist ein Türkenmohn mit dem unglücklichen Namen 'Beauty Queen', dessen apricotfarbene Blütenblätter am zweiten Tag sehr nett am Rand verblassen.

Anders ist das Backsteinorange von *Glaucium flavum* f. *fulvum* (60 cm), dessen Blüten einen Tag halten. Die eigentliche Spezies dieses Hornmohns blüht gelb. Seine gekräuselten, intensiv graugrünen Fiederblätter stehen in offenen Rosetten – selbst im Winter sehr hübsch. Es ist eine kurzlebige Staude, die sich jedoch leicht aus Samen ziehen lässt. Für den Frühling setzen wir rote Wildtulpen dazwischen.

▲ Wie viele andere Blumenrohrarten trägt auch Canna 'Striata' ihre Blätter aufrecht, was deren Form hervorhebt und die Schatten der Nachbarpflanzen einfängt. Außerdem sind sie durchscheinend, sodass man ihre Färbung und Äderung bewundern kann, besonders bei tief stehender Sonne. Die Blüten sowohl dieser Sorte als auch der rosigrot gestreiften 'Durban' sind orange.

▶ *Orange als Thema:* Hier die Dahlie 'David Howard' mit der schönsten orangen Canna, 'Wyoming'. Die seidigen Blütenbüschel leiden sehr unter dem Wetter; man muss häufig Verblühtes entfernen (herausziehen).

▶▶ *Ein Farbschleier im Frühherbst in unserem Exotischen Garten:* Dahlia 'David Howard', Cosmos bipinnatus 'Purity' und im Hintergrund der leicht frostempfindliche Andenstrauch Escallonia bifida. *Dessen weiße Blüten ziehen Ende August/September Schmetterlinge magisch an, vor allem den Kleinen Fuchs, Distelfalter und Admirale (allerdings in unterschiedlichen Jahren).* Verbena bonariensis *in dunklem Mauve mischt sich ebenfalls darunter.*

Im Spätsommer und Herbst kann ich mich auf die Kolibritrompete *Zauschneria californica* verlassen; von dieser Art gefällt mir die Sorte 'Glasnevin' am besten. Sie treibt Wurzelausläufer und ist ausgezeichnet für Trockenmauern. Ich ziehe auch die graulaubige 'Olbrich Silver', die jedoch vergleichsweise blühfaul ist. 'Glasnevin' bringt in langer Folge Röhrenblüten in klarem, unverfälschtem Orange hervor: äußerst aufmunternd.

Bei einem Großteil der orange blühenden Pflanzen, auf die ich nicht verzichten kann, handelt es sich um Einjährige oder frostempfindliche Stauden. Die beste orange blühende *Canna* ist die 200 cm hohe *C.* 'Wyoming', deren bronzefarbenes Laub die Farbe ihrer Blüten unterstreicht. Ich sah diese einmal abends beiderseits eines Eingangs zum Cambridge College, wo sie ausgezeichnet mit weißem Ziertabak *Nicotiana alata* kombiniert war, dessen Blüten sich erst bei Sonnenuntergang straffen und öffnen. Die *Canna* passt aber auch sehr gut zu dem hohen weißen Schmuckkörbchen *Cosmos bipinnatus* 'Purity'. Dieses wiederum mag ich mit der allseits beliebten Dahlie 'David Howard' (180 cm). Genau genommen geben die drei zusammen ein ausgezeichnetes Trio ab. Die Dahlie ist eine adrette Schmuckform mit rauchigem Laub und Blüten in Apricot-Orange; sie blüht lange und reich.

Eine hohe Einjährige, die sich mit diesen Pflanzen zu einem beinahe tropischen Ambiente zusammenstellen lässt, ist die Zinnienverwandte *Tithonia rotundifolia* 'Torch' (180 cm). (Meiden Sie die Miniaturausgabe 'Goldfinger', die in jeder Hinsicht mäßig ist.) Sie trägt ihre orangefarbenen Sombrero-Blüten stolz auf Stängeln, die sich ganz oben verdicken – ein gutes Design für Kerzenständer. Um das Maß voll zu machen, gesellen Sie zu diesem Viergespann einige Rizinuspflanzen *(Ricinus communis)*, etwa die 180 cm hohe Sorte 'Carmencita' mit üppigem gefingertem Laub in intensivem Violett-Rot und mit zierenden, stacheligen roten Samenständen.

Als Saat im Handel gibt es auch Schmuckkörbchen, die in schönem, intensiv leuchtendem Orange blühen; man fasst diese unter *Cosmos sulphureus* zusammen. Wenn sie gut gedeihen, sind sie ganz ausgezeichnet, aber nicht immer ist der Sommer so warm, wie sie es mögen, und ein schwerer Boden macht die Sache nur schlimmer. Im Juli mögen sie mit einer herrlichen Blütenexplosion loslegen, doch nach einem heftigen Regen befällt sie sogleich Botrytis (Grauschimmel), und das ist dann das Ende der Vorstellung.

An dieser Stelle soll auch das nur selten anzutreffende Nesselblatt *Alonsoa warscewiczii* (40 cm) vorgestellt werden, das aus Chile stammt und im Allgemeinen einjährig gezogen wird. Seine radial symmetrischen Blüten präsentiert es – nach dem üblichen Verständnis – auf dem Kopf; sie sind zwar klein, aber zahlreich in lockeren Ähren angeordnet und von einem klaren Orange, beinahe Scharlach. Ich ziehe den etwas laxen Habitus der Urform

▲ Hübscher Kontrast zwischen dem gebrannten Orange der Sonnenbraut Helenium 'Moerheim Beauty' und Salvia x superba. Ihre erste Blüte, hier im Bild, ist Anfang Juli, doch schneidet man sie danach zurück, tragen beide reiche Nachblüte.

▼ Der Mohn Papaver 'Fireball' blüht auf relativ kurzen Stielen Ende des Frühjahrs. Er breitet sich gnadenlos aus, für feine Gesellschaft ist er nichts.

den buschigeren, kompakten Zuchtformen vor, und die lachsfarbene Selektion meide ich um jeden Preis – um ihretwillen will man diese Art nicht ziehen. *Alonsoa* passt gut zu dem Violett von *Browallia americana*; beide Pflanzen haben eine lange Blütezeit und sind von ähnlichem Wuchs.

Studentenblumen *(Tagetes erecta)* können ausgezeichnet sein, sofern der Züchter sie zu einer anständigen, breit verzweigten Pflanze von 60 bis 90 cm heranwachsen lässt und sie nicht so absurd zwergenhaft züchtet, dass die Blüten wie ein großer Klecks auf einem viel zu niedrigen Gerüst sitzen. Meine liebste Sorte ist nicht mehr im Handel (wer hätte auch etwas anderes erwartet); daher weiß ich kaum, was ich nun empfehlen soll, außer dass man neben der Größe auch darauf achten sollte, dass die ganz gefüllten Blüten dunkelorange sind – viel wirkungsvoller als die helleren Sorten. Kombinieren Sie sie mit hell malvenblauem *Ageratum* 'Blue Horizon' (seien Sie jedoch gewarnt – es sind nur wenige Samenkörner in diesem Tütchen). Dieser Leberbalsam wächst gut verzweigt 60 cm hoch, und beide Sommerblumen hören gar nicht auf zu blühen.

Das allerhellste und dominanteste Orange im Garten ist das des Sibirischen Goldlacks *Erysimum x allionii* (syn. *Cheiranthus x allionii*, 45 cm). Diese aufrechte Pflanze blüht etwas später als die gängigeren Beetsorten des Goldlacks, von denen sie sich auch durch ihren lieblichen Duft unterscheidet. Zieht man sie in der Nähe von Pflasterflächen, so samt sie sich in die Fugen ein. Ich habe diesen Goldlack gern in meiner gemischten Rabatte, jedoch nicht zu viel auf einmal; man kann die Pflanzen weit auseinander setzen und die Zwischenräume mit andere Arten füllen, wie dem reinweißen Neapolitanischen Lauch *(Allium neapolitanum*, 30 cm), der Ende Mai am schönsten ist. Die meisten Gärtner fühlen sich verpflichtet zu sagen, sie könnten Goldlack nicht ausstehen, in Wirklichkeit jedoch schreckt sie die kompromisslose Farbe ab. Ich verstehe nicht, wo das Problem liegt. Niemand verlangt von uns, ihn in Unmengen zu ziehen, doch es wäre traurig, wenn man vollkommen darauf verzichten wollte.

Von fast derselben Leuchtkraft, doch etwas zurückhaltender präsentiert, ist das klare Orange des Kapkörbchens *Osteospermum hyoseroides*, einer wüchsigen Einjährigen, die wir häufig als Zwischenkultur ziehen, da ihre Blütezeit relativ kurz ist. Im März unter Glas ausgesät, blüht sie ab Ende Mai einen Monat lang. Kürzen Sie die Sämlinge einmal ein und achten Sie darauf, dass sie nicht zu eng stehen. Ziel ist eine buschige Pflanze. Wir machen uns die Extramühe, jede Pflanze an einen kurzen Stecken zu binden. Die allmorgendlich neu entfalteten Blüten sind geradezu elektrisierend – sie leuchten so herzerfrischend. Bereits am frühen Nachmittag werden sie müde und rollen ihre Blütenblätter bis zum nächsten Morgen ein. Mir gefallen dazu Einjährige mit blauen Blüten.

▲ *Das Orangerote Habichtskraut* Pilosella aurantiaca *(besser bekannt unter* Hieracium aurantiacum) *ist eine Wiesenstaude, die besonders häufig in Schottland und sonstigen höheren Lagen wächst. Es breitet sich über Wurzelausläufer aus und bildet mit seinem gebrannten Orange im Frühsommer auffällige Kolonien, die sich deutlich von den anderen Wiesenblumen absetzen.*

Damit wären wir bei den sonnenabhängigen Korbblütern des südafrikanischen Buschlands angelangt – Gazanie, Kapkörbchen, Bärenohr *(Arctotis,* zu dem neuerdings auch *Venidium* zählt), *Ursinia.* Abwechselnd lassen sie uns verzweifeln oder in Jubel ausbrechen: Sind die Bedingungen nicht genau richtig, so weigern die Pflanzen sich aufzublühen; sind die Bedingungen dagegen gut, so ruft das Ergebnis Begeisterungsstürme hervor. Einzig ihretwillen bin ich zum Frühjahrsbeginn im August/Anfang September in die Kapprovinz gereist. Wo das Buschland gerodet ist und im Turnus des Fruchtwechsels brachliegt, bedecken sie den Boden bis zum Horizont. Diese Korbblüter blühen vorwiegend weiß, hellgelb und orange, und am intensivsten glühen die orangefarbenen Flecken. Hin und wieder gesellte sich dort eine orange Art zu einem kleinen, magentafarbenen Kreuzkraut mit gelbem Auge, *Senecio elegans.* Wären Sie angesichts dieser Leistung von Mutter Natur vor Entsetzen zurückgezuckt? Natürlich nicht; es war wunderbar.

Auf jener Reise sah ich viele wilde Gladiolen – reizende, zierliche, kleine Geschöpfe, kein Vergleich mit den Muskelprotzen, die der ganze Stolz unserer Floristen sind. Der zauberhafteste dieser Wildlinge war *Gladiolus alatus* (25 cm) mit etwa fünf Blüten in lebhaftem, jedoch nicht grellem Orange pro Stängel; ihre schmalen unteren drei Blütenblätter bilden einen grünen Latz mit orangefarbenen Spitzen.

Die ideale bunte Wiesenflora ist ein reicher Webteppich aus möglichst vielen Farben mit Grün als übergeordnetem Leitmotiv. Ein gedämpftes Orange, in unseren Breiten nicht gerade häufig, zieht im Juni wunderbare Farbbänder durch viele schottische Wiesen und entlang der Wegränder. Dies ist das Orangerote Habichts-

▲ Bomarea caldasii *ist eine ausdauernde, einziehende Ranke, die eng mit* Alstroemeria *liiert ist. Ihre orangefarbenen Blütenstände sind sehr eindrucksvoll, werden jedoch im Klima Britanniens zu zögerlich hervorgebracht, und auch die Winterhärte lässt zu wünschen übrig. Blüte im Spätsommer und Herbst.*

kraut, einst *Hieracium*, heute *Pilosella aurantiaca*. Ich habe immer noch Mühe damit, es an das Klima im östlichen Sussex zu gewöhnen. Es ist in Britannien eingebürgert und hat den Norden zu seiner Hochburg erkoren. Im Süden ist auf den Wiesen eher *P. aurantiaca* subsp. *carpathicola* anzutreffen, von ähnlicher Färbung, jedoch längst nicht so verbreitet. Es vermehrt sich über Wurzelausläufer und ließe sich unter den herrlichen Bedingungen einer Rabatte kaum im Zaum halten.

Bekanntester Vertreter der Kletterpflanzen mit orangefarbener Blüte ist die verbreitetste Form der Kapuzinerkresse, *Tropaeolum majus*. Man sollte sie niemals unterschätzen. Bekleidet sie wie ein Vorhang einen nach Norden weisenden Zaun, so ist das ein unvergesslicher Anblick. Sie verhält sich in unserem Klima einjährig, wächst aber aus Samen neu. Dennoch ist sie erstaunlich unberechenbar. Trockenheit kann sie nicht leiden, und bei zu feuchten und nahrhaften Bedingungen verbirgt sie ihre Schönheit unter üppigem Laub. Sie ist außerdem sehr anfällig für zwei Schädlinge: die schwarze Blattlaus und Kohlweißlingsraupen. Aber auch chemische Sprühaktionen nimmt sie krumm. Hält man ihren allumfassenden Ausbreitungsdrang unter Kontrolle, so kann die Kapuzinerkresse ein wunderschöner Bestandteil des Flickenteppichs einer Rabatte sein. Im August freue ich mich, wenn sich die malvenfarbenen Spinnenblüten der Dreinervigen Aster *A. sedifolius* in der Rabatte ausbreiten. Einige Girlanden aus Kapuzinerkresse, die sich durch diesen Teppich ziehen, können für sensationellen Kontrast sorgen, doch wird sie uns zu Gefallen sein? Probieren Sie es selbst!

Eine dramatische Wirkung kann das im Juni blühende Goldgeißblatt *Lonicera* x *tellmanniana* an einem nicht zu ungastlichen Baum oder einer schattigen Wand entfalten (Schatten gefällt den meisten rankenden Geißblattarten). Es duftet nicht, doch schließlich kann man nicht alles haben.

Bomarea ist eine Spezies, die ich nur zu gerne erfolgreicher ziehen würde, doch ist sie bei uns nur sehr begrenzt winterhart. *B. caldasii* ist an einer geschützten Wand ganz gewiss einen Versuch wert. Ich selbst ziehe sie an einer Fächerzwergmispel *Cotoneaster horizontalis*. Sie zieht komplett ein und ist als Verwandte der *Alstroemeria* unverkennbar. Jeder Trieb endet in einem überhängenden Büschel schlanker Röhrenblüten in herrlich warmen Orangetönen. Sie blüht bis zum Frost, allerdings nicht so reich, wie ich es gerne hätte. In Kalifornien werden mehrere Arten gezogen; dort ist die Pflanze weitaus eindrucksvoller.

Thunbergia alata lässt sich in unserem Klima nur einjährig ziehen, was ihre Höhe auf den einjährigen Zuwachs begrenzt. Sie kann jedoch als charmante Ergänzung durch Sträucher ranken. Das arttypische Orange ihrer radial symmetrischen Röhrenblüten gefällt mir am besten, doch meist ist der Samen nur als

ORANGE Welche Herausforderung!

▲ *Die lang gezogenen Hagebutten von* Rosa setipoda *heischen immer volle Aufmerksamkeit. Ihre einfachen rosa Blüten sind bezaubernd dezent.* 'Setipoda' *bedeutet ‚stachelfrüchtig' – wie passend.*

▼ *Die Beeren des Aronstabs* Arum italicum *sowie unseres heimischen* A. maculatum *reifen im Spätsommer heran, wenn das Laub eingezogen ist. Ich habe sie auch schon in hübschem Kontrast zu den buttergelben Glöckchen der Wachsglocke* Kirengeshoma palmata *gesehen, die von hinten darüber hingen.*

Mischung erhältlich, die auch schwächere Töne enthält. Alle Formen haben ein schwarzes Auge, daher auch der Name Schwarzäugige Susanne.

Es gibt viele orangefarbene Früchte und Samen, häufig an der Grenze zu Scharlach. Unübersehbar orange sind die Samen von *Iris foetidissima*, einer Pflanze, die meist nur ihretwegen gezogen wird. Sie verbleiben sehr lange am Stiel, der sich gut für Arrangements eignet. Die Pflanze ist immergrün, nicht sonderlich auffällig, doch in jedem Garten finden sich etliche geeignete Stellen, um sie willkommen zu heißen, etwa zu Füßen einer Hecke. Sie hat die Tendenz, sich durch Samen zu vermehren. Solche Pflanzen nehmen uns die Mühe ab, den richtigen Standort für sie zu finden, etwa eine enge Fuge – man hätte dort gar nichts anderes pflanzen wollen (oder können) und lässt sie gerne weiterwachsen.

Vielleicht gefiele Ihnen auch eine Rose mit orange leuchtenden Hagebutten neben den endständigen Blütenständen von *Salvia involucrata* 'Bethellii' (120 cm) in unübersehbarem rosigem Magenta. Eine befreundete Künstlerin pflückte diese beiden Zutaten in meinem Garten und malte davon ein Bild, um mir zu beweisen, dass sie zueinander passen. Sie hatte Recht.

Wilder Aronstab *(Arum maculatum)* reckt seine orange leuchtenden Beeren an einem 25 cm hohen Stiel in die Höhe, während die restliche Pflanze ruht. Er kann fast zu einem Unkraut werden – wer hat keine Kolonie von *Arum italicum* subsp. *italicum* 'Marmoratum' – seine pfeilförmigen Blätter leuchten vom Spätherbst bis zum Frühjahrsende entlang der Blattadern in hellstem Grün, fast Weiß, solange ihnen nicht heftiger Frost ein Ende setzt (siehe Bild Seite 98 unten). Reift jedoch im August die Legion seiner Fruchtstände heran, so stehen sie ohne unser Zutun ohne Begleitung da. Ist Ihr Boden nicht allzu kalkhaltig, so probieren Sie es hinter dem *Arum* einmal mit Wachsglocke *Kirengeshoma palmata* (60 cm), die im Spätsommer ihre endständigen Trauben hellgelber Blütenglocken über die orangefarbenen Beeren baumeln lässt. Schatten und Laubkompost sind für beide richtig.

Die größten und dramatischsten orangefarbenen Früchte trägt der Turbankürbis *(Cucurbita maxima* convar. *turbaniformis)*; wenn Sie eine gute Sorte erwischt haben, bewahren Sie eigene Kerne für spätere Jahre auf, was Ihnen die allzu häufige Enttäuschung durch schlecht selektierte Sorten erspart. Die Kürbisse werden geerntet, sobald sie erste Farbe annehmen, und reifen auf einem sonnigen Fensterbrett aus.

Tun Sie also nicht so, als wäre ein dunkles Gelb oder irgendeine Lachsfarbe dasselbe wie Orange. Machen Sie keine halben Sachen und nehmen Sie die Herausforderung an!

Alonsoa warscewiczii
Nesselblatt
Höhe: 40 cm
Breite: 35 cm
Frostempfindlich, Sonne
Eine Staude, die meist als Einjährige im Frühjahr aus Samen gezogen wird. Stecklinge lassen sich im Haus überwintern. Wählen Sie Sorten in Dunkelorange oder Scharlach. Die leuchtenden Blüten, tiefgrünen Blätter und roten Stiele passen gut zu violett blühender *Browallia americana*.

Alstroemeria aurea
Inkalilie
Höhe: 90 cm
Breite: 45 cm
Winterhart, Sonne / leichter Schatten
Eine unkomplizierte Inkalilie, die sich gut ausbreitet. Die Blüten sind gelb oder orange mit dunkelroter Zeichnung. 'Dover Orange' ist ein intensiveres Orange und sehr wirkungsvoll zwischen Azaleen, die im Frühjahr blühen, oder unter Bäumen, solange der Schatten nicht zu dicht ist.

Anthemis sancti-johannis
Johanniskamille
Höhe: 75 cm
Breite: 60 cm
Winterhart, Sonne
Ein Korbblütler in reinem Orange für Anfang bis Mitte des Sommers. Er ist eine Staude, jedoch kurzlebig und sollte spätestens alle zwei Jahre ersetzt werden, sät sich jedoch häufig selbst aus. Dramatisch wirkt die Staude neben magentafarbenem Armenischem Storchschnabel *Geranium psilostemon* oder den violetten Blütenkerzen von *Salvia nemorosa* 'Ostfriesland'.

Calendula officinalis
Ringelblume
Höhe: 30–60 cm
Breite: 30–45 cm
frostverträgliche Einjährige, Sonne / leichter Schatten
Eine Einjährige für jeden gut durchlässigen Boden mit margeritenartigen Blüten in leuchtendem Orange, die es einfach und gefüllt gibt. Die Pflanze wächst häufig etwas locker und offen. Säen Sie an Ort und Stelle im Herbst oder Frühjahr oder im Frühling unter Glas. Pflanzen Sie dazu blaue Jungfer im Grünen (*Nigella damascena*) oder bestechendes Chinesisches Vergissmeinnicht (*Cynoglossum amabile*).

▲ Canna 'Wyoming'
Indisches Blumenrohr
Höhe: 200 cm
Breite: 60 cm
Frostempfindlich, Sonne
Die schönste orange blühende Canna, mit großen bronze-violetten, paddelförmigen Blättern. Passt gut zu weiß blühenden Pflanzen wie Ziertabak *Nicotiana alata* und *Cosmos bipinnatus* 'Purity', außerdem zur orange blühenden *Dahlia* 'David Howard'.

Crocus flavus subsp. flavus
Höhe: 8 cm
Breite: 5 cm
Winterhart, Sonne
Charakteristische kleine Krokuskelche in leuchtendem Orange, die Farbe in den Winterausklang und Vorfrühling bringen. Verwildert gut durch Samen. Setzen Sie dazu malvenfarbenen und violetten *C. tommasinianus* als Kontrast.

Crocosmia x crocosmiiflora 'Solfatare'
Montbretie
Höhe: 45 cm
Breite: 15 cm
Winterhart, Sonne / leichter Schatten
Blüht ab Mittsommer in sanftem Orange, schön abgesetzt durch das bronzefarben getönte Laub. Knollen auseinander setzen, wenn sie sich zu sehr vermehren. Sie schiebt sich hübsch durch das silbergraue Laub des Kampferwermuts *Artemisia alba* 'Canescens' und harmoniert gut mit *Zinnia* 'Chippendale'.

▲ Dahlia 'David Howard'
Dahlie
Höhe: 180 cm
Breite: 45 cm
Frostempfindlich, Sonne
Eine kleinblütige Schmuckdahlie mit zur Mitte hin dunkleren Blüten in Apricot, die sich vom Laub mit einem Stich ins Schwärzliche absetzen. Passt gut zu *Canna* 'Wyoming' oder als Kontrast zu *Verbena bonariensis*.

Erysimum x allionii
Sibirischer Goldlack
Höhe: 45 cm
Breite: 30 cm
Winterhart, Sonne
Eine kurzlebige Staude für jeden gut durchlässigen Boden, gewöhnlich alljährlich als Zweijährige aus Samen gezogen. Die leuchtenden Blüten in sattem Orange duften süß.

Glaucium flavum
Gelber Hornmohn
Höhe: 60 cm
Breite: 45 cm
Winterhart, Sonne
Die in kräftigerem Ton als die Spezies blühende Form *G.f.* f. *fulvum* trägt im Sommer orangerote Mohnblüten. Ihr Laub ist ansprechend graugrün, und auch die langen Samenkapseln sind dekorativ. Sie eignet sich für gemischte Rabatten. Die Staude ist kurzlebig und muss aus Samen neu herangezogen werden. Setzen Sie dazu rote Wildtulpen oder die Edeldistel *Eryngium* x *oliverianum*.

Euphorbia griffithii 'Fireglow'
Himalaja-Wolfsmilch
Höhe: 60 cm
Breite: 50 cm
Winterhart, Sonne
Leuchtendes Orangerot mit grünem Laub; E.g. 'Dixter' ist von dunklerem Orangerot mit violettrotem Hauch auf Stielen, Laub und Blattadern. Zwischen die mit reichlich Abstand gepflanzten Rhizome lassen sich kleine Frühjahrszwiebeln oder Winterkrokusse setzen. ▶

Fritillaria imperialis
Kaiserkrone
Höhe: 90 cm
Breite: 30 cm
Winterhart, Sonne
Diese Zwiebelstaude trägt zum Ende des Frühjahrs oder im Frühsommer auf einem hohen Stiel eine Krone orangefarbener Glocken unter einem grünen Blattkranz. Die gelbe Sorte passt gut dazu.

Geum 'Borisii'
Nelkenwurz
Höhe: 30 cm
Breite: 30 cm
Winterhart, Sonne
Eine zarte, niedrige Sommerstaude für den Beetrand, die kräftig orange Blüten über ihrem leicht behaarten Laub trägt. Sie verbindet sich gut mit dunklen Blautönen, z.B. violetten Hornveilchen oder dem Österreichischen Ehrenpreis *Veronica austriaca* subsp. *teucrium* 'Crater Lake Blue'.

ORANGE Welche Herausforderung!

Hedychium coccineum ▶
'Tara'
Ingwerlilie
Höhe: 110 cm
Breite: 90 cm
Frostempfindlich, Sonne / leichter Schatten
Diese prächtige Pflanze trägt im Spätsommer/ Herbst Blüten in sanftem Orange in unübersehbaren Blütenständen. Sie passt gut zu manchen leuchtend roten Dahlien oder zum intensiven Mauve der *Verbena bonariensis* als Kontrastfarbe. Mulchen Sie zum Winter gut oder nehmen Sie den Wurzelstock heraus. Die Blüten von *H. densiflorum* 'Assam' sind kräftiger orange.

Kniphofia uvaria 'Nobilis'
Fackellilie
Höhe: 240 cm
Breite: 60 cm
Winterhart, Sonne
Eine immergrüne Pflanze mit einer Fontäne aus struppigem, riemenförmigem Laub, aus der sie vom Spätsommer an hohe Stiele mit dichten orangefarbenen Blütenständen hervorbringt. Pflanzen Sie als Kontrast dazu rosa blühenden Phlox, Purpur-Wasserdost *Eupatorium purpureum* 'Atropurpureum' mit violettem Laub und rosa Blüten oder Sommerflieder *Buddleia* 'Lochinch' und Elfenbeinraute (*Artemisia lactiflora*).

▲ *Lilium pomponium*
Turbanlilie
Höhe: 90 cm
Winterhart, Sonne
Vielleicht sind Sie dieser leuchtenden Türkenbundlilie schon im Urlaub in Südfrankreich begegnet. Widerstehen Sie der Versuchung, eine Zwiebel mit nach Hause zu nehmen, und sei es nur deshalb, weil Sie nicht lange etwas davon haben werden.

Osteospermum hyoseroides
Kapkörbchen
Höhe: 45 cm
Breite: 25 cm
Frostempfindlich, Sonne
Eine Einjährige mit Margeritenblüten in leuchtendem Orange, die nur morgens ganz geöffnet sind. Im März gesäte Pflanzen blühen zum Frühsommer. Das klebrige Laub duftet. Sie passen gut zu blauen Einjährigen wie Blauem Waldmeister (*Asperula orientalis*), Sonnenfreund (*Heliophila*), Kapaster (*Felicia*) und Blauem Gänseblümchen (*Brachycome*). ▼

Tithonia rotundifolia
'Torch'
Tithonie, „Liebling der Aurora"
Höhe: 180 cm
Breite: 40 cm
Frostempfindlich, Sonne
Eine Einjährige für den Hochsommer mit Zinnienblüten in erstaunlich klarem, dunklem Orange auf Stängeln, die sich kurz unter der Blüte verdicken. Ihre großen, behaarten, herzförmigen Blätter verdecken die kräftigen Stecken, die für die langen Triebe nötig sind. Hübsch *im Kontrast zu Verbena bonariensis* in kräftigem Mauve, besonders bei gemischter Pflanzung.

Tropaeolum majus
Rankende Kapuzinerkresse
Höhe: 3 m
Breite: 5 m
Frostempfindlich, Sonne / leichter Schatten
Eine einjährige Kletterpflanze für kalkhaltige Böden mit Trompetenblüten in unterschiedlichen Orangetönen vom Frühsommer an.

Tulipa 'Prinses Irene'
Triumphtulpe
Höhe: 35 cm
Breite: 10 cm
Winterhart, Sonne
Einfache, mittelspäte Tulpe in düsterem Orange. Die lilienblütige 'Ballerina' hat spitz zulaufende Blütenblätter in Gelb, Orange und Rot. Das Orange der Papageientulpe 'Orange Favourite' ist grün gezeichnet. 'Dillenburg' – orange mit rosarotem Verlauf – blüht später. Setzen Sie sie zwischen Sommer- und Herbststauden. ◀

Echtes BLAU Eine Seltenheit!

Blaue Blumen sind derart gefragt, sind solch sichere Verkaufsschlager, dass der Pflanzenzüchter den Begriff oft bis an seine Grenzen dehnt.

◄ *Die Spielart 'Miss Jekyll' der Jungfer im Grünen (Nigella damascena) sollte in reinem Blau blühen, doch ganz sicher kann man sich bei einer Pflanze, die sich nur über Samen vermehren lässt, nie sein. Dies ist eine winterharte Einjährige, die sich selbst versamt, doch die schönsten Pflanzen erhält man, wenn man sie im Herbst unter Glas aussät, die Sämlinge einzeln eintopft und im Frühjahr auspflanzt.*

Mehr als die Hälfte der Blumen, die in Samen- und Pflanzenkatalogen als „blau" angeboten werden, sind eigentlich mauve oder violett. Wirklich blaue Blumen sind selten.

Viele Gärtner bestehen auf einer blauen Rabatte. Schon Gertrude Jekyll war da schlauer. In *Pflanzenbilder aus meinen Gärten* (Ulmer) schreibt sie: „Es ist seltsam, dass Menschen manchmal allein eines Wortes wegen ein Gartenprojekt verderben. Ein Blauer Garten beispielsweise mag, um richtig zu wirken, nach einer Gruppe weißer Lilien verlangen, oder nach zartestem Zitronengelb, und doch sind diese verboten, weil es der ‚Blaue Garten' ist. ... Gewiss sollte der Blaue Garten nicht nur blau, sondern auch schön sein. Meiner Ansicht nach sollte er in erster Linie schön sein, in zweiter dann so blau, wie es sich mit seiner Schönheit vereinbaren lässt. Jeder erfahrene Kolorist weiß, dass blaue Töne aussagekräftiger sind – blauer – wenn die rechte Komplementärfarbe dagegengesetzt wird."

Mehr als jede andere Farbe benötigt Blau einen Kontrast, um nicht fade zu wirken. Die meisten Gärtner mogeln mit Malventönen – besonders Lavendel und Glockenblumenblau, das nie ein reiner Farbton ist – in ihrer blauen Rabatte. Gertrude Jekyll hielt diese Farben säuberlich getrennt an entgegengesetzten Enden ihrer berühmten Farbrabatte, und recht so. Sie sind einander keine Hilfe, da sie sich zu sehr ähneln und die unklaren Töne im Vergleich trübe wirken.

Lassen Sie uns mit zwei Sternen am blauen Firmament beginnen – Rittersporn *(Delphinium)* und Salbei. Allein der Name

▲ *Das beinahe düstere Dunkelblau des Eisenhuts* Aconitum *'Spark's Variety' wird hier durch das gelbe Laub von Trompetenbaum und Efeu ins rechte Licht gesetzt.*

▶▲ *Auch mit anderen Farben lässt sich Blau hervorheben. Das Spanische Hasenglöckchen* Hyacinthoides hispanica *'Chevithorn' steht hier vor dem jungen Austrieb einer winterharten* Fuchsia magellanica var. gracilis *'Aurea' (oben, Mitte). Dieses hohe staudenbildende Hasenglöckchen hat in der Rabatte den großen Vorteil, dass es sich nicht aussät. Die Weidenblättrige Sonnenblume (*Helianthus salicifolius*) bildet mit ihren eleganten, schmal belaubten Säulen den Vordergrund für hoch aufragenden Rittersporn (oben rechts).*

▶ *Salvia patens blüht normalerweise dunkelblau. Ihre Variante 'Cambridge Blue' ist hell gefärbt und auf ihre Art ebenso begehrenswert. Die Knollige Seidenpflanze (*Asclepias tuberosa*, 60 cm) bildet dazu mit Blütendolden in intensivem Orange einen hervorragenden Kontrast, wenn die Sommerhitze nach ihrem Geschmack ist.*

„Rittersporn" impliziert „Blau", wenn es ihn auch in vielen anderen reizenden Farbtönen gibt, die nicht zu verachten sind. In einem großen Blumenarrangement bilden die Blütenkerzen des blauen Rittersporns und gefüllte rosa Pfingstrosen, etwa 'Sarah Bernhardt', einen idealen Kontrast von Farbe und Form. Der Gegensatz zwischen tief kobaltblauem Rittersporn und den flachen, leuchtend senfgelben Blütentellern der Schafgarbe *Achillea filipendulina* dagegen ist zu krass. Viel schöner wirkt da blauer Rittersporn neben dem hellen Grünlichgelb des Alpenschuppenkopfes (*Cephalaria alpina*), der fast 180 cm hoch wird.

Wer den traditionellen Rittersporn ein wenig zu steif und anmaßend findet, sollte nicht die niedrigere Belladonna-Gruppe vergessen, bei der der Hauptblütentrieb selten die Seitentriebe überragt. Diese Sorten lassen sich gut zu Gruppen kombinieren, beispielsweise mit rosa Präriemalven (*Sidalcea*) oder den blassgelben Puderquasten der Gelben Wiesenraute *Thalictrum flavum* subsp. *glaucum*, deren blaues Laub eine besonders gute Ergänzung ist.

Salbei blüht in fast allen Farben, darunter auch reinem Blau. Einige der schönsten Arten sind nicht allzu winterhart, bereiten jedoch keine größeren Schwierigkeiten, sobald das Problem erkannt ist. Der Sumpfsalbei (*Salvia uliginosa*, 180 cm) ist im Spätsommer und Herbst für die Rabatte von unschätzbarem Wert. Er verlässt auf der Suche nach Neuland gern seinen ursprünglichen Standort; in kurzen Ähren trägt er hellblaue Blüten mit weißem Mittelfleck. Allein vollkommen nichtssagend, kontras-

Echtes BLAU Eine Seltenheit!

tiert er wunderbar mit der geschlosseneren Blütenform einfacher, kaktusblütiger, kleinblütiger Schmuck- oder Halskrausendahlien in, sagen wir, Gelb oder Rosa, obgleich Rot auch gut wäre. Rücken die Dahlien der forschen *Salvia* zu nahe, so laufen sie Gefahr überrannt zu werden. Wir belassen diesen Salbei zwar in der Rabatte, doch gleichzeitig topfen wir im Herbst Stücke davon ein, um diese sicher unter Glas zu überwintern. Im nächsten Frühjahr gilt es, die Gruppe neu zu ordnen – Lücken in der Mitte wollen gefüllt sein, und verirrte Ausläufer bekommen einen besseren Platz.

Ein weiterer Favorit ist *Salvia guaranitica* (180 cm) mit ihren eng verwandten Hybriden. Bei weitem am schönsten ist 'Blue Enigma' in sattem, doch nicht zu dunklem Tiefblau und mit glänzendem dunkelgrünem Laub. Diese bildet große Wurzelknollen aus, ebenfalls ein Grenzfall bezüglich der Winterhärte, weshalb wir die im Beet belassenen Wurzelstöcke mit einer schützenden Laubschicht abdecken und Jungpflanzen unter Glas überwintern. Diese ziehen wir aus Weichholzstecklingen, für die wir im April oder Mai die jungen Triebe eines alten Wurzelstocks bewurzeln. Alte Pflanzen beginnen Ende Juni zu blühen und können bis zum Herbst an Schwung verlieren. Frühjahrsstecklinge hingegen sind im Oktober voller Saft und Kraft und passen hervorragend zu Dahlien aus späten Stecklingen. Unlängst verwendeten wir dazu die kleinblütige Semikaktus-Dahlie 'Alva's Doris' in klarem Rot, und beide blühten voller Elan bei etwa 90 cm Höhe. Tiefblau ist ein schöner Kontrast zu Orange und Rot.

Die dunkelblaue *Salvia patens* (45 cm), ein alter Favorit, ist eine verbreitete Beetpflanze. Diese Spezies trägt an ihren Stielen ziemlich große Blüten, selten jedoch mehr als zwei zugleich, und wirkt daher häufig ein wenig dezent, vor allem gegen Ende der Blütezeit. Es hilft, sie zur Halbzeit herunterzuschneiden, um ihr neue Energie zu verleihen. Auch diese mit Wurzelknollen und nicht verlässlich winterhart. Alte Knollen lassen sich in feuchter Erde überwintern, wobei man die jungen Wurzeltriebe im Frühjahr neu einsteckt, oder man zieht die Pflanze im März oder April rasch aus dem abgenommenen Samen des Vorjahres neu heran. Die hellblaue 'Cambridge Blue' ist auf ihre Weise genauso schön, geizt allerdings mit Samenkörnern.

Es gibt nur wenige blau blühende Sträucher, und entsprechend hoch geschätzt sind sie. Die Bartblume *Caryopteris* x *clandonensis* (90 cm) in einer der intensiver gefärbten Varianten ist akzeptabel. Sie blüht im Spätsommer in den Blattachseln der neuen Triebe. Bei 'Worcester Gold' sind die blauen Blüten durch gelbgrünes Laub abgesetzt, das auch ohne die Blüte schon wirkt. Manchmal scheint mir diese Sorte zwar etwas blutleer, zu anderen Zeiten aber ausgesprochen wirkungsvoll. Versuchen Sie es selbst. Sie benötigt wahrscheinlich solide Begleitung, um die eigene Substanzlosigkeit zu rechtfertigen; das bietet zum Bespiel die Fett-

▲ *Die Bartblume* Caryopteris x clandonensis *stellt ihre spätsommerlichen blauen Blüten selbst heraus – die Selektion 'Worcester Gold' trägt giftgrünes Laub. Bereits vor der Blüte leistet das Laub einen Beitrag für die Rabatte.*

▼ *Die großen Blütenköpfe der Bauernhortensie* Hydrangea macrophylla *'Générale Vicomtesse de Vibraye' setzen sich aus vielen Einzelblüten zusammen. Hortensien bevorzugen reichlich Feuchtigkeit während ihrer Wachstumsperiode.*

henne *Sedum* 'Herbstfreude'. Diese wechselt in der Farbe nach und nach von Grün über rauchiges Rosa bis hin zu düsterem Dunkelrot.

Wie *Caryopteris* bevorzugt auch die Blauraute *(Perovskia atriplicifolia*, 120 cm) leichten Boden und einen offenen, sonnigen Standort. Vom Hochsommer an trägt sie Büschel kleiner blauer Blüten zu silbergrauen Stängeln und Blättern. Schneiden Sie sie im Frühjahr gründlich zurück.

Die frostempfindliche Kapbleiwurz *(Plumbago auriculata*, besser bekannt als *P. capensis)*, ein ungemein vitaler Ranker mit hellblauen Blüten, muss in unserem Klima im Glashaus gezogen werden, wenn man sie auch in manchen öffentlichen Gärten als Sommerakzent ausgepflanzt antrifft. Dies funktioniert jedoch nur selten. Ihre wesentlich unempfindlichere Verwandte *Ceratostigma willmottianum* kann dagegen als permanenter Gartenbewohner sehr erfolgreich sein, besonders wenn das alte Holz den Winter übersteht, wodurch der Strauch (denn sie wächst strauchig) viel größer wird und wesentlich früher zu blühen beginnt – im Hochsommer anstatt, wie nach winterlichen Frostschäden, im Frühherbst. Eine recht geschützte und sonnige Lage also für diesen schönen Strauch. In offener Lage kann er 100 cm hoch werden, vor einer warmen Wand höher. Bei Beth Chatto steht er wunderschön vor einem wüchsigen, strauchigen Beifuß, *Artemisia arborescens*, der ausschließlich seines grauen Laubes wegen gezogen wird und in sehr leichtem Boden am glücklichsten ist, allerdings selbst dort nicht allzu winterhart.

Ich mag *Ceratostigma* in allen möglichen Kombinationen in der gemischten Rabatte – mit rot-violetten Fuchsien beispielsweise, sofern der Boden feucht genug ist. Die abgeblühten Triebe sind den ganzen Winter attraktiv und sollten erst zum Frühjahrsende zurückgeschnitten oder ausgeputzt werden, und auch dann sollte man sich auf totes Holz und abgestorbene Triebspitzen beschränken.

Hortensien können auf saurem Boden in reinem Blau blühen; auf unzureichend saurem Boden hingegen sind sie violett oder mauve und auf neutralem bis kalkhaltigem Grund rosa oder rot. Mancher Hortensie steht das Blau besser als anderen. Zu den schönsten zählt *Hydrangea serrata* 'Bluebird' (120 cm), die sich beim geringsten Anflug von Bodensäure blau färbt. Sie blüht mit flachen „Spitzenhäubchen" und ist eine der widerstandsfähigsten Sorten. Die Bauernhortensie *H. macrophylla* 'Générale Vicomtesse de Vibraye' (100 cm) bringt auf kalkhaltigem Boden Blütenbälle von nichts sagendem Blassrosa hervor, wechselt bei entsprechender Säure jedoch zu einem lieblichen Himmelblau. Sie ist ausgezeichnet im Kübel, wo sich auch ihre Färbung besser beeinflussen lässt – zum einen durch die verwendete Blumenerde, zum anderen durch Beifügen von Aluminiumsulfat zum Gießwasser, um gegebenenfalls den Säuregehalt anzuheben.

▲ *Die immergrünen* Ceanothus-*Arten, die von der nordamerikanischen Pazifikküste stammen, blühen in der Natur selten so blau wie ihre Selektionen in britischen Gärten.* 'Puget Blue', *ungewöhnlich und unübersehbar während seiner Blüte im späten Frühjahr, hat von den derzeit erhältlichen Sorten das intensivste Blau. Säckelblumen sind raschwüchsige, jedoch kurzlebige Sträucher, die in strengem Winter Schaden nehmen.*

Eine rote Ziegelwand ist ein guter Hintergrund für die blaue Säckelblume *(Ceanothus)*. Die Laub abwerfenden Arten blühen in blassem, bläulichem Ton; obgleich diese Sommerblüher winterhart sind, wollen wir uns mit ihnen gar nicht aufhalten. Ich denke vielmehr an die immergrünen, nicht unbedingt winterharten Arten, von denen die meisten im Frühjahr oder Frühsommer ihre Knospen öffnen. Sie blühen erstaunlich reich und sind überaus eindrucksvoll. Nichts kommt ihnen auch nur nahe. Alle sind raschwüchsig, am eifrigsten jedoch ist der frühe *Ceanothus arboreus* 'Trewithen Blue' (6 m, wenn der Wind ihn verschont). Er blüht häufig bereits im März. Er macht wirklich Furore, bricht jedoch leicht auseinander oder fällt dem Frost zum Opfer, dass man von Glück sagen kann, wenn man ihn vier Jahre hält. Sobald er Sorgen macht, hinaus damit: Er erholt sich so gut wie nie. Ein früh blühender blutroter Rhododendron wäre eine gute Begleitung, ganz besonders dort, wo der Sommer kühl bleibt. *Rhododendron strigillosum* ist ungewöhnlich früh. Etwas später blüht der immer noch frühe *R. neriiflorum*, mit hübschem Laub; er wäre vielleicht noch besser, und dass er etwas niedriger bleibt, schadet ebenfalls nicht.

▲ *Schmucklilien (Agapanthus) blühen Mitte bis Ende Sommer, wollen jedoch nicht gedeihen, wenn andere Pflanzen sie bedrängen, weshalb Zusammenstellungen nicht immer einfach sind. Als Kontrast zu blauen Sorten liegt die Kombination mit orange blühenden Montbretien auf der Hand.*

▼ Echinops, *die Kugeldistel, trägt reizvolle Blütenköpfe, ist aber davon abgesehen eine recht derbe Pflanze mit nur kurzer Blütezeit im Sommer. Hier zu sehen* E. ritro subsp. ruthenicus.

Die meisten Schmucklilien (*Agapanthus*) blühen blau, was der Grund für ihre Beliebtheit ist, obgleich auch die weißen Sorten attraktiv sind. Je größer die Blütendolde und je größer die Einzelblüte, desto empfindlicher meist die Pflanze. Das trifft besonders auf die typischen Containersorten zu, die geschützt überwintert werden. In langer Reihe gepflanzt, wirken sie ungemein langweilig. Probieren Sie die Schmucklilie einmal mit roten oder orangefarbenen Fackellilien, die ebenfalls im August blühen. Ich ziehe eine im September blühende tiefblaue Sorte, 'Loch Hope', mit einer relativ späten orangefarbenen Montbretie. Das schmale Laub der Schmucklilie ist uninteressant; es schadet nichts, wenn es nicht so sehr ins Auge fällt.

Blaue Blütenkugeln tragen die Kugeldisteln der Gattung *Echinops* (meist 120 cm hoch), doch ihre hochsommerliche Blütezeit ist einfach zu kurz und die Pflanzen mit ihrem dunklen Laub sind unerträglich derb. *E. bannaticus* 'Taplow Blue' ist dabei eine der besten Sorten. Setzen Sie diese um Himmels willen nicht zu anderen blauen Blumen, sondern benutzen Sie leuchtende Nachbarn wie Phlox als Aufmunterung. *E. ritro* subsp. *ruthenicus* (nur 60 cm hoch), aus Samen gezogen, sprühte bei meinem Besuch im Versuchsgarten von Thompson & Morgan geradezu Funken, scheint mir aber auf unserem schweren Lehmboden recht kurzlebig. Wir bemühen uns noch immer darum. Irgendwann werde ich wohl die richtige Kugeldistel für mich finden.

Interessanter sind da schon die Edeldisteln (*Eryngium*). Das beste Blau, das ich je sah, bietet *E.* x *oliverianum* (90 cm), die in unserem Garten schon so lange ich denken kann an ein und derselben Stelle gedeiht. Sie bildet dicke Pfahlwurzeln aus und lässt sich nur ungern stören, ist jedoch über Wurzelstecklinge

▲ *Hier die Alpenedeldistel* Eryngium alpinum *als Vertreter ihrer Gattung; ihren kegelförmigen Blütenstand aus winzigen Einzelblüten umgeben zahlreiche Brakteen, die tatsächlich weich sind, im Gegensatz zu der eher stacheligen Verwandtschaft. Die Pflanze ist insgesamt sehr attraktiv.*

▶▶ *Mit ihren intensiv metallicblauen Blütenstängeln ist* Eryngium x oliverianum *die wahrscheinlich eindrucksvollste Edeldistel. Auf sich selbst gestellt wirkt sie dennoch fade; einen guten Kontrast bietet das Gelb von beispielsweise Mädchenauge* Coreopsis verticillata *oder, wie hier, das Rot von* Crocosmia *'Lucifer' – oder aber beide, mit der Edeldistel in der Mitte! Um sich optimal auszufärben, muss die Pflanze in voller Sonne stehen.*

zu vermehren. Im Juli trägt sie Blütenkegel – die aus winzigen Einzelblüten in verhaltenem Blau zusammengesetzt und mit einer imposanten Halskrause aus stacheligen Deckblättern umgeben sind – auf sich kreuzenden Stängeln von erstaunlichem Metallicblau. Zumindest ist ein Standort in voller Sonne für sie eine unerlässliche Voraussetzung. Dies ist zweifellos eine Pflanze, neben der kräftige Farben von Nöten sind – das Orange der *Crocosmia*, das Gelb von *Coreopsis*. Sie selbst wiederum wirkt auf diese Farben dämpfend. Ganz auf sich gestellt ist sogar die Edeldistel vollkommen reizlos. Die etwas früher blühende Alpenedeldistel (*E. alpinum*) blüht ähnlich, jedoch mit einer dichteren, wolligeren, weichen Halskrause.

Mehrere blaue Edeldistelarten tragen zwar kleine, dafür aber äußerst zahlreiche Blütenstände, wie eine blaue Nebelwolke. *E.* x *tripartitum* (60 cm) ist so eine. Ich wünschte nur, dass sie – sie alle – nicht so schnell umfielen. Sie benötigen eine diskrete Stütze, doch Diskretion und Funktionalität sind nicht so leicht miteinander zu vereinbaren.

Die Färberhülse (*Baptisia australis*, 90 cm) gleicht mit ihrer klaren Linie und ihrem eleganten Habitus einer Lupine von Adel. Im Juni trägt sie regelmäßig an ihren Blütenstielen verteilte dunkelblaue Blüten, die in wunderschönem Kontrast zu dem üppig schmückenden, hellgrünen Blattwerk stehen. *Baptisia* hat eine Begleitpflanzung weniger nötig als die meisten anderen blau blühenden Pflanzen.

Viele Ehrenpreisarten (*Veronica*) sind früh blühende Stauden; später sind sie so langweilig, dass sie als Gartenpflanzen beinahe nicht zu empfehlen sind. Die im Mai blühende Art, die wir als *Veronica teucrium* kennen, ist eigentlich *V. austriaca* subsp. *teucrium*. 'Crater Lake Blue' (45 cm) bringt dicht an dicht Blüten-

stände in reinem Tiefblau hervor; sie ist eine der besten Sorten. Meist benötigt sie eine Stütze. Gut zu Nelkenwurz in Orange und Rot. 'Shirley Blue' (25 cm) bildet eine Art lockeren Rasen, der sich nett über eine harte Beetkante drapieren lässt. Wiederum nur eine kurze Blüte, wie auch bei *V. peduncularis* 'Georgia Blue' (15 cm), von recht dunklem Blau. Während der Blüte im April bildet diese einen schönen Kontrast zu der kleinen Triandus-Narzisse 'Hawera', einer regelrechten Miniatur mit nickenden Blütenköpfchen in kühlem Gelb. *V. gentianoides* (30 cm) bildet grundständige Rosetten enzianartiger Blätter; im Mai trägt sie Blütenkerzen von kühler, blassblauer Farbe. Diese Pflanze liegt mir am Herzen, und dennoch weiß ich sie nicht recht zu platzieren. Es gibt eine hübsch gezeichnete Sorte, 'Variegata', die ebenfalls reich, aber etwas empfindlicher blüht.

Die Italienische Ochsenzunge (*Anchusa azurea*, syn. *A. italica*, maximal 180 cm) blüht im Idealfall blau, tendiert jedoch allzu leicht ins Violette. 'Opal' ist eine lohnenswerte Sorte, die allerdings manchmal anders ausfällt, als der Name verspricht. Ich hoffe, die Züchter werden dieser Pflanze erneut ihre Aufmerksamkeit zuwenden. Obwohl es sich dabei um eine Staude handelt, ziehe ich sie lieber als Zweijährige; man kann sie selbst aus Wurzelstecklingen heranziehen, die man gleich bei der Herbstpflanzung schneidet. Die Ochsenzunge blüht im Frühsommer und passt gut zu weiß blühender Nachtviole (*Hesperis matronalis*), die sich ebenfalls als zweijährige Beetpflanze ziehen lässt. Neben solch leuchtenden Farben wie dem Orange, Blutrot und Scharlach von Türkenmohn wirkt die Ochsenzunge mit ihrem trüberen Farbton rein gar nicht.

Was ist nun zum berühmten blauen Scheinmohn, der Gattung *Meconopsis*, zu sagen? Dies ist die blaue Blume, die im 20. Jahrhundert für die allergrößte Aufregung sorgte, und doch ziehe ich sie hier, im Südosten Englands, überhaupt nicht. Die winterharten Pflanzen verabscheuen jegliche sommerliche Hitze; die kühle Luft des Nordens dagegen bekommt ihnen, und ich freue mich, wenn ich ihnen im Frühsommer in Schottland begegne. *M. betonicifolia* und die etwas ausdauerndere *M. grandis* (beide 100 cm) sind die beiden geläufigsten Arten, obgleich Kulturvarietäten ihrer Hybride *M.* x *sheldonii* meist befriedigendere Resultate zeitigen. Als Kontrast gibt es nichts Schöneres als ihren eigenen Kranz aus gelben Staubgefäßen.

Die spannendsten Enziane, etwa der Frühlingsenzian (*Gentiana verna*), erfordern die besondere Sorgfalt des Enthusiasten für Alpenflora. Ich persönlich begegne ihnen lieber auf ihrer heimischen Gebirgswiese und behalte sie dann in guter Erinnerung. Der Stengellose Enzian (*G. acaulis*) mit seinem trompetenbestückten Blätterkissen ist nicht allzu schwierig zu ziehen, obgleich er nicht in jedem Garten reich blüht. Soll das dichte Kissen nicht blühfaul werden, so muss es alle drei Jahre geteilt werden.

Echtes BLAU Eine Seltenheit!

◄ *Die Färberhülse (Baptisia australis) ist eine tief wurzelnde Staude aus den USA, die einer edlen Lupine mit weit auseinander stehenden Blüten ähnelt. Ihr frischgrünes Laub ist ein ausgezeichneter Farbkontrast. Blüte im Frühsommer; reiche Samenbildung bietet sich zur Vermehrung an.*

► *Gedeiht der Große Scheinmohn (Meconopsis grandis), hier mit Fingerhut im Hintergrund, derart üppig, so können wir nur in Schottland sein. Eine luftige Waldlage mit saurer Lauberde und reichlich Feuchtigkeit sind die Voraussetzungen für Erfolg ohne übertriebenen zusätzlichen Aufwand. Diese Art kehrt zuverlässiger wieder als viele andere, allerdings nur, wenn sie etwa alle drei Jahre geteilt und neu gepflanzt wird.*

◄ *'Dropmore' ist eine typische, im Frühsommer blühende Sorte der Italienischen Ochsenzunge (Anchusa azurea); recht häufig allerdings wird auch diese benannte Selektion ihrem Namen nicht gerecht. Nach dem zweiten Sommer nimmt man die Pflanzen am besten heraus; die Lücke füllen spät gesäte Einjährige, etwa Cosmos bipinnatus 'Purity'.*

► *Aus Meconopsis x sheldonii, einer Kreuzung zwischen M. betonicifolia und M. grandis, sind die besten Kulturvarietäten des blauen Scheinmohns hervorgegangen, von denen etliche als benannte Varietät gehandelt werden. In Südostengland sterben sie nach der Blüte und Samenbildung meist ab, doch in einem kühlen, feuchten Klima sind keine besonderen Voraussetzungen nötig, solange sie in guter Lauberde stehen und alle paar Jahre geteilt und neu gepflanzt werden.*

▲ *Der blaue Leinblättrige Gauchheil* Anagallis monellii *subsp.* linifolia *wird einjährig gezogen. Sein Habitus ist niedrig liegend und rankend und seine Blütenfarbe so intensiv, dass er häufig mit einem Enzian verwechselt wird. Die Blüten öffnen sich über einen langen Zeitraum, jedoch nur bei Sonnenschein. Eine niedrige gelbe Tagetes lässt sie hier besonders leuchten.*

▶▲ *Der Schwalbenwurzenzian* (Gentiana asclepiadea) *ist eine tief wurzelnde Waldstaude, die im Spätsommer blüht. Ein Umpflanzen sollte nach Möglichkeit vollkommen vermieden werden. Hier wächst er vor der Tangutischen Himbeere* Rubus cockburnianus 'Goldenvale', *die leuchtend grüngelbes Laub trägt. Diese gilt es allerdings während der Wachstumsphase unter Kontrolle zu halten, da sie gern ihre Nachbarn überrennt. Der Enzian sieht auch gut zu den gelben Blütenglöckchen der Wachsglocke* (Kirengeshoma palmata) *aus. Er sät sich häufig selbst aus.*

▶ *Im Garten von Glen Chantry in Essex setzt sich eine der vielen im Frühsommer blühenden Hybriden der Sibirischen Schwertlilie,* Iris sibirica 'Placid Waters', *wunderschön vor der goldenen Segge* Carex elata 'Aurea' *ab. Beide Pflanzen lieben die Feuchtigkeit und gedeihen sogar in sumpfigem Boden, der hin und wieder überschwemmt ist. Allerdings blüht zugegebenermaßen keine dieser Irissorten in reinem Blau.*

Ich habe einmal rot gefiederte Tausendschönchen *(Bellis perennis)* hinter diesen Enzian gesetzt, das war hübsch. Der unkomplizierteste Gartenenzian (der sich gleichwohl manchmal weigert zu gedeihen, wo man ihn hinsetzt, nur um an anderer Stelle, die man ihm nie zugemutet hätte, aus Samen aufzugehen) ist der Schwalbenwurzenzian *(G. asclepiadea)*, eine Waldblume. Er blüht im August und verlangt neutralen bis sauren Boden. Seine blauen Trompetenblüten sitzen zu beiden Seiten eines langen, überhängenden Stängels. Die goldblättrige Tangutische Himbeere *Rubus cockburnianus* 'Goldenvale' ist ausgezeichnet als Kontrast, sofern man sie unter Kontrolle behält – ihr Ausbreitungsdrang muss alljährlich gebremst werden. Oft mit Enzian verwechselt wird der einjährige, blau blühende Leinblättrige Gauchheil *(Anagallis monellii* subsp. *linifolia)*.

Blau blühende Wasserpflanzen sind selten; eine solche ist das Herzförmige Hechtkraut *(Pontederia cordata,* 60 cm*)*. Es gedeiht im flachen Wasser nahe dem Teichrand und blüht im August. Dort bildet es eine nett anzusehende Kolonie aus stumpf pfeilförmigen Blättern und dichten Ähren kleiner blauer Blüten. Setzt man die alte, sich leicht vermehrende Montbretie *Crocosmia pottsii* (60 cm) so an den Teichrand, dass sie über das Wasser ragt, sorgt ihre rote Blüte verlässlich für Kontrast.

An blau blühenden Einjährigen kommt als Erste die Kornblume *(Centaurea cyanus,* 90 cm*)* in den Sinn, die in jeder Wildblumenmischung in fröhlichem Verein mit allen möglichen Farben reichlich vertreten ist. Ein weiteres, kürzeres Ackerunkraut, das ich in Syrien sah, ist ein heller Blauer Waldmeister *(Asperula*

▲ *Die wiederkehrende Bergflockenblume* (Centaurea montana), *eine seit alters her beliebte Staude, blüht im Frühsommer schön vor einer weißen Libertia ixioides-Hybride. Wird die Flockenblume nach der ersten Blüte zurückgeschnitten, so blüht sie ein zweites Mal.*

▼ *Meine liebste Kornblumensorte,* Centaurea cyanus *'Blue Diadem'.*

▶ *In der spektakulären Wiesenblumenmischung, die in großem Rahmen auf einem Feld bei The Old Vicarage in East Ruston, nahe der Ostküste in Norfolk, ausgebracht ist, findet sich auch die einjährige Kornblume* Centaurea cyanus. *Wichtig ist eine vollkommen offene Lage.*

orientalis, 40 cm). Sät man dieses Mitglied der Labkraut-Familie im Frühjahr aus, so öffnen sich im Frühsommer seine kleinen Kreuzblüten. Die Blüte ist schnell vergänglich, doch von Zeit zu Zeit steht mir der Sinn danach, und dann kombiniere ich sie meist mit orangefarbenen Blumen – Ringelblumen oder Kapastern *(Osteospermum hyoseroides).*

Die selbst aussäende, frostverträgliche Jungfer im Grünen *(Nigella damascena,* 40 cm) blüht blau in der bekannten 'Miss Jekyll'-Selektion, die für mich die typischste Form ist. Die schönsten Pflanzen erhält man nicht, indem man die Sämlinge an Ort und Stelle belässt, sondern indem man aufgegangene Sämlinge im Herbst einzeln eintopft und im zeitigen Frühjahr auspflanzt. Wir ziehen ganze Bänder durch unsere gemischten Rabatten.

Die Borretsch-Familie ist reich an Blautönen, wenn auch viele darunter nicht frei von Mauve sind – Vergissmeinnicht beispielsweise. Dennoch vermitteln diese einen Eindruck von Blau; im April und Mai bilden sie ein durchgehendes Thema unserer Rabatten. Als Bodendecker um Tulpen sind sie Tradition, besonders wirkungsvoll mit rosa Sorten, beispielsweise der lilienblütigen 'China Pink'. Borretsch selbst *(Borago officinalis)* blüht zwar blau, doch nicht gerade auffällig. Anders hingegen das Chinesische Vergissmeinnicht *(Cynoglossum amabile,* 60 cm), das in verschiedenen Sorten angeboten wird – ein unübersehbares

▲ Vergissmeinnicht sind der ideale Bodendecker für Tulpen jeglicher Couleur. Wir lassen sie sich immer wieder aussäen, doch mit kontrollierter Aussaat ausgewählter Samensorten erhält man Pflanzen von höherer Qualität. Diese sind intensiver gefärbt und von meist gedrungenerem Wuchs.

▼ Im „roten" Kapitel haben wir diesen blauen Strandroggen, Leymus arenarius, mit dem Scharlachroten Salbei Salvia coccinea 'Lady in Red' kontrastiert gesehen. Das wäre eine gute Folgepflanzung für die hier gezeigte Ton-in-Ton-Kombination mit Chinesischem Vergissmeinnicht (Cynoglossum amabile), einer halbwegs frostverträglichen Einjährigen.

Hellblau. Es kann einjährig oder zweijährig gezogen werden, ist jedoch nicht verlässlich winterhart. Wir säumen damit unseren blauen Strandroggen (Leymus arenarius), eine ausbreitungswütige, leuchtend blau austreibende Staude, die jedes Jahr zur Raison gerufen werden muss. Hier also ein Beispiel für Blau-in-Blau, wobei der Kontrast in den Blüten und Blättern und den ganz und gar unterschiedlichen Wuchsformen besteht.

Das Gedenkemein (Omphalodes cappadocica, 25 cm) ist ausdauernd und ähnelt einem kräftigeren Vergissmeinnicht. Wählen Sie eine dunkelblaue Sorte, wie 'Cherry Ingram'. Im Schatten ist es ausgezeichnet; am besten gefällt es mir unter dem Geäst einer gefüllten roten Kamelie, deren Blütenblätter ihre Farbe noch beim Herabrieseln halten, sodass die blauen Gedenkemein-Pflanzen wie auf einem roten Teich schwimmen. 'Starry Eyes' ist eine O. cappadocica-Selektion, bei der jedes blaue Blütenblatt in zartestem Farbton gesäumt ist – ausgesprochen reizend.

Die kletternde einjährige Prunkwinde Ipomoea tricolor 'Heavenly Blue' steht außer Konkurrenz. Fühlt sie sich wohl, so gibt sie selbst in unserem Klima eine begeisternde Vorstellung an einem 180 cm hohen Reisigzelt. Die großen Trompetenblüten halten nur einen halben Tag und sind an jedem schönen August- und Septembermorgen ein herrliches Schauspiel. Man kann sie auch an Maschendraht ziehen, etwa um einen Tennisplatz, und an jeglicher geeigneter Stütze, die ihr genug Luft zum Leben lässt. Wir pflanzen die Winden an alle möglichen Stellen, wo sie uns dann überraschen. Auch in Kübeln lassen sie sich ziehen, beispielsweise als Sichtschutz für eine Terrasse. Leider sind sie nicht ganz leicht zu ziehen. Die Sämlinge reagieren ausgesprochen misslaunig auf Kälte, sie werden gelb und schrumpeln. Eile mit Weile lautet das Motto: Säen Sie im Mai, aber nicht zu früh,

▲ *Wenn Sie eine rote Kamelie besitzen, die wie diese alte* Camellia japonica-*Sorte namens* 'Margherita Coleoni' *ihre Blütenblätter abwirft (anstatt sie zu halten, bis sie braun werden), so bildet der Blätterteppich einen ausgezeichneten Untergrund für das schattenverträgliche blaue Gedenkemein* Omphalodes cappadocica 'Cherry Ingram'.

▼ *Frühlingsblühende* Scilla, *Schneestolz* (Chionodoxa) *und ihre Hybride, x* Chionoscilla, *lassen sich in eine ganze Reihe von Frühjahrskompositionen einfügen; nach der Blüte kann man sie herausnehmen und bis zum Herbst aufbewahren oder aber für immer an ihrem Standort belassen.*

und selbst dann unter Glas – in den meisten Gegenden setzt man sie am besten nicht vor Ende Juni nach draußen.

Zu den blauen Frühlingszwiebeln zählen die Traubenhyazinthen *(Muscari)*, entgegenkommende Pflanzen mit einer ziemlich langen Blütezeit. Es ist jammerschade, dass das Laub der unkompliziertesten Art, *M. armeniacum* (40 cm), so lang und kraftlos ist. Die gefüllte Spielart 'Blue Spike' (Foto Seite 168), aus großen Zwiebeln sorgsam gezogen, bietet ein grandioses Schauspiel. Ich mag dazu das dunkle Buttergelb der Jonquille *(Narcissus jonquilla)*. Schneestolz *(Chionodoxa)*, so klein er auch ist, blüht äußerst willig; *C. luciliae*, mit weißer Blütenmitte, versamt sich in bearbeitetem Boden, etwa unter winterkahlen Sträuchern; ein Geselle für ihn ist jedoch nicht leicht zu finden. X *Chionoscilla allenii*, eine Hybride zweier Gattungen mit blauen Blütensternen im März/April, ist ein richtiges Energiebündel. Ich mag es zu dem jungen grünlich-gelben Austrieb von goldgelbem Baldrian *Valeriana phu* 'Aurea'. Das Blausternchen *(Scilla sibirica,* 10 cm) blüht in einem durchdringenden reinen Blau. Es vermehrt sich zügig in der Rabatte, verschwindet bei mir aber nach und nach aus den Wiesen. Manche Gärtner haben damit mehr Erfolg, vielleicht bei dünnerer Grasnarbe.

Alle möglichen Blattpflanzen sind blaugrün beziehungsweise graublau. Manche Funkienarten sind beachtenswert, beispielsweise *Hosta* 'Halcyon', deren saubere, spitze Blätter wie Dachpfannen überlappen. 'Buckshaw Blue' ist eine breitblättrige Sorte, die ich immer mochte; ihr junges Laub war vor dem violetten Blattwerk des Tafelblattes *Rodgersia pinnata* 'Superba' sehr bemerkenswert. Doch im Gegensatz zu dem Tafelblatt, dem die Bemühungen diverser Schnecken nichts anzuhaben vermögen, war die Funkie ein unablässiger Vorwurf gegen mich, der ich

▲ 'Halcyon' zählt zu den Funkien mit dem schönsten blauen Laub; ihre Blätter liegen wie Dachziegel übereinander. Hier stehen sie im Gegensatz zu der vollkommen anderen Blattform des Dornigen Bärenklau (Acanthus spinosus).

▼ Eine der kleinen Überraschungen, mit denen der Immergrüne Kissenschneeball Viburnum davidii aufwartet, sind die zahlreichen blauen Beeren, mit denen sich weibliche Pflanzen im Herbst schmücken.

nichts gegen die Schädlinge unternahm. Vorwurfsvolle Pflanzen sind unerträglich. Außerdem laufen ihre Blätter im Hochsommer an, und so hieß es hinaus mit ihr.

Ganz anders ist der bereits von mir erwähnte Eukalyptus, dessen Jugendlaub einen famosen Kontrast zu dem violetten Laub von Blumenrohr bildet. Eine weitere, vollkommen anders geartete graugrüne Pflanze, in die ich vernarrt bin, ist das Greiskraut *Senecio serpens*. Dieses sukkulente Mitglied seiner Familie ist von kriechendem, Rasen bildendem Habitus; seine zylindrischen Blätter laufen in schmale Spitzen aus. Den Sommer über kann man es ins Beet setzen, wo es sich auf den Kantensteinen ausbreitet, doch neben weichem Laub verliert es an Wirkung. Eher als Nachbar zu empfehlen ist ein Nabelkraut, *Cotyledon orbiculata*, das seine großen, fleischigen grauen Blätter in Rosetten über den Boden breitet. Auch dieses ist frostempfindlich, gedeiht jedoch gut im Sommerbeet. Vielleicht haben Sie ja für Pflanzen solcher Art einen sonnigen Sims.

Richtig spannend wird es, wenn Beeren von dem von ihnen erwarteten Rot bis ins Blaue abweichen – am besten leuchtend blau. Solche wie Porzellan glänzende Beeren trägt der Losbaum *Clerodendrum trichotomum*. Der Strauch selbst ist von unbestimmter Form, kann allerdings im Frühjahr gründlich beschnitten werden; die in lockeren Rispen angeordneten Beeren sind umso wirkungsvoller, als jede einzelne in einem fleischigen, ausgebuchteten rosa Kelch ruht. Auf einen Streich erhält man also einen schönen Farbkontrast. Dieser Strauch benötigt so viel Hitze wie möglich, um gut Frucht anzusetzen.

Die weiblichen Pflanzen des Immergrünen Kissenschneeballs *Viburnum davidii* (manche Gärtnereien verkaufen sie nach Geschlechtern getrennt) tragen manchmal halb im Laub verborgene Dolden kleiner blauer Beeren. Soll der Strauch Frucht ansetzen, muss ein zweiter, männlicher in der Nähe stehen.

So viel zum echten Blau der „Blauen Blume".

▶ Der wohl am stärksten blau gefärbte Farn ist der Hasenfußfarn (Phlebodium aureum, syn. Polypodium aureum), der hier das Beet mit der Rhizombegonie 'Dragonwing' (im Vordergrund) teilt. Beide sind frostempfindlich und daher nur für das Sommerbeet geeignet. Der Farn schmückt im Winter die Fensterbank in meinem Speisezimmer. Leider ist er nicht überall erhältlich.

Agapanthus 'Loch Hope'
Schmucklilie
Höhe: 120 cm
Breite: 45 cm
Nicht verlässlich
winterhart, Sonne
Die Headbourne-Hybriden
tragen auf hohen Stängeln
Trompetenblüten in sattem
Blau über einem dicken
Büschel riemenförmiger
Blätter. Mischen Sie sie
mit dem kräftigen Gelb
oder Orange von *Kniphofia*,
Crocosmia oder *Canna*.
Zwischen blauen *Agapanthus*-Stauden sieht auch der
Felberich *Lysimachia ciliata*
'Firecracker' hübsch aus.

Baptisia australis
Färberhülse
Höhe: 90 cm
Breite: 60 cm
Winterhart, Sonne
Indigoblaue Blüten in
gleichmäßigem Abstand
zieren im Frühsommer
elegante Blütenstände;
ein dunkelgrüner Hintergrund reicht vollkommen
aus, um das hellgrüne
Laub leuchten zu lassen.
In Massenpflanzung
schöner als einzeln.

◀ *Camassia cusickii*
Prärielilie
Höhe: 90 cm
Breite: 20 cm
Winterhart, Sonne
Nordamerikanische
Frühjahrszwiebel, in Beet
und Wildwiese leicht zu
ziehen. Zieht bald nach
der Blüte ein. *C. quamash*
ist in der Wiese noch
schöner, wo sie Horste mit
tiefblauen Blütensternen
bildet und sich aussät.
Die Samen reifen im
Spätsommer.

Caryopteris x clandonensis
Bartblume
Höhe: 90 cm
Breite: 90 cm
Winterhart, Sonne
Mit seinen Büscheln blassblauer Blüten entlang der
Triebspitzen und dem
graugrünen Laub passt
dieser Strauch gut zu
anderen Herbstblühern,
wie dem *Sedum* 'Herbstfreude'. *C.* x *c.* 'Worcester
Gold' hat gelbgrünes Laub,
ein hübscher Kontrast zu
seinen dunkelblauen
Blüten.

Ceanothus arboreus 'Trewithen Blue'
Säckelblume
Höhe: 6 m
Breite: 6 m
Winterhart, Sonne
Früh und tiefblau blühender Strauch mit dunkelgrünen rundlichen Blättern.
Gut vor einer schützenden
Ziegelmauer (er ist frostanfällig) und mit roten
Rhododendren.

Cerinthe major 'Purpurascens'
Große Wachsblume
Höhe: 50 cm
Breite: 50 cm
Nicht ganz winterhart,
Sonne
Einjährige, am besten im
Herbst gesät, unter Glas
überwintert und im Frühjahr ausgepflanzt. Lange
Blütezeit. Ungemein
beliebt aufgrund ihres
ungewöhnlichen Äußeren;
blau sind die Hochblätter.
Ein wenig überbewertet.
▼

Chionodoxa luciliae
Schneestolz
Höhe: 10 cm
Breite: 5 cm
Winterhart, Sonne / leichter Schatten
Früh blühende Zwiebel
mit weit geöffneten Blütensternen mit weißer
Mitte. Breitet sich gut aus,
wo nicht zu viel Konkurrenz besteht. Wunderhübsch im Schnee (daher
auch der Name), wenn
sich die Gelegenheit
ergibt.

Cynoglossum amabile ▶
Chinesisches Vergissmeinnicht
Höhe: 60 cm
Breite: 30 cm
Winterhart, Sonne
Ein- oder zweijährige
buschige Pflanze mit leuchtend hellblauen Blüten vom
Beginn des Sommers an.
Eine Farbharmonie ergibt
sich mit blauem Strandroggen (*Leymus arenarius*),
spannender Kontrast mit
Ringelblumen (*Calendula officinalis*).

Delphinium
Rittersporn
Höhe: 200 cm
Breite: 75 cm
Winterhart, Sonne
Blütenkerzen in verschiedenen Blautönen, dazu Schattierungen von Weiß, Rosa,
Mauve und Violett. Setzen
Sie grüngelben Alpenschuppenkopf (*Cephalaria alpina*)
dazu. Die Belladonna-
Hybriden passen gut zu
rosa Präriemalve und hellgelber Raute *Thalictrum
flavum* subsp. *glaucum*.

Eryngium x olivierianum
Edeldistel
Höhe: 90 cm
Breite: 45 cm
Winterhart, Sonne
Distelartige Pflanze mit gerundetem Blütenstand, der
von einer stacheligen Halskrause umgeben ist; sogar
Blätter und Stängel schimmern metallisch blau.

Echinops bannaticus 'Taplow Blue'
Kugeldistel
Höhe: 120 cm
Breite: 60 cm
Winterhart, Sonne
Sie trägt kugelrunde strahlend blaue, bei Bienen sehr
beliebte Blütenköpfe hoch
über dem sehr groben Laub,
das man am besten hinter
anderen Pflanzen verbirgt,
sodass nur die Blüten darüber sichtbar sind. Geeignet wären etwa leuchtend
bunte Phloxsorten.

◀ *Geranium wallichianum*
'Buxton's Variety'
Storchschnabel
Höhe und Breite je nach
Stütze unterschiedlich
Winterhart, Halbschatten
Eine rankende Staude, die
im Winter einzieht und mit
kleinen, frühen Zwiebeln
wie Krokussen umpflanzt
werden kann. Erklettert ihre
Nachbarn; blüht von Mittsommer
bis in den Spätherbst. Die Farbe ein blässliches Mauve in der Sommerhitze, mit sinkenden
Temperaturen jedoch immer blauer.

Hosta **'Halcyon'**
Funkie
Höhe: 40 cm
Breite: 45 cm
Winterhart, Sonne / leichter Schatten
Graublaues, relativ schmales und spitzes Laub; Blüte
malvenfarben. 'Buckshaw
Blue' hat Blätter von ähnlicher Farbe, jedoch breiter, und weißliche Blüten.
Schnecken spielen beiden
übel mit. Setzen Sie sie vor
das Schaublatt *Rodgersia pinnata* 'Superba' mit
violettem Laub.

▲ *Hyacinthus orientalis*
'King of the Blues'
Hyazinthe
Höhe: 20 cm
Breite: 10 cm
Winterhart, Sonne
Eine alte Hyazinthensorte
mit recht später Blüte in
tiefstem Blau und mit ausgezeichnetem, weit tragendem Duft. Im Garten ist
sie ausgesprochen ausdauernd und bildet im
Laufe der Jahre eine
Kolonie.

Hydrangea macrophylla
**'Générale Vicomtesse
de Vibraye'**
Bauernhortensie
Höhe: 100 cm
Breite: 120 cm
Ausdauernd, leichter
Schatten
Auf saurem Boden trägt sie
himmelblaue Blütenköpfe.
Setzen Sie dazu die graulaubige Hechtrose (*Rosa glauca*) und die Chinesische Prachtspiere *Astilbe chinensis* var. *taquetii* 'Superba' mit
violetten Federblüten. Im
Container lässt sich die
Bodensäure regulieren.

Nigella damascena
'Miss Jekyll'
Jungfer im Grünen
Höhe: 40 cm
Breite: 25 cm
Winterhart, Sonne / leichter Schatten
Filigran gezipfelte blaue
Blüten, auf die geschwollene Samenkapseln folgen.
Die Einjährige samt sich
aus, sollte jedoch für bessere Resultate ausgedünnt
oder eingetopft werden.
Blüht Ende Frühjahr/
Anfang Sommer. Setzen
Sie als Kontrast Ringelblumen dazu.

Phlebodium aureum
Hasenfußfarn
Höhe: 50 cm
Breite je nach Alter der
sich ausbreitenden Pflanze
Frostempfindlich, hell /
Halbschatten
Immergrüner Farn mit
ausgesprochen blauen,
einfach gefiederten oder
fiederspaltigen Wedeln.
Ausgezeichnet mit Stauden wie Blattbegonien. ◀

Salvia uliginosa
Sumpfsalbei
Höhe: 180 cm
Breite: 100 cm
Winterhart, Sonne
Die hohe, drahtige Pflanze
trägt im Sommer und
Herbst kleine Ähren weiß
gefleckter, blassblauer Blüten hoch oben auf schwankenden Blütenstängeln.
Breitet sich aus. Gegebenenfalls frostfrei überwintern. Passt gut zu Dahlien.

Trachelium caeruleum
Blaues Halskraut
Höhe: 30–60 cm
Breite: 30 cm
Frostempfindlich, Sonne
Kleine hellblaue, duftende
Blüten in flachem oder
gerundetem Blütenstand.
In kalten Gegenden als
Einjährige zu ziehen. Lässt
sich gut mit einjähriger
Kokardenblume *Gaillardia* 'Red Plume' kombinieren.

Veronica austriaca subsp.
teucrium **'Crater Lake Blue'**
Österreichischer Ehrenpreis
Höhe: 45 cm
Breite: 30 cm
Winterhart, Sonne
Tiefblaue Blütenähren erscheinen vom späten Frühjahr bis zum Frühsommer
über einem stumpfgrünen
Blattpolster. Die Blütenstiele benötigen eine Stütze.
Diese Staude wirkt schön
am Rand der Rabatte.

Vinca minor ▲
Kleines Immergrün
Höhe: 10 cm
Breite: unbegrenzt
Winterhart, Sonne /
Schatten
Das wertvollste bodendeckende Immergrün. Blüht
am reichsten in der Sonne
und am sichtbarsten, wenn
die ganze Pflanze alle zwei
Jahre im Spätwinter geschoren wird. Typische Blütenfarbe ist Blau (z. B. 'La Grave').

Wozu MAUVE?

Mauve als Solist ist nicht mehr das, was es einmal war. Doch die Tatsache, dass Malventöne nicht gut zu reinem Blau passen, darf uns nicht darüber hinwegtäuschen, dass sie wertvolle Kombinationen mit fast allen anderen Farben darstellen.

◀ Phlox paniculata, *der Prototyp der meisten unserer sommerblühenden Flammenblumen, ist eine hohe, anmutige Pflanze, verlangt jedoch eine Stütze. Die kuppelförmigen Dolden unterteilen die Blütenfülle in Hügel – farbige Blütenkissen mit oftmals zwei Farbtönen pro Blüte. Sein zweiter großer Vorzug ist der Duft, der die Luft durchweht und dann am stärksten ist, wenn der Tau noch auf den Blättern liegt. Ich mag ihn zusammen mit dem klaren Gelb der Taglilie* Hemerocallis 'Marion Vaughn' *(siehe Seite 82) – besonders dann, wenn die beiden Stauden sich ein wenig aneinander schmiegen.*

Dem Farbton Mauve wird nur selten die Rolle des Protagonisten, der Hauptfarbe, zugestanden. Violett schon, und Blau natürlich auch. Doch malvenfarbene Blüten sollen sich entweder als Blau verkleiden (Glockenblumenblau ist Mauve), als Lavendel (ein Malvenblau) oder als Flieder (rosa-mauve). Meine Vorstellung von wirklich typischem Mauve war schon immer *Iris unguicularis*, die winterblühende Kretische Schwertlilie mit ihren glitzernden, seidigen Blütenblättern.

Glockenblumenblau ist von ganz besonderer Frische. Jedes Jahr im Frühherbst säen wir zweijährige Wiesenglockenblumen (*Campanula patula*). Die Sämlinge werden vereinzelt, im Frühbeet weitergezogen und Anfang des Frühjahrs ausgepflanzt. Anfang Mai tragen sie dann sechs Wochen lang schlanke Stiele voller malvenblauer Glöckchen. Allen fallen sie auf, jeder fragt nach ihnen, doch dann will niemand mit Zweijährigen etwas zu tun haben. Ihnen entgeht so viel. Natürlich sollte kaum eine Pflanze alleine dastehen. Ein guter Gefährte für diese Glockenblume ist der blutrote „Marienkäfer"-Mohn, auf gleiche Weise angezogen und ausgepflanzt. Der charakteristische Goldmohn (*Eschscholtzia*) sähe auch gut aus. Damit dieser früh genug blüht, müsste er im vorangehenden August gesät werden. Alte Pflanzen, die den Winter überlebt haben, blühen ebenfalls früh.

Die Blüte der mehrjährigen Pfirsichblättrigen Glockenblume (*Campanula persicifolia*) beginnt Ende Mai; sie sät sich auf schwerem Boden hervorragend aus. Ziehe ich sie jedoch gezielt an und pflanze sie aus, so setze ich gern die Zwiebeln einer bronzefarbe-

▲ Nicht sehr unterschiedlich in der Farbe, sehr jedoch in Habitus und Gestalt: die zweijährige Wiesenglockenblume Campanula patula als Unterbau für den Zierlauch Allium hollandicum 'Purple Sensation' im späten Frühjahr. Diese ungewöhnliche Kombination wird einen Monat später beiseite gefegt, um für die nächste formvollendete Komposition Platz zu machen.

▶ Jedes „Glockenblumenblau" ist eigentlich Mauve. Hier sieht man die hohe, mehrjährige Riesendolden-Glockenblume (Campanula lactiflora) durch den Blütenschleier des Riesengroßen Halfagrases (Stipa gigantea). Eine niedrige Stützmauer bietet ein nettes Ruheplätzchen, von dem aus sich diese Szene betrachten lässt.

nen Holländischen Iris dazwischen. Eine ähnliche Iris ist auch eine gute Zwischenpflanzung für den zweijährigen Goldlack Erisymum linifolium in hellem Malventon (Juli-August säen und im Herbst auspflanzen). Ebenfalls gut ist die späte Tulpe 'Dillenburg', die im Kapitel „Orange" vorgestellt wird. Der Goldlack kommt erst Mitte Mai so richtig in Schwung.

Mit 180 cm ist die Riesendolden-Glockenblume C. lactiflora eine der höchsten ihrer Art; meist blüht sie mauve. Sie sät sich selbst aus, und bei mir hat sich eine Kolonie zwischen juliblühenden rosa Teller- und Ballhortensien angesiedelt. Ich hätte es selbst nicht besser (oder ebenso gut) machen können. Nicht weit davon steht ein 180 cm hohes Riesengroßes Halfagras (Stipa gigantea); besonders gern setze ich mich auf eine niedrige, flache Mauer in der Nähe und betrachte die Glockenblumen durch den rosigen Schleier des blühenden Grases.

Ich habe eine Menge Phlox paniculata, den Prototyp vieler Kulturformen, doch weitaus anmutiger als diese und mit 120 cm höher und einer Stütze bedürftig. Sein reiner Malventon kontrastiert hervorragend mit der kräftig aufrechten Prachtspiere Astilbe chinensis var. taquetii, die nur wenig niedriger ist. Sie hat schmale, aufragende Blütenwedel in einem wirklich kräftigen (beinahe grellen) Malvenrosa. Der Kontrast liegt nicht so sehr in der Farbe als vielmehr in ihrer vollkommen gegensätzlichen Gestalt. Hinter

diesen beiden ließe sich wirkungsvoll die einjährige violette Form der Gartenmelde *(Atriplex hortensis,* 180 cm) ziehen. Eine Alternative für *P. paniculata* wäre die ähnliche 'Princess Sturdza' mit größeren Blütendolden.

Eine weitere gute Begleitung für diese malvenfarbenen Flammenblumen ist die Taglilie Hemerocallis 'Marion Vaughn'; sie ist eine der besten amerikanischen Hybriden und hat bereits etliches an jüngerer Konkurrenz auf diesem dichtgedrängten Feld überdauert. Sie blüht hellgelb mit recht großen, angenehm duftenden Blüten, die nicht allzu hoch stehen. Wie alle Taglilien jeglicher Größe sollte sie häufig ausgeputzt werden.

Bedenkt man, wie viele Stauden im Herbst leuchtend gelb blühen, allen voran die Sonnenblumen und andere Korbblüter, ist es nicht verwunderlich, dass die kühlen Malventöne einer Reihe mehrjähriger Astern wohl tuende Abwechslung bieten. Ihre Blütenmitte leuchtet ebenfalls gelb, für den Farbkontrast ist also schon gesorgt. Die im August blühende *Aster macrophyllus* (90 cm) wächst gemeinsam mit dem beliebten Sonnenhut *Rudbeckia fulgida* var. *sullivantii* 'Goldsturm' recht weit vorn in meiner Langen Rabatte. Ihre Blütenstiele sind von unterschiedlichster Länge, sodass sie weder einheitlich noch kompakt wirken, im Gegensatz zu den niedrigen Hybriden der Kissenaster *A. dumosus*.

Die Dreinervige Aster *A. sedifolius* blüht zu etwa derselben Zeit; diese bildet eine ungemein dichte Blütendecke aus ineinandergreifenden Spinnenblüten, die gar nicht als Einzelblüte zu erkennen sind. Da sie gern überhängt, benötigt sie äußerst stabile Stützreiser, die recht früh einzustecken sind – eine Mühe, die sich lohnt. Ich ziehe am liebsten die goldgelbe Montbretie in ihrer Nähe, die uns allen als *Crocosmia* 'Citronella' bekannt ist, auch wenn Nachforschungen den korrekten Namen 'Honey Angels' ergeben. Ihre Blattspeere sind von einem ungewöhnlich leuchtenden Limonengrün.

Was die Länge der Blütezeit betrifft, so ist *A.* x *frikartii* unschlagbar (Ende Juli bis Oktober). Ihre Margeritenblüten sind recht groß, doch ich finde sie etwas langweilig, wenn sie wie so häufig ohne Begleitung dastehen. Gelegenheiten wie diese werden zu gern vergeudet. Eine halbwegs niedrige rosa Herbstanemone (*A. japonica*) wäre gut dazu oder einjähriger Gartenfuchsschwanz (*Amaranthus*) mit dunkelroten Blättern und Blüten, wie 'Red Fox'. Da ich diese Aster regelmäßig an die Schnecken verliere, die die jungen Triebe im Frühjahr verschlingen, bevor sie überhaupt aus dem Boden schauen, habe ich weniger damit experimentiert als ich möchte.

Das intensiv malvenfarbene Eisenkraut *Verbena bonariensis* sät sich überall in meinem Garten aus und dient in manchen Bereichen als verbindendes Element. Ich muss etliche herausreißen, doch wie schon in der Einleitung gesagt ist sie eine jener durchsichtigen Pflanzen, die manchmal am vordersten Rand der

▲ *Zufall, deshalb jedoch nicht weniger willkommen: Selbst ausgesäte Gartenmelde* (Atriplex hortensis var. rubra) *hinter dem recht hohen, im Spätsommer blühenden Gefleckten Phlox* (P. maculata) *'Princess Sturdza' in einem unserer Anzuchtbeete.*

▶ *Lauter Mauvetöne, doch vor einem bedeutungsvollen, kontrastierenden Hintergrund aus Bambus* (Phyllostachys bambusoides *'Castilloni') abgesetzt. Davor steht violette Gartenmelde* (Atriplex hortensis var. rubra), *wiederum davor* Phlox maculata *'Princess Sturdza' und ganz im Vordergrund die vorwitzig aufragenden Blütenstände der grell malvenrosa* Astilbe chinensis var. taquetii *'Superba', die hübsches krauses Laub trägt.*

▼ Hemerocallis *'Marion Vaughn' mit* Phlox paniculata *im Hochsommer in der Langen Rabatte.* Phlox *liebt Feuchtigkeit, doch Sprengen kann ihn niederdrücken, und so tränken wir den Boden gründlich kurz vor der Blüte und belassen es dabei.*

▲ Wie ein Rinnsal trennt hier die frostempfindliche silbergraue Blattpflanze Plectranthus argentatus die Herbstaster A. 'Little Carlow' von dem schwarzäugigen Sonnenhut Rudbeckia fulgida var. deamii, die beide von Herbstbeginn an lange blühen.

▶ Zwei recht kurzlebige, doch lang blühende Stauden von ähnlichem Habitus: der grünlich-gelbe Goldbaldrian (Patrinia scabiosifolia) und malvenfarbene Verbena bonariensis. Ihre Farben unterstreichen sich gegenseitig. Beide zieht man üblicherweise aus Samen. Das stark eingeschnittene Laub des Goldbaldrians tritt während der Blüte kaum hervor.

▼ Die Aster x frikartii 'Mönch' (60 cm) blüht bald drei Monate lang Ende Sommer/Anfang Herbst. Sie kann einen schönen Kontrast zu leuchtend rosa Guernsey-Lilien (Nerine bowdenii) bilden.

Rabatte am besten wirken. Sie blockiert eigentlich gar nicht die Sicht auf die niedrigeren Pflanzen dahinter. Mir gefällt sie mit Hellgelb, ganz besonders mit Goldbaldrian (Patrinia scabiosifolia, 150 cm), der seine kleinen, grünlich-gelben Blüten ähnlich wie die Verbene trägt. Der Goldbaldrian braucht einen heißeren Sommer als unseren, bevor er Samen ansetzt, was die einzig praktikable Vermehrungsmethode ist, und wie die Verbene muss auch diese kurzlebige Staude etwa alle drei Jahre ersetzt werden.

Ein anderer guter Partner für die Verbene ist die hellgelbe Halskrausen-Dahlie mit Namen 'Clair de Lune' (150 cm). Meiner Meinung nach sollte man die Verbene nicht neben Pflanzen setzen, die ihr so ähnlich sind wie die so beliebte chinesische Wiesenraute Thalictrum delavayi (180 cm) mit ihren luftigen Rispen kleiner malvenfarbener Blüten. Wie bereits gesagt, dies mag geschmackvoll sein, doch mir ist es jedenfalls zu subtil. Eine violette Dahlie, etwa die mittelgroße Kaktusdahlie 'Hillcrest Royal', wäre mit ihrer klareren Linie (im Gegensatz zur Verbene) besser; beide gehören zum selben Farbverlauf, wenn Sie so etwas möchten.

Ganz anders ist die malvenblaue Verbene 'La France', eine Beetpflanze von 30 cm Höhe. Sie breitet sich gern aus, flicht sich durch ihre Nachbarn, klettert gar ein wenig, wenn diese höher sind. Ich habe sie einmal vor einer kräftig gelben, einjährig gezogenen Sonnenhut-Hybride (Rudbeckia hirta 'Indian Summer', 120 cm) mit schwarzer Blütenmitte gepflanzt. Dahinter standen weiße Herbstanemonen. Irgendwann möchte ich das gern wiederholen. Die Verbene hat recht große Blüten und duftet.

Ein Gespann, das mich mit Stolz erfüllt, wenn es auch durch das Vorhandensein Selbstvermehrter teilweise zufällig war und somit nicht leicht nachzustellen, sah folgendermaßen aus: ein großer Stand der eleganten Wildgladiole G. tristis (90 cm), von sehr blassem Gelb mit einer Spur Grün (lieblicher Duft bei Nacht), eine späte malvenfarbene Tulpe, 'Bleu Aimable', und ein buntblättriger Silbertaler mit unregelmäßig cremefarben gesprenkeltem Laub und Blüten in Mauve. Der Name ist Lunaria annua variegata, nicht zu verwechseln mit der ebenfalls panaschierten weiß blühenden L. annua 'Alba Variegata'. Sie sät sich aus, doch wenn grünlaubige L. annua in der Nähe wächst, verdirbt das die Linie und die Sämlinge kommen überwiegend schlicht hoch, mit unvorhersagbarer Blütenfarbe.

Eine unserer wertvollsten Einjährigen ist der Leberbalsam Ageratum houstonianum 'Blue Horizon'. Diese Pflanze setzt mein Mitarbeiter Fergus nur zu gern überall in unsere Rabatten; wir scheinen nie genug davon heranzuziehen. Im Gegensatz zu vielen neueren Ageratum-Sorten, die niedrig und dicht wachsen und im Alter ausgesprochen unansehnlich werden, wird 'Blue Horizon' 60 cm hoch, mit hübschem ungezwungenem Wuchs und – bei gelegentlichem Ausputzen – monatelanger Blüte. Sie ist nicht blau, aber doch wesentlich blauer als auf sämtlichen

Wozu MAUVE?

◀ In dieser bis zum frühen Nachmittag schattigen Nordwest-Rabatte bildet der gelbgrüne Efeu Hedera helix 'Buttercup' einen lebhaften Hintergrund für die ständig wechselnde Beetbepflanzung – im Frühjahr, Sommer, Herbst und von Jahr zu Jahr immer wieder neu. Momentan gesellt sich malvenfarbener Leberbalsam Ageratum 'Blue Horizon' zu Rhizombegonien in Rosa und Weiß.

▲ Weiß, Gelb und Mauve: Die weiße Herbstanemone A. x hybrida 'Honorine Jobert' ist eine feste Einrichtung. In unserem Hauptbeet finden sich davor einjährige Rudbeckia hirta 'Indian Summer' und die frostempfindliche Verbena 'La France'. Diese duftet süß und hat die hübsche Eigenart, ihre Nachbarn zu umgarnen.

▼ Eine malvenfarbene Darwin-Tulpe, ihr Name längst vergessen, hat sich seit ihrer Pflanzung in den 30er Jahren schön vermehrt. Im Hintergrund das grünlichgelbe Laub eines Beinwells, Symphytum 'Belsay'.

Fotos. Nett mit rosa Eisbegonien (Begonia semperflorens) oder mit hohen orangefarbenen Studentenblumen (Tagetes erecta).

Obwohl uns alle der tiefblaue Rittersporn (Delphinium) fasziniert, sind auch andere Farben nicht zu verachten; ich mag ganz besonders eine malvenfarbige D. elatum-Hybride namens 'Mighty Atom'. Sie ist absolut kein Zwerg, lässt sich jedoch bei 150 cm Höhe besser in die Rabatte einfügen als viele neuere Formen. In meiner langen Rabatte macht sie sich gut mit den blassgelben Blütentellern der Schafgarbe Achillea 'Lucky Break' (90 cm) im Vordergrund, durch die von einer Seite der leuchtend violette Storchschnabel Geranium 'Ann Folkard' (S. 88 f.) lugt, während sich die auffallenden Blütenkugeln von Allium christophii (60 cm) in hellem Mauve ringsum aussäen. Dieses Spektakel findet von Juni bis Anfang Juli statt.

Eine gute Abfolge malvenfarbiger Blüten erhält man mit den großen Blütenkerzen des zweijährigen, von Juni bis Juli blühenden Muskatellersalbeis (Salvia sclarea var. turkestanica) mit dazwischen gepflanztem, im Mai blühendem Zierlauch Allium hollandicum (häufig als A. aflatunense aufgeführt), das Ganze durchsetzt von selbst ausgesäten Kranzlichtnelken Lychnis coronaria in Magentarot (jeweils 90 cm). Den ganzen Sommer hält dies nicht; also werfen Sie Ende Juli den Salbei und die Lichtnelken auf den Kompost, nehmen die Zwiebeln heraus und bepflanzen den Bereich neu, beispielsweise mit spät geschnittenen Dahlienstecklingen oder mit einer Kosmeen-Sorte (Cosmos bipinnatus), die Sie Ende Mai noch gesät haben. Man könnte auch Herbstastern dort pflanzen oder Herbstchrysanthemen, die in einem Anzuchtbeet vorgezogen wurden. Tränkt man diese gründlich vor sowie nach der Transaktion, so zeigen sie sich vollkommen entgegenkommend.

Die weiche, raschwüchsige Schönmalve Abutilon vitifolium, die im Mai dichte Büschel tellerförmiger Malvenblüten trägt, wurde in der Hybride A. x suntense im Hinblick auf ihre Farbintensität stark verbessert. Ich denke, sie müsste ausgesprochen gut wirken, wenn sie ihre Blüten in gedämpftem Orange über einer großzügigen Kolonie der Himalaja-Wolfsmilch Euphorbia griffithii 'Fireglow' schweben lässt. Bereits zweimal wurden meine Pläne vereitelt. Die Wolfsmilch ist längst etabliert, doch die Malve stirbt dahin. Dass Malven unerwartet absterben, ist nichts Ungewöhnliches, doch hier muss ein Pilz im Boden sein, der sie umbringt. Ich wünschte, jemand anderes wollte es probieren – man denkt viel zu selten daran, Sträucher mit Stauden zu kombinieren.

Auch wenn er meinen schweren Boden nicht leiden kann, kann ich Lavendel nicht vollkommen ignorieren; mehrere kühle Mauve-Schattierungen sind typisch für ihn. Die vielen Kultursorten des im Juli blühenden Echten Lavendels (Lavandula angustifolia) verströmen den Duft, der ihn für Lavendelsäckchen geeignet macht und viele Menschen dazu provoziert, im Vorbeigehen seine Blütenköpfe abzureißen (und sich keinen Deut darum zu scheren, wie

▲ *Das Blaukissen* (Aubrieta) *blüht zeitig im Frühjahr in reinem Mauve. Auf dieser Stützmauer kontrastiert es mit einer selbst ausgesäten Mandelblättrigen Wolfsmilch* (Euphorbia amygdaloides var. robbiae).

▶ *Und noch mehr malvenfarbene mauerkraxelnde Aubrieta. Ein nettes Frühlingsstelldichein mit* Bergenia stracheyi *in leuchtendem Rosa-Mauve,* Narcissus cyclamineus 'Jetfire' *und wilden Primeln. All diese wachsen in dem flachen Bereich hinter der Mauerkrone.*

◀◀ *Die Lange Rabatte Ende Juni mit den Blütenkerzen des nicht übermäßig hohen malvenblauen Rittersporns* Delphinium 'Mighty Atom'. *Später verdeckt ein einjähriger Kletterer wie die Gelappte Sternwinde* (Mina lobata) *oder Rosenkelch* (Rhodochiton atrosanguineus) *seine Überreste. Vorne die hellgelbe Garbe* Achillea 'Lucky Break' *und lang blühender Storchschnabel* Geranium 'Ann Folkard' *mit einem schwarzen Auge im leuchtend violetten Blütenkelch. Dahinter schäumt weiße einjährige (jedoch bereits im Herbst gesäte) Knorpelmöhre* (Ammi majus), *später durch andere hohe Einjährige ersetzt, etwa das Schmuckkörbchen* Cosmos bipinnatus 'Purity' *oder Mexikanische Sonnenblume* Tithonia rotundifolia 'Torch'.

grässlich die verbleibenden geköpften Stängel wirken). Rosen von klarem Pink passen besonders gut zu solchem Lavendel. Der hasenohrige *L. stoechas* steht im Mai bereits in voller Blüte und duftet völlig anders. Es gibt außerdem eine Reihe frostempfindlicher Arten, von denen mir ganz besonders der raschwüchsige gezähnte Lavendel (*L. dentata*) mit seinen Büttenrand-Blättern und lange in hellem Malventon blühenden Ähren gefällt. Nicht sehr auffällig, aber liebenswert.

Und was sagen wir nun zum Flieder *(Syringa vulgaris)*? Ein großer, ungelenker Strauch und doch unerlässlich. Fliederzeit … durchweht sein Duft die Luft, so ist der Frühling endgültig eingezogen. Natürlich gibt es viele schöne verbesserte Sorten in Lila, Weiß, gefüllt, stark duftend, doch die Ursorte, der fliederfarbene Flieder, ist ein großer Überlebenskünstler; häufig sieht man ihn auf verwahrlosten Grundstücken, genauso wie Holunder. Ich freue mich über eine farbenfrohe Kombination von Flieder, Goldregen *(Laburnum* – gelber kann Gelb nicht sein) und gefülltem hellem oder dunklerem Rotdorn *(Crataegus)* in irgendeinem Vorstadtgarten. Und das Wort „vulgär" möchte ich dann nicht einmal geflüstert hören.

Einer der frühesten Krokusse im neuen Jahr ist der schlanke kleine, malvenfarbige Elfenkrokus *(Crocus tommasinianus)*. Im Februar brauchen wir jede Aufmunterung, die wir bekommen können, und eine gute Kombination ist *C. tommasinianus* mit gelbem Winterling *(Eranthis hyemalis)*. Sie gedeihen sogar unter Buchen, eine der schwierigsten Lagen im Sommer, trocken und dunkel. Im Winter jedoch ist es dort feucht und hell. Der noch immer malvenfarbene, doch am ehesten blau zu nennende Krokus ist der Herbstkrokus *C. speciosus*, der sich im Gras zu einer netten Kolonie ausbreitet. Den schönsten, wenn auch ungeplanten Kontrast ergibt er für mich, wenn er gerade außerhalb des Kronenrandes meines liebsten Hagedorns gedeiht, des schlitzblättrigen *Crataegus laciniata*. Dessen große orangefarbene Mehlbeeren reifen im September; die Zweige beugen sich unter der Last bis auf den Boden, geradewegs zu den blühenden Krokussen herab.

Schöner als beim klassischen Blaukissen *(Aubrieta)* kann Mauve nicht werden; es gedeiht in einer Stützmauer ebenso gut wie auf dem Boden. Ich habe eine heimliche Vorliebe für eine Zwischenpflanzung von wenig (auf keinen Fall mehr) stark leuchtender, senfgelber Felsen-Steinkresse *(Alyssum saxatile*, neuerdings *Aurinia saxatilis)*. Sie wissen gewiss, welche ich meine. Wo *Aubrieta* in großen Flecken an einer Stützmauer gedeiht, habe ich meinen Spaß an einer weiteren guten Kombination, nämlich mit *Bergenia stracheyi* auf dem Sims darüber. Sie hat saubere kleine Blätter und trägt Ende März/Anfang April eine Überfülle rosigmagentafarbener Blüten.

Ich hoffe, ich habe nun genügend gute Argumente für Mauve vorgebracht.

Abutilon x suntense
Schönmalve
Höhe: 300 cm
Breite: 240 cm
Winterhart, Sonne
Ein lockerer Strauch mit teils sehr flachen Blütentellern in sattem, dunklem Mauve. Er kann den Winter im Freien überstehen, muss dazu aber gut durchlässigen Boden haben. Setzen Sie darunter die in gebranntem Orange blühende *Euphorbia griffithii* 'Fireglow'.

Ageratum 'Blue Horizon'
Leberbalsam
Höhe: 60 cm
Breite: 30 cm
Frostempfindlich, Sonne
Höher und offener als die meisten modernen Spielarten; trägt vom Sommer bis in den Herbst hell malvenblaue Blüten. Kein Ausputzen nötig. Pflanzen Sie nach dem letzten Frost, dazu Spinnenpflanze *Cleome pungens*, rosa Eisbegonien oder, als stärkeren Kontrast, hohe Tagetes oder *Rudbeckia* 'Indian Summer'.

Allium christophii
Sternkugellauch
Höhe: 60 cm
Breite: 25 cm
Winterhart, Sonne
Ein Zierlauch mit einer sehr großen Kugel aus kleinen malvenfarbenen Blütensternen auf hohen Stielen. Sät sich im ganzen Garten aus. Gut zu trocknen. Weitere hohe, imposante *Allium*-Arten, alle malvenfarben, sind 'Beau Regard', 'Globemaster', 'Gladiator' und 'Lucy Ball'.
◀

Aster sedifolius
Dreinervige Aster
Höhe: 90 cm
Breite: 60 cm
Winterhart, Sonne
Eine lockere, überhängende Pflanze (benötigt Stütze) mit dichten Blütenständen aus unzähligen malvenfarbenen Strahlenblüten mit gelber Mitte im Spätsommer und Frühherbst. Mischen Sie leuchtende Kapuzinerkresse darunter oder Montbretie *Crocosmia* 'Citronella'.

Aster x frikartii
Höhe: 90 cm
Breite: 60 cm
Winterhart, Sonne
Dies ist eine der besten Astern, mit großen malvenblauen Blüten mit gelber Blütenmitte. Lange Blütezeit von Mittsommer bis weit in den Herbst. Pflanzen Sie sie zu rosa Herbstanemonen oder zu einjährigem Gartenfuchsschwanz *Amaranthus* mit Laub und Blüten in Tiefrot.

Aubrieta
Blaukissen
Höhe: 5 cm
Breite: 60 cm
Winterhart, Sonne
Polsterstaude mit kurzstieligen flachen Blüten. Die Grundform blüht im Frühjahr mauve, doch es gibt Varianten von Pink bis Violett. An und auf Mauern, im Steingarten sowie im Beet zu ziehen. Ähnliche Bedingungen benötigt das giftig gelbe Felsensteinkraut *(Aurinia saxatilis*, syn. *Alyssum saxatile)*, das sich in Maßen dazu setzen lässt.

Campanula lactiflora
Riesendolden-Glockenblume
Höhe: 180 cm
Breite: 60 cm
Winterhart, Sonne / leichter Schatten
Eine hohe Staudenglockenblume mit auffälligen malvenfarbenen Blütenglocken in der ersten Sommerhälfte. Sät sich aus, Sämlinge variieren leicht in der Farbe. Passt gut zu rosa Teller- und Ballhortensien.

Campanula patula
Wiesenglockenblume
Höhe: 60 cm
Breite: 60 cm
Winterhart, Sonne
Eine reizende, graziöse Zweijährige mit schwebenden kleinen bis mittelgroßen malvenfarbenen Glöckchen, ein wenig wie ein hohes Hasenglöckchen. Lange Blütezeit im späten Frühjahr/Frühsommer. Probieren Sie dazu Goldmohn *(Eschscholtzia)* oder Mohn *(Papaver commutatum)*.
▼

Crocus tommasinianus
Elfenkrokus
Höhe: 10 cm
Breite: 5 cm
Winterhart, Sonne / leichter Schatten
Ein zauberhafter Krokus, der fast unsichtbar bleibt, bis die Blüte sich in einem entschiedenen Mauve bis hin zu Violett öffnet. Sät sich willig aus und verwildert, ebenso wie *C. flavus* in sattem Orange.
◀

Erysimum linifolium
Goldlack
Höhe: 30 cm
Breite: 25 cm
Winterhart, Sonne
Sehr kurzlebige Staude, am besten zweijährig zu ziehen. Die malvenfarbenen Blüten öffnen sich etwas später als die der meisten Goldlack-Arten. Passt gut zur spät blühenden, orange-pinken Tulpe 'Dillenburg' und dem späteren Gartenphlox *Phlox paniculata*.

Hepatica nobilis
Leberblümchen
Höhe: 10 cm
Breite: 20 cm
Winterhart, leichter Schatten
Diese Waldpflanze benötigt humusreichen Boden; mit ihren malvenblauen Blüten ist sie im Spätwinter und zeitigen Frühjahr einer der ersten Lichtblicke. Gut dazu die Violett-Töne von *Cyclamen coum*. Andere Farben existieren, darunter ein weiches, beinahe rotes Tiefrosa.

Wozu MAUVE?

Iris unguicularis
Kretische Schwertlilie
Höhe: 30 cm
Breite: 60 cm
Winterhart, Sonne
Diese Schwertlilie mit Blüten in reinem Malventon bietet von November bis März Freude ohne Unterlass. Die Blüten sind anfällig für Raupen und Schnecken. Am besten auf kargem, durchlässigem Boden vor einer sonnigen Mauer, wo zu dieser Zeit jegliche Begleitpflanzung überflüssig ist.
▼

Lavandula stoechas subsp. *pedunculata* 'James Compton'
Schopflavendel
Höhe: 60 cm
Breite: 60 cm
Winterhart, Sonne
Die Angehörigen dieser Art sind von deutlich quadratischem Querschnitt; die Kanten säumen die von einem Fahnenbüschel aus malvenfarbenen Brakteen gekrönten Blüten. Die Blütezeit im späten Frühjahr ist wesentlich früher als die des Echten Lavendels. Die Art trägt ihre Blüten dicht über dem Laub, diese Unterart jedoch auf längerem Stiel.
▶

Lunaria annua variegata
Buntblättriges Silberblatt
Höhe: 90 cm
Breite: 30 cm
Winterhart, Sonne / leichter Schatten
Mit ihren malvenfarbenen Blüten und cremefarben panaschiertem Laub bringt dieses zweijährige Silberblatt schattige Stellen zum Leuchten. Schneidet man es nicht zurück, so sät es sich aus und wird zu einer bleibenden Einrichtung. Gut zur späten malvenfarbenen Tulpe 'Bleu Aimable' und hellgelber Wildgladiole *Gladiolus tristis*. ▼

Phlox paniculata
Staudenphlox, Flammenblume
Höhe: 120 cm
Breite: 30 cm
Winterhart, Sonne
Die Wildart ist mit ihren anmutigen, lockeren Blütenständen in sanftem Mauve einfacher gefärbt und höher als viele Kulturformen. In windiger Lage benötigt sie diskrete Stütze. Gut davor *Astilbe chinensis* var. *taquetii* 'Superba' und rote Gartenmelde (*Atriplex hortensis*) im Hintergrund.

Salvia sclarea var. *turkestanica*
Muskateller-Salbei
Höhe: 120 cm
Breite: 45 cm
Winterhart, Sonne
Eine Zweijährige mit hohen Ähren zweifarbiger Blüten in Weiß und Mauve, die aus der Entfernung papierdünn wirken. Probieren Sie dazu violetten Zierlauch *Allium hollandicum* und die Kranzlichtnelke (*Lychnis coronaria*) in leuchtendem Magenta.

Solanum crispum 'Glasnevin'
Kletternder Nachtschatten
Höhe: 6 m
Breite: 4 m
Sehr bedingt winterhart, Sonne
Großer, offener Kletterstrauch, trägt vom Frühjahrsende bis in den Herbst lockere Blütenstände in klarem Mauve. Pflanzen Sie vor eine Mauer oder kombinieren Sie ihn als frei stehenden Strauch beispielsweise mit gelb blühendem Marokkanischem Ginster (*Cytisus battandieri*).

Verbena bonariensis
Eisenkraut
Höhe: 150 cm
Breite: 30 cm
Winterhart, Sonne
Trägt von Ende Juni bis November violett-malvenfarbene Blüten auf hohen, drahtigen Stielen. Die kurzlebige Staude samt sich willig auf gut durchlässigem Boden ein. Passt gut zu vielen Pflanzen, besonders jedoch zu blassgelbem Goldbaldrian (*Patrinia scabiosifolia*).
▶

Rätselhaftes GRÜN

Grün ist die Farbe des Lebens. Es existiert kein Leben ohne Grün. Wir nehmen es als selbstverständlich hin, sind in unserer Einschätzung seiner Bedeutung jedoch voller Widerspruch.

◄ *Es gibt Menschen, denen ist die beinahe animalische Energie der sich im Frühjahr entrollenden Farnwedel unsympathisch. Doch so viel Lebenskraft ist zu bejahen! Der koloniebildende Straußenfarn (Matteuccia struthiopteris) sprießt jung in hell leuchtendem Grün. Am besten gedeiht er in kühlem Klima; steht er zu warm oder zu trocken, so verbrennt er im Sommer.*

Rot bedeutet Gefahr, Grün Sicherheit, und doch lässt die häufigste Art der Farbenblindheit die Unterscheidung zwischen den beiden nicht zu. Das ist nicht gerade sicher.

Grünes Holz ist frisch und ungereift; mit demselben Ausdruck bezeichnen wir unsere eigene Unerfahrenheit. Bei Shakespeare äußert sich Kleopatra folgendermaßen: „Meine Milchzeit, als mein Verstand noch grün" (William Shakespeare, Antonius und Kleopatra, Akt I, 5. Szene, übers. von Wolf Graf Baudissin). Doch Grün steht auch für alles Gute und Wünschenswerte in unserer Umwelt und für die Bewegung, die sich gegen deren Vernichtung und Verschmutzung durch Präsenz und Aktivität des Menschen wendet.

In gemäßigten Klimazonen mit reichlichem Regenfall ist Grün allgegenwärtig. Sobald man jedoch heißere, trockenere Regionen erreicht, wird Grün zur begehrten Seltenheit. Reiche Grundbesitzer bestehen selbst dann auf einem grünen Rasen, wenn die Graspflanzen die Wachstumsbedingungen negieren und einer ganzen Anzahl von Pilzerkrankungen erliegen. In Ländern wie England, wo reichlich Gras wächst und Laubbäume die Norm sind, strahlt im Frühjahr die freie Landschaft mit ihrem plötzlichen, allgegenwärtigen frischen Laubaustrieb schöner als unsere Gärten. Vom geheizten Auto aus bewundern wir die Szenerie; ungeschützt im Garten schlottern wir hingegen schnell vor Kälte. Geht der Sommer jedoch zur Neige, so verkehrt sich das Verhältnis; Pflanzen, die bis zum Herbst ihr leuchtendes Grün halten, sollte man hoch schätzen.

▲ Eine ausgezeichnete winterharte Staude, um im Sommer eine heiße Farbmischung zu beruhigen: die schmalen Blattsäulen der Weidenblättrigen Sonnenblume (Helianthus salicifolius, hinten).

▼ Wunderschön glänzendes, leuchtend grünes Laub trägt die Efeuaralie x Fatshedera lizei. Sie kann bis 2 m hoch werden, ist jedoch von schwächlichem Wuchs, und so schneide ich sie jedes Frühjahr rabiat zurück.

▶ Eine Rabatte, die größtenteils im Schatten unseres Hauses liegt. Das spät blühende Geißblatt rankt hinter einer Reihe interessanter Grünpflanzen: herbstblühender Losbaum Clerodendrum bungei mit großen herzförmigen Blättern; symmetrische Einbeere (Paris polyphylla), ganz und gar grün und von Ende Mai bis Oktober von gleich bleibender Gestalt; die Wolfsmilch Euphorbia x martinii mit ihrem ausgezeichneten Laub und lange haltenden Blütenständen.

Ungeachtet aller Leuchtkraft wirkt Grün beruhigend. Es blendet nicht wie geballtes Rot, Orange, Gelb oder Weiß und kann als Puffer zwischen sich beißenden Farben verwendet werden. Grün ist die vereinende Farbe *par excellence*.

Eines der Grundkonzepte minimalistischer Gärten ist ihre Bepflanzung ausschließlich in Grün. Ich hätte selbst einmal Lust dazu, einen solchen Garten zu entwerfen. Als feste Einrichtung etwa weiß getünchte Mauern (allerdings nicht blendend weiß), Terrakotta-Kacheln, zurückhaltende Pflasterflächen; Rasen ließe ich nicht zu. Bei den Pflanzen würden Form und Textur und unterschiedliche, beruhigende Grüntöne die Hauptrolle spielen. Schattenwurf wäre ebenfalls von großer Bedeutung, beispielsweise der Schatten von Bambus auf Mauern und Pflaster oder der Schatten großer, glänzender, handförmig gefiederter Blätter großer Sträucher wie der Zimmeraralie *(Fatsia japonica)*. Tatsächlich habe ich einen solchen Bereich in meinem eigenen ummauerten Garten, auch wenn er die meiste Zeit selbst im Schatten liegt. Nahe der Aralie wächst eine Hybride zwischen dieser Spezies und dem Efeu, die Efeuaralie x *Fatshedera lizei*. Sie ist ein schwacher, nicht kletternder Strauch mit großformatigem, efeuartigem Laub in strahlendem Grün. Die dahinter liegende Wand berankt ein richtiger Efeu, der recht großblättrige, in Creme und zwei Grüntönen panaschierte Kaukasusefeu *Hedera colchica* 'Dentata variegata'.

Filigrane Farne stehen in idealem Kontrast zu solch markanten Formen wie den beschriebenen Efeuverwandten; ich ziehe mehrere, aber nicht alle beieinander, sondern in einer kontrastreichen Mischung. Der auffälligste ist der große Weiche Schildfarn *Polystichum setiferum* 'Pulcherrimum Bevis' (90 cm), dessen zweifach gefiederte Wedel in lange, kammartige Spitzen auslaufen. Er ist halbimmergrün; wir schneiden ihn nach dem Winter zurück. Der spinnwebzarte, fein unterteilte Waldfrauenfarn *Athyrium filix-femina* 'Plumosum Axminster' dagegen zieht zum Winter ein und wirkt im Frühjahr unglaublich frisch. Den Hauptkontrast hierzu bildet eine Kolonie der Einbeere *(Paris polyphylla*, 60 cm), einer außergewöhnlichen, einziehenden Staude. Ein jeder nackter Stiel trägt an seinem Ende einen Kranz aus zirka neun lanzettlichen Blättern wie eine Halskrause; darüber eine Krone kleinerer Kränze aus ebenfalls grünen Blütenteilen und zuoberst wie einen violetten Knopf die heranreifende Samenkapsel. Dieser Aufbau bleibt von Mai bis in den Oktober unverändert; dann schließlich bricht die Kapsel auf und präsentiert ein Nest leuchtend orangefarbener Beeren.

Hinter dieser Anordnung steht eine bis 180 cm hohe immergrüne, anmutig strukturierte Fleischbeere *(Sarcococca ruscifolia)*, ein Strauch mit glänzendem Laub. Ein weiterer Nebendarsteller ist die Falsche Alraunwurzel *(Tellima grandiflora)* mit ihren gekerbten Blatträndern. Im Frühjahr reckt sie ihre grünen Blüten-

▲ *Beinahe rund ums Jahr einer unserer schönsten Farne ist der Weiche Schildfarn* Polystichum setiferum *'Pulcherrimum Bevis' (nicht der einzige Farn, der einen langen Namen mit sich herumschleppt). Hier steht er Wange an Wange mit dem Japanischen Spierstrauch* Spiraea japonica *'Goldflame'.*

▼ *Der beinahe immergrüne Federtüpfelfarn* Polypodium interjectum *'Cornubiense' leuchtet im Winter am intensivsten und bildet einen schönen Kontrast zu dem marmorierten Laub des Italienischen Aronstabs* Arum italicum subsp. italicum *'Marmoratum'. Ein anderer hübscher Partner ist der zwittrige Stechende Mäusedorn (*Ruscus aculeatus) *mit seinen scharlachroten Beeren. Alle drei lieben Schatten.*

stände 60 cm in die Höhe. Außerdem findet sich dort ein kleiner Horst der fast immergrünen Elfenblumenart *Epimedium pinnatum* subsp. *colchicum* (30 cm), deren dichtes Laub, kupfrig im Austrieb, die Hauptattraktion bildet, obgleich auch die gelben Blüten im Frühjahr nett sind. Überall zwischen diese Pflanzen habe ich die *Viridiflora*-Tulpe 'Spring Green' gesetzt, die in erstaunlich lebhaftem Bleich- und Mittelgrün blüht.

Vor dem 'Bevis'-Farn ziehe ich gerade eine Haselwurz *(Asarum europaeum)* heran, eine meiner liebsten ausdauernden Blattstauden für schattige Standorte. Sie bildet ein niedriges Polster beinah kreisförmiger dunkelgrüner, funkelnder Blätter, die selbst unter einem dichten Blätterdach noch der kleinste Lichtstrahl fröhlich zum Glänzen bringt.

Dieses stille Plätzchen ist absolut nicht langweilig; ich verweile dort nur zu gerne und lasse es auf mich wirken. Das Grün ist hier keine unvermeidbare Notwendigkeit; wie an manch anderer Stelle ist es Hauptdarsteller. Ich muss gestehen, dass ich auch einige blühende Pflanzen versammelt habe – Nieswurz, Schneeglöckchen, Lungenkraut –, denn ich bin ein Pflanzenliebhaber. Ich stelle nur zu gern für andere Leute Regeln auf, die ich selbst übertrete.

Farne sind fast alle immergrün, und wer sie mag, wird bald zum Sammler. Setzen Sie nicht alle an eine Stelle; die gefiederten Wedel sind einander meist zu ähnlich. Eine Ausnahme bilden die glatten Blattstreifen der Hirschzungenfarne. Setzen Sie Pflanzen, die ähnlich feuchte und halbschattige Bedingungen vorziehen, sich jedoch in der Blattform unterscheiden, als Kontrast dazu. Unmittelbar in den Sinn kommen Funkien mit ihren breiten, ganzrandigen Blättern. Ebenso Aronstabgewächse.

Arum bringt schöne, glänzende, pfeilförmige Blätter hervor. Eine der beliebtesten Arten, die fast ausschließlich ihrer Blätter wegen gezogen wird, obgleich im August auch die keulenförmigen orangefarbenen Fruchtstände eine große Überraschung sind, ist der Italienische Aronstab *Arum italicum* subsp. *italicum* 'Marmoratum'. Seine Blattnerven sind auf dunkelgrünem Grund hellgrün gezeichnet. Er tritt im Oktober auf den Plan und hält sich bis in den Mai, worauf wie bei vielen Pflanzen aus warmen Gegenden die Sommerruhe folgt. Der aus Kreta stammende *Arum creticum* ist ähnlich – im Vorfrühling zeichnet ihn seine attraktiv zugespitzte klare Linie aus. Im April treibt er dramatische gelbe Blüten, die nur wenige Tage halten, doch ein derart hoch konzentrierter Genuss sind, dass es weit länger scheint.

Ebenfalls zu den Aronstabgewächsen zählt die Familie der Feuerkolben, faszinierende ausdauernde Stauden, die sich allerdings nur langsam ausbreiten und nicht immer leicht im Handel zu finden sind. Das charakteristische Hochblatt, die Spatha, ist helmförmig ausgebildet, häufig grün gestreift oder grün und oft zu einer langen Spitze ausgezogen. Das haltbare Laub jedoch ist von noch größerer Bedeutung. *Arisaema consanguineum* (60 cm)

Rätselhaftes GRÜN

◀ Wenigen Pflanzen steht ihr Laub so ausgezeichnet wie der „Zimmercalla" Zantedeschia aethiopica; es ist die ideale Ergänzung zu den weißen Hochblättern des Aronkelchs.

▼ Hält den ganzen Winter: das gefleckte Laub des Neapolitanischen Alpenveilchens (Cyclamen hederifolium) und einer gewellten Spielart unseres heimischen Hirschzungenfarns Asplenium scolopendrium (Crispum Gruppe).

▼ Der kleine Natternfarn (Ophioglossum vulgatum) zieht im Winter ein; halten Sie im Frühjahr auf alten Wiesen danach Ausschau. Er bildet Kolonien und lässt sich äußerst ungern stören.

◀ Dieses ausdauernde Zyperngras, Cyperus vegetus (syn. C. eragrostis), hat sich zwischen bodendeckendem Sadebaum Juniperus sabina 'Tamariscifolia' eingesamt. Es ist von ungewöhnlicher, interessanter Gestalt, darf sich jedoch nicht zu sehr ausbreiten, um nicht wie Unkraut zu wirken.

▲ *Die bodendeckende, nicht kletternde* Clematis x jouiniana *'Praecox' ist allein ein wenig flach und nichtssagend. Hier bringt Weidenblättrige Sonnenblume (He-*lianthus salicifolius*) Höhe ins Spiel; im Hintergrund Schwarzrohrbambus (Phyl-*lostachys nigra f. punctata) *wie eine grüne Wolke. Noch weiter hinten* Buddleia davidii *'Dartmoor'.*

▼ *Die immergrüne Rosmarinweide* Itea ilicifolia *verwandelt sich jeden August in einen allnächtlich duftenden Wasserfall aus langen Kätzchen.*

▶ *Obwohl ich finde, dass eine gemischte Rabatte reichlich Schwergewichtige enthalten sollte, benötigt sie auch luftige Kontraste. Die Sommertamariske (*Tamarix ramosissima*) sorgt mit winzigsten hellgrünen Blättchen den ganzen Sommer und Herbst dafür; lediglich im August lässt sie ein Feuerwerk aus rosa Blüten los. Hinter ihr blühen Kardonen (*Cynara cardunculus*).*

beispielsweise trägt zu einem Bogen aufgefächerte, in zwei Grüntönen marmorierte Blattfieder.

Der Aronkelch, die auch als Zimmercalla bezeichnete *Zantedeschia aethiopica*, ist in seiner Heimat Südafrika ein vom Weidevieh gemiedenes Unkraut; im Frühjahr jedoch bieten seine stolz aufgerichteten und durch das plastische grüne Blattwerk perfekt abgesetzten weißen Spathen (auf die ich im folgenden Kapitel noch zurückkommen werde) einen herrlichen Anblick. Es existiert eine Zuchtform namens 'Green Goddess' mit fast ganz grünem Hochblatt. In Sträußen sind diese sehr beliebt, an der Pflanze jedoch werden sie übersehen, da grüne Blüten zwischen grünem Laub verschwinden.

Wenn im Juli der bunteste Teil meiner Langen Rabatte (das obere Drittel) seinen leuchtenden Höhepunkt erreicht, haben die Grüntöne darin nicht an Bedeutung verloren. Eine baumgroße Gleditschie *Gleditsia triacanthos* 'Elegantissima' verdeckt vollkommen die Sicht auf das Haus, das an anderer Stelle die Rabatte dominiert, und lässt ein Gefühl der Abgeschlossenheit und Geborgenheit entstehen. Sie treibt Ende Mai aus; ihr gefiedertes Laub behält den ganzen Sommer seine frischgrüne Farbe bei.

Ein zartes Du sommerblühender Tamarisken (*Tamarix ramosissima*) ergänzt bodenständige Hortensien und Staudenphlox durch eine gewisse Leichtigkeit. Während der Blüte im August nehmen auch sie einen rosa Farbton an. Die bis zu 180 cm hohe Weidenblättrige Sonnenblume (*Helianthus salicifolius*) bildet mit ihren schmalen, herabhängenden, grünen Blättern auffällige Säulen, bis sie schließlich Ende September blüht. An dieser Stelle leitet sie hervorragend von gelber Königskerze und Hohem Greiskraut (*Senecio doria*) im Hintergrund zu rosa Phlox im Vordergrund über. Der Schmetterlingsflieder 'Lochinch' im hinteren Rabattenteil blüht noch nicht, wirkt jedoch schon durch sein graugrünes Laub; ein anderer, das ganze Jahr über schöner Hintergrundstrauch ist der silbergrüne Kirschlorbeer *Prunus laurocerasus* 'Castlewellan' (5 m).

Strauchiges Brandkraut (*Phlomis fruticosa*) mildert wie ein unregelmäßiger Höhenzug mit staubigem Graugrün die leuchtenden Pink- und Mauvetöne des Staudenphloxes, der es von allen Seiten bedrängt. Sobald die Stauden erblühen, erleichtern wir das Brandkraut um seine müden gelben Blütenstände, die uns noch den ganzen Juni hindurch erfreuen. Ich habe diesen Veteran seit 1950 und habe nicht die geringste Absicht, ihn in Rente zu schicken.

Was nun zu der Behauptung, ein gepflegter Rasen sei die ideale Fassung für bunte Rabatten? Die Alternative wäre Pflaster, das schrecklich sein kann; Rasen wenigstens ist eine sichere, verlässliche Angelegenheit. Eine gelungene Pflasterung jedoch ist immens befriedigend, sie steht zu fast jeder Farbe in schönem Kontrast. Außerdem dürfen sich Pflanzen darüber neigen und so

▲ *Fast alle Wolfsmilchgewächse blühen in einem lebhaften Grün, das im Kontrast zu dem Laub steht. Sie sind von schöner, markanter Gestalt und spielen in diesem Buch daher eine prominente Rolle. Die Horststaude* Euphorbia schillingii *(120 cm) blüht von Anfang Juli bis in den September; sie lässt sich gut kombinieren.*

◂◂ *Blattform und -farbe sind zur Hauptsaison des Exotischen Gartens wichtiger denn je. Hier dominieren ein strauchig wachsender Reispapierbaum* Tetrapanax papyrifer *(links), das Chinaschilf* Miscanthus sinensis *'Variegatus' (hinten Mitte), rosa-grün-gestreifter Neuseeländer Flachs* Phormium *'Sundowner' und im Hintergrund rechts die riesigen Herzblätter eines drastisch beschnittenen Blauglockenbaumes (*Paulownia tomentosa*). Üppige Fülle ist mein Ziel.*

dem Arrangement einen Hauch von Zwanglosigkeit verleihen. Neigen sie sich über Gras, so stirbt dieses ab. Pflaster braucht nicht plump oder eintönig auszusehen, was bei Rasen, der aus vielen winzigen Blättchen besteht, unvermeidlich ist.

Kurzgeschorenes Gras ist monoton, flach und langweilig. In einem Park oder öffentlichen Garten ist es die kostengünstigste Art der Flächennutzung, bleibt jedoch, von seiner grünen Farbe abgesehen, vollkommen reizlos. Eine Wiese, die nur zwei- oder dreimal pro Jahr gemäht wird, ist da etwas ganz anderes. Sie ist voller Schatten und Bewegung, die Gräser neigen sich im Wind und die Halme reflektieren das Licht. Verschiedene Grasarten unterscheiden sich in ihrem Wuchs und blühen zu unterschiedlichen Zeiten. Eine Wildwiese präsentiert sich ständig neu. Andere Pflanzen können ins Spiel kommen. Roter Klee leuchtet nirgends so hell wie vor grasgrünem Hintergrund.

Wendet der Frühling sich zum Sommer, kommt das leuchtendgrüne junge Laub meist in einem gesetzteren Ton zur Ruhe. Bei vielen Bäumen – Buchen und Ulmen etwa – wirkt es regelrecht schwer. Dann sind wir besonders dankbar für jene Ausnahmen, die ihre lebhafte Färbung beibehalten.

Das gefiederte Laub der Robinie *(Robinia pseudoacacia)* bleibt immer leicht und luftig; die Sumpfzypresse *(Taxodium distichum)* bewahrt sich eine frühlingshafte Frische bis zu dem Zeitpunkt im Herbst, da sie das rostrote Herbstkleid anlegt, für das sie bekannt ist. Man kann nicht umhin, sie mit dem Urweltmammutbaum *(Metasequoia)* zu vergleichen, einem anderen Laub abwerfenden Nadelbaum mit gefiedertem Blatt, dessen Sommergrün jedoch nicht bemerkenswert ist. Dieser wächst wesentlich rascher; ob das von Vorteil ist, kann ich noch nicht beurteilen. Die Sumpfzypresse ist im Alter ein bemerkenswerter Baum; unsere *Metasequoia* ist noch zu jung, als dass ich mich dazu äußern könnte.

Zwei frostempfindliche Rabattenstauden mit nadelartigem Blattwerk in lebhaftem Grün sind seit kurzem im Handel. Die eine ist ein hoher, schlanker Wasserdost, *Eupatorium capillifolium* (180 cm zum Sommerausklang); die andere ein niedriger, breiter wachsender Beifuß, *Artemisia capillaris* (120 cm). Beide bilden einen bewundernswerten Ruhepunkt zwischen leuchtenden Farben. Sie sollten in Gruppen gepflanzt werden und nicht als verschüchterte Einzelpflanzen. Beide scheinen nicht zu blühen, es sei denn am Ende der Wachstumsperiode und dann nur unscheinbar. Beide lassen sich im Herbst durch Stecklinge vermehren und frostfrei unter Glas überwintern.

Die auch als Brennender Busch bezeichnete Rote Sommerzypresse (*Bassia* syn. *Kochia*) *scoparia* f. *trichophylla*, 150 cm) ist einjährig und wächst zu einer symmetrischen Kegelform aus weithin leuchtenden, schmalen grünen Blättchen heran. Aus formalen Beeten sticht sie häufig mit ihrer Gestalt unpassend hervor, doch als vollkommen zwanglose Gruppe in einer gemischten

Rätselhaftes GRÜN

▲ *Häufig setze ich krause Petersilie in meine Sommerbeete; sie bringt im Spätsommer und Herbst ein solch lebhaftes Grün ein. Orange, hier das von Tagetes, steht in auffallendem Kontrast dazu.*

Rabatte gefällt sie mir sehr; sie kontrastiert eindrucksvoll mit dem satten Tieforange hoher *Tagetes erecta*. Im September verfärbt sich die Sommerzypresse zu einem vollkommen überraschenden (sofern unerwarteten), flammenden Magenta. Es gibt eine Spielart namens 'Evergreen', doch dieser Name stimmt nicht – auch sie färbt sich magentarot.

Besonders hell leuchtet im Spätsommer und Herbst in der gemischten Rabatte oder im Sommerblumenbeet eine schöne mooskrause Petersilie *(Petroselinum)*, beispielsweise 'Bravour'; im Frühsommer dagegen färben sich bei mir zu viele dieser Pflanzen rosa, um dann an einer Virusinfektion einzugehen. Zur Petersilie setze ich gern eine niedrige orange *Tagetes tenuifolia*, etwa 'Starfire' (30 cm), die runde Kissen aus zahllosen recht winzigen Blüten bildet. Die ungefüllt orange blühende niedrige *Tagetes patula* 'Disco Orange' wirkt ebenfalls gut.

Grün ist nicht nur das Bühnenbild, sondern auch ein Hauptdarsteller; wir sollten es nie unterschätzen. In unseren abenteuerlichen Rabatten können wir schreiendes Rot und Orange ohne Bedenken loslassen, solange Grün, dieser wirkungsvolle Kontrast, als Auffangnetz fungiert.

Arisaema consanguineum
Feuerkolben
Höhe: bis 60 cm
Breite: 20 cm
Winterhart, Schatten
Lange haltendes Laub, in zwei Grüntönen gefleckt, und interessante Blüten mit grüner, weiß gestreifter Haube auf violett gefleckten Stängeln. Ziehen Sie sie mit anderen Blattpflanzen, die ebenfalls kühle Lauberde bevorzugen.
◀

Arum italicum
'Marmoratum'
Italienischer Aronstab
Höhe: 30 cm
Breite: 30 cm
Winterhart, Schatten / Sonne
Wird wegen seiner pfeilförmigen, silbrig-grün geäderten Blätter im Winter und Frühjahr gezogen. Im Spätsommer und Herbst trägt er an den alten Blütenstielen orangerote Beeren. Gut unter Hecken und Sträuchern.

Artemisia capillaris
Beifuß
Höhe: 120 cm
Breite: 45 cm
Frostempfindlich, Sonne
Leuchtend grünes Laub mit unauffälliger Blüte; diese frostempfindliche Staude lässt sich als einzelner Blickfang einsetzen, wirkt jedoch am besten als Gruppe.
▶

Asarum europaeum
Haselwurz
Höhe: 15 cm
Breite: 30 cm
Winterhart, Schatten
Eine Staude, die sich in schattiger sowie waldiger Lage flach ausbreitet; bevorzugt kalkarmen Boden. Die runden, grünen, dunkel glänzenden Blätter werfen das Licht zurück. Setzen Sie dazu Winterlinge oder den Brokatfarn *Athyrium nipponicum* 'Pictum' mit seinen grauen Wedeln.

Athyrium filix-femina
'Plumosum Axminster'
Waldfrauenfarn
Höhe: 90 cm
Breite: 120 cm
Winterhart, Schatten
Ein äußerst zarter, filigraner sommergrüner Farn, der im Frühjahr am schönsten ist und im September ermüdet. Kann neben andere Grünpflanzen wie die Einbeere *Paris polyphylla* oder als Kontrast zu orange oder gelb blühendem Waliser Mohn (*Meconopsis cambrica*) gesetzt werden, der Licht in dunkle Winkel bringt. 'Minutissimum' ist ein Frauenfarn im Miniaturformat.

Bassia (syn. *Kochia*) *scoparia* f. *trichophylla*
Rote Sommerzypresse
Höhe: bis 150 cm
Breite: 45 cm
Frostempfindlich, Sonne
Eine alte einjährige Beetpflanze, die mit feinem Laub zu einem dichten Kegel heranwächst, der sich im Herbst plötzlich magentarot verfärbt. Gruppenweise als grünes Element in eine Rabatte einzufügen oder als Kontrast zu dem Tieforange hoher *Tagetes erecta*.

Eupatorium capillifolium
Wasserdost
Höhe: 200 cm
Breite: 30 cm
Frostempfindlich, Sonne
Eine hoch aufrechte Pflanze mit tief eingeschnittenem, bis in den Oktober hinein frisch hellgrünem Laub an haarigen Stängeln. Ihre grünen Säulen können in der Rabatte als trennendes Element zwischen unterschiedlichen Farben dienen. Wirkt am besten in der Gruppe.

Euphorbia palustris ▲
Sumpfwolfsmilch
Höhe: 60 cm und höher (nach der Blüte)
Breite: überhängend bis zu 100 cm
Winterhart, Sonne / Halbschatten
Im Winter einziehende Wolfsmilch, die keiner Teilung bedarf. Liebt schwere, feuchte Böden. Hell giftgrüne Blütenstände im späten Frühjahr. Passt gut zu Blau, Orange, Rot und Weiß.

◀ *Farfugium japonicum*
'Aureomaculatum'
Höhe: 25 cm (Laub)
Breite: 40 cm
Leicht frostempfindlich, leichter Schatten
Im kühlen englischen Sommer blüht *Farfugium* nicht. Die ausgezeichnete Grünpflanze bevorzugt feuchten, humusreichen Boden. Ausgesprochen hübsch ist die schlicht grüne Wildform, ganz hervorragend diese gelb gepunktete Form, sofern man sie leiden kann. 'Argenteum' ist markant weiß unterteilt.

Gleditsia triacanthos
'Elegantissima'
Gleditschie
Höhe: 6 m
Breite: 5 m
Winterhart, Sonne
Ein strauchig wachsender Baum mit attraktivem, farnartig gefiedertem Laub, das seine frischgrüne Färbung den ganzen Sommer beibehält. Die Blätter färben sich im Herbst gelb. Im Gegensatz zu anderen Sorten ist diese dornenlos.

Rätselhaftes GRÜN

Helianthus salicifolius
Weidenblättrige
Sonnenblume
Höhe: 180 cm
Breite: 100 cm
Winterhart, Sonne
Die hohen Stängel sind von oben bis unten mit schmalen, weidenartigen, herabhängenden Blättern besetzt. Im Frühstadium ist die Pflanze einer Lilie vor der Blüte zum Verwechseln ähnlich. Eine Gruppe bildet eine wunderbare grüne Insel in einer blühenden Rabatte. Im Winter nehmen die alten Stiele reizvolle Grautöne an.

Helleborus argutifolius ▲
Korsische Nieswurz
Höhe: 40 cm
Breite: 60 cm
Winterhart, feuchter leichter Schatten
Halb strauchige immergrüne Nieswurz mit dreizähligen, mit weichen Stacheln gesäumten Blättern. Blüht im Frühjahr lang andauernd in hellgrünen Trauben. Treibt alljährlich von der Basis neu aus. Vermehrt sich durch Samen.

Matteuccia struthiopteris
Straußenfarn
Höhe: 100 cm
Breite: unbegrenzt
Winterhart, feuchter Schatten (Sonnenbrandgefahr)
Sommergrüner Farn; die hellgrünen, trichterförmig angeordneten Wedel sind im Frühjahr am schönsten. Breitet sich rasch zu Kolonien aus.

Paris polyphylla ▶
Einbeere
Höhe: 90 cm
Breite: 30 cm
Winterhart, leichter Schatten
Eine Pflanze von fesselndem Aufbau mit fast ausschließlich grünen Pflanzenteilen, einschließlich der Blüte. Dort einzusetzen, wo eine Kontrastform nötig ist, etwa zu Farnen. Treibt spät aus; also nicht irrtümlich ausgraben oder darüber pflanzen.

Phlomis fruticosa
Strauchiges Brandkraut
Höhe: 120 cm
Breite: 120 cm
Bedingt winterhart, Sonne
Breiter Strauch mit behaartem graugrünem Laub, der im Frühsommer goldgelbe quirlständige Lippenblüten trägt. Unterpflanzung mit Veilchen und Schneeglöckchen. Abgeblühte Triebe abschneiden.

Polystichum setiferum 'Pulcherrimum Bevis'
Weicher Schildfarn
Höhe: 90 cm
Breite: 75 cm
Winterhart, leichter Schatten
Ein schöner Farn mit zweifach gefiederten Wedeln. Immergrün, doch alte Wedel sollten vor dem Austrieb im Frühjahr entfernt werden. Passt gut zum Japanischen Spierstrauch 'Goldflame'.

Prunus laurocerasus 'Castlewellan'
Kirschlorbeer
Höhe: 5 m
Breite: 5 m
Winterhart, Sonne / leichter Schatten
Ein immergrüner Strauch für den Rabattenhintergrund, dessen glänzend mittelgrünes Laub silberweiß gesprenkelt ist. Trägt im Frühjahr weiße Blütentrauben.

◀ ***Tulipa*** 'Spring Green'
Höhe: 40 cm
Breite: 15 cm
Winterhart, Sonne
Eine spät blühende Tulpe der Viridiflora-Gruppe. Der offene Blütenkelch ist von grünlicher Elfenbeinfarbe mit dunklerer Zeichnung. Gut zu giftgrüner Gelbdolde *Smyrnium perfoliatum* oder Falscher Alraunwurzel (*Tellima grandiflora*).

Tamarix ramosissima
Sommertamariske
Höhe: 3 m
Breite: 3 m
Winterhart, Sonne
Überhängende Zweige mit winzigen Blättern und durchsichtige, luftige rosa Blütenstände stehen im Spätsommer in schönem Kontrast zu Hortensien und Staudenphlox.

Taxodium distichum
Sumpfzypresse
Höhe: 40 m
Breite: 10 m
Winterhart, Sonne
Im Alter ein hoher Baum, langsamwüchsig und schmalbleibend. Die ausgesprochen frische Färbung des weichen sommergrünen Blattwerks hält sich, bis die rostrote Herbsttönung sie ablöst.

Gebrochenes WEISS

Die Farbe Weiß trägt schwer an ihrer fleckenlosen Reinheit. Kalt, gleißend, anmaßend zieht sie entgegen unserem Willen alle Blicke auf sich.

Weiß ist keine großmütige Farbe: Es nimmt mehr, als es gibt. Es ist die Farbe von Schnee und Eis und die Negation des Lebens. Weiß sind die Blumen beim Leichenbegängnis. Eigentlich hat sich das heute geändert, doch in weniger fortentwickelten Gebieten überwiegt noch immer das Gefühl, weiße Blumen seien Trauerblumen.

Die implizite Deutung von Weiß als Farbe der Reinheit und Jungfräulichkeit wird in der weißen Hochzeit bewahrt. Nach alter Tradition enthielt der Brautstrauß weiße Brautmyrte; eine Pflanze, die aus einem Steckling aus diesem Strauß gezogen wurde, brachte Glück. Meine eigene Brautmyrte *(Myrtus communis)*, die noch vor meiner Geburt gepflanzt wurde, stammt meiner Mutter zufolge von dem Steckling eines Strauches, der aus dem Zweiglein eines Brautstraußes gezogen wurde. Wessen Strauß das war, habe ich dummerweise vergessen!

Die meisten weißen Blüten haben ein dämpfendes, vermittelndes Element. Schneeglöckchen folgen der Schneeschmelze auf dem Fuß, sind selbst jedoch ganz und gar nicht eisig. Ihre gebogenen Blütenblätter fangen das Licht in unterschiedlichsten Schattierungen ein. Ihre Glöckchen sind grün gezeichnet, und die elegant aufrechte Blume tanzt im leisesten Luftzug. Schneeglöckchen öffnen und schließen sich in einer Reaktion auf Wärme und Kälte. Sie duften und werden eifrig von frühen Nektar suchenden Bienen besucht. Sie sind ganz und gar fröhliche Blümchen, Frühjahrsboten noch vor der Zeit.

Die meisten Gärtner sind von Weiß fasziniert. Sie wissen, dass es als respektable Farbe gilt, deren Verwendung niemand zu

◀ *Diese einfache Margeritenblüte verdeutlicht die Vorteile der kontrastierenden gelben Blütenmitte. Wäre sie ganz gefüllt und vollkommen weiß, wäre uns unbehaglich zumute. Die Gemeine Wucherblume oder Margerite* Leucanthemum vulgare *(45 cm) mischt sich hübsch unter Wiesengräser, siedelt sich aber ebenso gern in Pflasterritzen an. Von Ende Mai bedenkt sie uns drei oder vier Wochen lang mit ihrer üppigen Blüte.*

▲ Schneeglöckchen und Schnee fallen zwar zeitlich zusammen, sind aber grundverschieden in ihrem Wesen. Das Schneeglöckchen schaukelt in der sanftesten Brise; warmen Sonnenstrahlen öffnet es sich bereitwillig und lässt sich nur zu gern von Bienen auf der Suche nach erstem Nektar besuchen. Die grüne Zeichnung seines Blütenkelches ist ein wesentlicher Blickfang.

▶ Beth Chatto hat diesen Bereich ihres Kiesgartens ganz in Weiß angelegt, doch nur, um die breite Vielfalt unterschiedlicher Pflanzenformen herauszustellen, darunter vor allem die gerundeten Blütenstände des Zierlauchs und die stacheligen Halskrausen der Elfenbeindistel (Eryngium giganteum). Die Kompaktheit dieser Pflanzen gleicht der Blütenschleier des Federgrases Stipa tenuissima aus.

▶▶ Einen unserer Lieblinge, die im Juni blühende Knorpelmöhre (Ammi majus), ziehen wir bereits im Vorjahr an, indem wir im September unter Glas aussäen; so erhalten wir hohe Pflanzen von 180 cm oder mehr. Sie blühen strahlend weiß, sind aber von offener Struktur; die weiße Fläche lösen die lockeren Ähren des „blauen" Gartenrittersporns Consolida 'Blue Cloud' (45 cm) noch weiter auf.

kritisieren wagt, haben jedoch verständliche Probleme bei seiner Verwendung. So legen sie denn weiße Gärten und weiße Rabatten an, verbannen die Farbe aber aus bunten Pflanzungen. Im Gegensatz zu einem kalten, geschlossenen Block jedoch ist Weiß in niedriger Dosierung von einer magischen, ja magnetischen Leuchtkraft.

Mein Gärtner Fergus und ich mögen ganz besonders einen im Juni blühenden Staudenphlox mit adretten runden Blüten in eleganten langen Blütenständen, den Dickblattphlox P. carolina 'Miss Lingard'. Voller Überschwang pflanzten wir ihn recht großflächig, zugegebenermaßen in einem Versuchsbeet, das nicht unbedingt zum Schaugarten gehört, und daneben einen weiteren Phlox in dunklem Mauve und die scharlachroten Blütenteller der Brennenden Liebe (Lychnis chalcedonica) in großer Zahl. 'Miss Lingard' jedoch war von einem so gnadenlosen Weiß, dass man blinzeln musste. Hätten wir nur rechtzeitig ein hohes Federgras (Stipa gigantea) in den Vordergrund und einige weitere an die Übergangsstellen gesetzt, so hätten diese einen durchsichtigen Schleier rosiger Haferblüten emporgeschickt und den Phlox wie ein Bühnenbild hinter einem Distanz schaffenden Gazeschleier erscheinen lassen.

Der Farbe Weiß kommt also ein Platz in der gemischten Pflanzung zu, und zwar nicht, wie bereits gesagt, *en masse*, sondern hier und dort verteilt. 'Miss Lingard' beispielsweise ließe sich sehr wohl mehrfach im selben Abschnitt verwenden, doch isoliert, beinahe vereinzelt; stimmungsmäßig sowie optisch wäre sie ein Leitmotiv mit Unterbrechungen, mal weiter vorn, dann wieder weiter hinten. Dabei braucht man sich nicht auf diese Pflanze zu beschränken, sondern könnte andere weiße Blumen einbeziehen.

Häufig vereinen sich winzige, einzeln stehende Blüten zu großen, duftigen Blütenwolken. Bei einem Birnbaum sind diese Blütenwolken recht klein und dicht, jedoch ungemein zahlreich; sie atmen einen eindringlichen, ein wenig süßlichen und doch unverwechselbaren Duft. Die Knorpelmöhre (Ammi majus, aus Herbstsaat vorgezogen 180 cm) trägt reinweiße Blütendolden von wunderbarer Leichtigkeit, die in schönem Kontrast zu der säulenartigen Weidenblättrigen Sonnenblume (Helianthus salicifolius) stehen. Schleierkraut (Gypsophila paniculata) ist eine Wolke winziger Pompons, während das Riesenschleierkraut (Crambe cordifolia, 240 cm) durchsichtige Nebelschleier von der Intensität eines Feuerwerks bildet. Der ausdauernde Wiesenknopf Sanguisorba tenuifolia 'Alba' (90 cm) lässt eine ganze Herde Lämmer baumeln, die fast nur aus flaumigen Staubblättern bestehen. Eine Unterpflanzung mit blutrotem, schwarz gefleckem Marienkäfer-Mohn (Papaver commutatum), im Kapitel „Rot" auf Seite 17 beschrieben, wirkt im Juni so dramatisch, dass man ruhig nochmals darauf verweisen darf.

▲ *Weiße Herbstanemonen – hier* Anemone x hybrida *'Honorine Jobert' – bilden ein fröhliches Gegenspiel zu jeder beliebigen Farbe; ein „eingebauter" Kontrast findet sich in dem grünen Knopf mit den gelben Staubgefäßen in ihrer Blütenmitte.*

▼ *Die Knospen der im Juli blühenden Königslilie* (Lilium regale) *sind rosig violett überlaufen; diese Farbe ziert die Außenseite der Blüte auch noch nach dem Aufblühen. Die Staubbeutel sind gelb – ganz und gar nicht leblos und kontrastarm. Der Duft ist überwältigend; eine einzige Blüte parfümiert ein ganzes Zimmer.*

Weiße Blüten tragen häufig aufmunterndes Gelb in ihrer Mitte. Bei manchen sind es die Staubbeutel, wie bei der Madonnenlilie *(Lilium candidum)*. Die einfach blühende weiße Herbstanemone 'Honorine Jobert' (100 cm oder mehr) hat ein grünes Knopfauge, das ein gelber Wimpernkranz säumt. Von Ende Juli bis Mitte Oktober blüht sie ohne Unterlass; sie bildet einen perfekten, ganz und gar nicht aufdringlichen Hintergrund für eine Beetbepflanzung in beliebiger Einzelfarbe oder Farbmischung.

Bei fast allen Angehörigen der Familie der Korbblüter bilden gelbe Scheibenblüten die Blütenmitte. Gefüllte Zuchtformen, gewisse Winterastern etwa oder Margeriten *(Leucanthemum x superbum)*, die in reinstem Weiß blühen, sollte man nicht in zu großer Zahl pflanzen, besonders wenn ihr Laub schwer und düster wirkt, wie bei den Margeriten und manchen Phlox-Arten.

Die weiße Variante der Nachtviole *(Hesperis matronalis* var. *albiflora*, 120 cm) blüht in ungedämpftem Weiß, wirkt jedoch mit Ochsenzunge (siehe „Blau") oder im Schatten weicher, besonders im Schattenspiel unter Bäumen, ihrem liebsten Standort. Weißer Silberling *(Lunaria annua* var. *albiflora*, 90 cm) ist ähnlich, doch mit seiner luftigen Blütenpyramide weitaus eleganter. Im Halbschatten bildet er einen herrlichen Kontrast zu dem giftigen Grüngelb der Stängelumfassenden Gelbdolde *(Smyrnium perfoliatum)*.

Toleriert eine flächig weiße Blume Schattenbedingungen, so mildert das ihre Aufdringlichkeit. Die Blüte des südafrikanischen Aronkelchs *(Zantedeschia aethiopica)*, der seiner glänzend dunkelgrünen, pfeilförmigen Blätter wegen im Kapitel „Grün" aufgeführt ist, besteht aus einem vollkommen weißen Hochblatt mit einem kolbenförmigen gelben zentralen Spadix. Die einzelne Blüte hält drei Wochen, sofern sie nicht in der heißen Sonne verbrennt, was angesichts der Blütezeit im Juni/Juli nicht ausgeschlossen ist; mit dem Schatten tut man also ihr einen Gefallen und hat selbst auch mehr Freude daran.

Weiße Blüten zu fotografieren ist immer schwierig, in der Sonne fast unmöglich. Entweder stellt man die Belichtung auf das Weiß ein und alles andere gerät zu dunkel oder man stellt sie auf die Umgebung ein und das Weiß fällt leer und nichtssagend aus. Ich als Amateurfotograf habe nur im Schatten eine Chance.

Ich sagte bereits, dass sich Gelb und Weiß in einer Blüte äußerst gut vertragen. Das trifft auch im größeren Maßstab zu, wie bei Blüte und Blatt, und ganz besonders im Frühjahr, wo ringsum junges Laub grüngelb leuchtet und Bäume und Sträucher mit weißen Blüten besetzt sind. Eine weiß-gelbe Rabatte kann sehr wirkungsvoll sein.

Bereits im März trägt bei mir die hübsche immergrüne Nieswurz-Hybride *Helleborus x nigercors* ihre Trauben großer weißer Blüten neben einem dichten Büschel der Cyclamineus-Narzisse *N. cyclamineus* 'Jetfire', die dunkelgelb mit einer Trompete in

▲ „Schaut mich an!" ruft die strauchige, graulaubige Silberwinde (Convolvulus cneorum), die ich in exponierter Lage über Lutyens runden Stufen platzierte. Hier findet sie den nötigen gut drainierten Boden vor. Das graue Laub verrät, dass sie ein Sonnenanbeter ist.

▼ Ungefüllte weiße Gänsekresse (Arabis) der Sorte 'Snowcap' breitet sich zu Füßen der frühen gelben Tulpen, der Fosteriana-Hybride 'Yellow Purissima', aus. Beide blühen im März. Weiß und Gelb bilden grundsätzlich ein gutes Team.

hellem Orange blüht. Beinahe ebenso früh kombiniere ich manchmal die Gänsekresse *Arabis* 'Snowcap', im vorangegangenen Frühjahr aus Samen gezogen, mit der Fosteriana-Hybride *Tulipa* 'Yellow Purissima'. Ihre großen Blütenbecher trägt sie passend zur frühen Jahreszeit auf kurzem Stiel. Ebenfalls großformatig ist ihr Laub, und wer es nicht auf der Gänsekresse liegen haben möchte, pflanzt beide lieber getrennt, mit der *Arabis* im Vordergrund. Die lilienblütige Tulpe 'White Triumphator' ist ein hübscher Kontrast zu gelber Gämswurz (*Doronicum*). Für den Spätsommer und Herbst mag ich eine Zusammenstellung, die ich bereits in „Orange" vorgestellt habe: *Cosmos bipinnatus* 'Purity' (180 cm), weiß mit gelber Mitte, und daneben die Dahlie 'David Howard' in Apricot-Orange (siehe Seite 46).

Gelblaubige Sträucher sind der Pfeifenstrauch *Philadelphus coronarius* 'Aureus', der sein schönes junges Laub bereits im Mai durch weiße Blüten ergänzt, und die gelben Formen der Virginia-Blasenspiere *Physocarpus opulifolius* 'Dart's Gold' und 'Luteus'. Die Blüten der letztgenannten Sorte sind uninteressant, doch als Blattstrauch ist diese lohnenswert. Schneiden Sie sie im Winter bis auf einen Stumpf zurück und erfreuen Sie sich am frischen Austrieb, dazu beispielsweise zarte weiße 'Thalia'-Narzissen oder spätere Dichternarzissen (*Narcissus poeticus* var. *recurvus*).

Weiße Rabatten und auch weiße Gärten werden immer ihre Fürsprecher finden. Das von Vita Sackville-West initiierte Beispiel bei Sissinghurst Castle beeinflusst noch immer Gartendesigner in aller Welt. Die berühmte Lutyens-Bank wird dazugehören, gegebenenfalls etwas kleinformatiger und im Gegensatz zum Original, das sich sowieso nicht im Weißen Garten befand, wahrscheinlich weiß lackiert. „Und hier ist unser kleines Sissinghurst", sagte man mir beim Besuch in einer Baumschule in North Carolina. In der Mitte stand ein von Blumenbeeten mit überwiegend weißen Fleißigen Lieschen umgebener weißer Gartenpavillon. Ziemlich finsterer Schatten ist wirklich die einzige Entschul-

▲ *Diese sehr ungewöhnliche Berkheya-Spezies aus Südafrika gedeiht in Norfolk in einem der Gärten von The Old Vicarage bei East Ruston. Derart architektonische Pflanzen fallen immer ins Auge, ungeachtet ihrer Blütenfarbe. Es bleibt nur zu hoffen, dass sie den Winter überlebt oder zumindest viele gute Samen bildet.*

▶ *Idealerweise trägt der Staudenphlox P. paniculata 'Norah Leigh' in der Blattmitte nur einen feinen Streifen Grün. Das ist die Ursache für sein flatterhaftes Aussehen, aber auch für seine geringe Wüchsigkeit. Meiner Ansicht nach passen die Blüten in hellem Malventon perfekt, doch manche Gärtner machen sich die Mühe, diese zu entfernen. Als Zwischenpflanzung hier die violette einjährige Browallia americana.*

digung für weiß lackiertes Mobiliar und Gartenarchitektur wie Brücken und Türen. Auf Kosten des übrigen Gartens ziehen sie in vollem Licht alle Blicke auf sich. Manchmal ist dies Absicht: Mit weißer Tünche lässt sich Etliches überdecken. Muss es wirklich Weiß sein, so achten Sie darauf, dass die Farbe gebrochen ist; auch bei einer leichten Pigmentierung bleibt der allgemeine Eindruck weiß. Und halten Sie es unbedingt sauber!

Die Wirkung der Blüten in diesen vollkommen weißen Gärten wird grundsätzlich durch graues, graugrünes und weiß panaschiertes Laub gedämpft, das sie besonders gut ergänzt, ohne mit ihnen zu konkurrieren. Manche Pflanzen, wie der Kalifornische Baummohn Romneya coulteri (120 cm), bringen gleich beide Farben ein, in diesem Fall mit weißen Blüten und graugrünem Laub. Das finde ich gar nicht übel. Nicht anders als bei blauen Rabatten und Gärten ist die Einbeziehung passender Farben auch im weißen Garten angebracht, solange der Gesamteindruck weiß bleibt.

So wäre beispielsweise ein weißer Rittersporn mit schwarzem Auge („Biene") nicht schlechter als ein reinweißer. Im Weißen Garten von Sissinghurst wuchs nahe einer Bank eine Wildrose, Rosa serafini, mit ziemlich kleinen weißen Blüten und aromatischem Laub. Zum Sommerende war sie mit Unmengen kleiner scharlachroter Hagebutten behängt, was mir wirklich gefiel.

Der Phlox paniculata 'Norah Leigh' wird um seiner Blätter willen gezogen, die auf weißem Grund nur einen äußerst schmalen grünen Mittelstreifen tragen. Er trägt Blütentrauben in verhaltenem Mauve, das meiner Ansicht nach perfekt dazu passt. Puristen jedoch hassen die Blütenstände und entfernen sie, bevor sie ihnen (und der Pflanze) Schande bereiten können – eine ganz und gar unsinnige Kastration; das Aussehen der ganzen Pflanze leidet darunter.

Da grau und graugrün belaubte Pflanzen für eine kräftige Ausfärbung sehr viel Sonnenlicht benötigen, liegen weiße Gärten, die auf sie zurückgreifen, immer in voller Sonne. Ich erinnere mich an die starke Wirkung eines grau-weißen Gartens, zu dem eine Allee durch den tiefen Schatten eines Apfelgartens führte. Die Wirkung der sonnigen Fläche am Ende der Allee steigerte sich zu einem eindrucksvollen Crescendo, während die Schatten dem Licht wichen. (Die eigentliche Ankunft war ein wenig enttäuschend, da sämtliche Beete mit Kaninchendraht umzäunt waren. Die praktischen Notwendigkeiten eines Gartens durchkreuzen regelmäßig unsere besten Intentionen.)

Die Bedeutung von Grün im weißen Garten sollte gleichfalls nicht übersehen werden. In Sissinghurst besteht der Hintergrund einer Seite der rechteckigen Fläche aus einer Eibenhecke, und die Hälfte des Gartens ist formal mit rechteckigen buchsgesäumten Beeten angelegt. Wird der Buchs zu dominant, so wird er gekürzt.

◀ *Die Blütenkugeln weißer Schmucklilien (Agapanthus) sind sehr augenfällig. Hier stehen sie im Kontrast zu magentaroter Kranzlichtnelke (Lychnis coronaria), gestreiftem Zwergbambus* Pleioblastus variegatus *im Vordergrund und einjähriger Gartenmelde (Atriplex hortensis var. rubra) dahinter. Wird die Schmucklilie von ihren Nachbarn jedoch zu sehr bedrängt, so blüht sie nur sehr zurückhaltend.*

▲ *Meerkohl (Crambe maritima) reckt im Mai weiße, honigduftende Blütendolden über sein graugrünes Laub. Er verlangt nach äußerst durchlässigem Boden und voller Sonne und steht daher in meiner Langen Rabatte in vorderster Reihe. Dahinter Akelei in einem feschen Purpur-Weiß-Kontrast. Diese Spielart läuft gut unter dem Namen 'Magpie' („Elster"); Spielverderber bestehen auf dem korrekten, weniger denkwürdigen Namen 'William Guinness'.*

▶ *Anfang September blüht im Exotischen Garten die Palmlilie* Yucca gloriosa *(2 m). Sie blüht nicht jedes Jahr, bei guter Düngung jedoch meist jedes zweite. Niemand könnte von ihr behaupten, sie würde die Sache übertreiben, nicht wahr? Die steifen Blätter (siehe auch Seite 163) des „Spanischen Dolchs" sind hinterhältig spitz; wir kneifen diese Spitzen ab, wo sie über Wege ragen.*

▲ Weiße Jungfer im Grünen gedeiht in großer Zahl im Weißen Garten von Sissinghurst; mir gefällt sie noch besser mit vereinzelten violetten Blütenkugeln des Sternkugellauchs (Allium christophii), *wie hier in Beth Chattos Garten. Mehr Pep, nicht wahr?*

▼ *Am Rande eines leicht erhöhten Beetes ist Waldmeister* (Galium odoratum), *reinweiß mit hellgrünem Laub, in ein Blaukissen* (Aubrieta) *gekrochen. Er wird es ersticken, wenn ich ihn nicht daran hindere, also werde ich einschreiten müssen.*

Eine weiße Rabatte ist zweifellos ein nettes Unterfangen und lässt sich auch problemlos freundlich gestalten. Im Gegensatz zu kompakten Fleißigen Lieschen wirkt weiße Jungfer im Grünen *(Nigella damascena,* 30 cm) nie zu massiv; dafür sorgen der Kranz aus grünen Schnurrhaaren um die Blüte und die grüne Blütenmitte, aus der sich später die aufgeblasene Samenkapsel entwickelt. Das Leinblättrige Gedenkemein *(Omphalodes linifolia,* 30 cm) ist eine ganz zauberhafte weiße Einjährige; es erinnert an ein besonderes Gipskraut mit schönem graugrünem Laub. Wenn Sie es Anfang März unter Glas aussäen und die Sämlinge vereinzeln, können Sie damit Ende April wie mit einem Leitmotiv alle kahlen Plätze in Ihrem Weißen Garten füllen. Weiß blühende Pfirsichblättrige Glockenblume *(Campanula persicifolia)* erfüllt denselben Zweck, besonders auf dem von ihr bevorzugten schweren Boden. Dies ist eine ausdauernde Staude, die sich an willkommener, wenn auch unerwarteter Stelle einsamt, zu Füßen von Sträuchern etwa oder unter Hecken.

Die Hybride 'Alba Luxurians' der Italienischen Waldrebe *(Clematis viticella)* ist momentan bei Gärtnern von Geschmack en vogue, denn ihre Blütenschwärme sind nicht einfach weiß, sondern laufen in grüne Spitzen aus. Mal ist die Blüte vollkommen grün, dann wiederum ganz weiß; sie hält immer Überraschungen bereit.

Schon ein einzelnes Chinaschilfgewächs *Miscanthus sinensis* 'Variegatus' (200 cm bei ausgewachsenen Exemplaren), das ich gar nicht auf einen Weißen Garten beschränken möchte, dient im Sommer und Herbst als lebhafter, eleganter Blattakzent, wenn es sich hoch über die Pflanzen der Umgebung reckt. Jedes Blatt dieser Grasfontäne trägt einen breiten weißen Saum.

Ebenfalls gut für unsere Zwecke ist die Tibethimbeere *(Rubus thibetanus,* 150 cm) mit grauem, gefiedertem Laub und noch blasseren stachligen, leicht überhängenden Trieben. Eine ganz wichtige Pflegemaßnahme besteht darin, den ganzen Strauch zum Winterende bis auf den Boden abzuschneiden; bis dahin zieren ihn noch die kahlen schönen Triebe. Unser Ziel sind einjährige Triebe; die letztjährigen sind nicht annähernd so attraktiv und die Blüten daran nicht sehr ansehnlich. Der Strauch treibt hier und da Wurzelschösslinge, doch diese lassen sich bei derselben Gelegenheit problemlos entfernen.

Einer der großen Vorzüge Weißer Gärten und Rabatten, den wir noch gar nicht angesprochen haben, ist ihre geisterhaft romantische Stimmung, wenn der späte Abend etwa in nächtlichen Mondenschein übergeht. Mückenspray mag nötig sein; ich hoffe, sein Geruch übertönt nicht den herrlichen Duft der weißen Nachtblüher. Mit ihren meist röhren- oder trompetenförmigen Blüten haben sie es – zu Zwecken der Bestäubung – auf Nachtschmetterlinge mit langen Nektarrüsseln abgesehen.

Gebrochenes WEISS

▲ *Eine ganz und gar schlohweiße Clematis ist weniger ansehnlich als eine mit violetten Staubgefäßen oder, wie bei dieser namens 'Huldine', einer Rückseite in durchscheinendem blassem Mauve. Geben Sie dieser alten Sorte volle Sonne; trägt sie dort zu viel Laub zu ihren Blüten, setzen Sie sie um.*

Nachtblühende Pflanzen haben für Farbe keine Verwendung, und so sind die meisten von Natur aus weiß, wenn manche sich auch von Menschen eine Farbe aufschwatzen lassen. Viele gedeihen in unserem kühlen Klima nicht gut; Engelstrompeten (*Datura* und *Brugmansia*) allerdings lassen sich entweder einjährig ziehen, wofür *Datura innoxia* (syn. *D. meteloides*) am besten geeignet ist, oder als frostempfindliche Kübelpflanze, die nur die Sommermonate draußen verbringt.

Die am schönsten duftende, bei Nacht leuchtende Ziertabak-Art ist die schlichte weiße *Nicotiana alata* (syn. *N. affinis*). Bis zum Abend lässt die Pflanze sich regelrecht hängen, doch dann strafft sie sich. Eine andere Art von ansehnlicherem Wuchs ist *N. sylvestris* (180 cm). Ich bin ein begeisterter Fan dieser Pflanze, doch in letzter Zeit wird es aufgrund des aggressiven Falschen Mehltaus, der sie und ihre Verwandten befällt, immer schwieriger, sie gut zu ziehen. Im Frühjahr ausgesät, gelangt sie meist im August zur ersten Blüte. In geschützter Lage können Pflanzen mehrere Winter überdauern. Diese Art wächst wunderbar aufrecht mit grundständigen großen, hellgrünen spatelförmigen Blättern. Ihre lang gezogenen weißen Röhrenblüten spitzen ganz am Ende einen kleinen Mund. Tagsüber hängen sie herab, nicht eigentlich schlaff, um sich nachts horizontal aufzurichten; dann atmen sie einen starken, weichen Duft, weitaus sanfter als der von *N. alata*. Verblühtes wird braun und verbleibt an der Pflanze, was bei den weißen Blüten ganz besonders auffällt. Viele Damen beten weiße Kamelien geradezu an und scheinen dabei überhaupt nicht wahrzunehmen, dass der Strauch mit braunen vertrockneten Blüten übersät ist, die das ganze Bild verderben. Unweigerlich wird die Schuld daran dem Frost oder dem Wind zugeschrieben, nie einer „Erbsünde". Bei Kamelien ebenso wie bei diesem Tabak lohnen sich Ausputzaktionen, auch wenn bei der Kamelie dafür eventuell eine Stehleiter nötig ist.

Alles hat schließlich seinen Preis, selbst romantisches Weiß.

Anemone x *hybrida* **'Honorine Jobert'**
Herbstanemone
Höhe: 100 cm
Breite: 45 cm
Winterhart, Sonne / Halbschatten
Die weißen Blütenteller mit grüner Mitte und einem Kranz aus gelben Staubgefäßen erscheinen über einen langen Zeitraum von Mittsommer bis in den Spätherbst. Sie sind klar umrissen und passen zu vielen anderen Farben und Pflanzen. Setzen Sie kräftige Zwiebelpflanzen wie den Sternkugellauch (*Allium christophii*) zwischen einzelne Horste.

◀ *Begonia* F$_I$ **'Stara White'**
Eisbegonie
Höhe: 30 cm
Breite: 30 cm
Frostempfindlich, Sonne / Halbschatten
Eine Eisbegonie für das Sommerbeet. Im Februar bei 25° C keimen lassen; abhärten, nicht vor Juni auspflanzen. Blüht ohne Unterlass bis zum ersten Frost. Der relativ offene, überhängende Wuchs ist erwünscht, ebenso wie die kupfrige Laubfärbung als Hintergrund.

Crambe cordifolia
Riesenschleierkraut
Höhe: 240 cm
Breite: 180 cm
Winterhart, Sonne
Diese große Pflanze bringt im Frühsommer aus derbem Laub Wolken kleiner weißer Blüten hervor. Es lohnt sich, die verblühten Blütenstiele um ihrer durchsichtigen, dekorativen Struktur willen stehen zu lassen. Vorsicht bei Schnecken. Setzen Sie leuchtend roten Türkenmohn dazu oder lassen Sie sie von einjährigen Kletterpflanzen beranken, etwa Rosenkelch (*Rhodochiton atrosanguineus*).

◀ *Dianthus* **'Haytor White'**
Nelke
Höhe: 30 cm
Breite: 40 cm
Winterhart, drainierter Boden, Sonne
Eine ausdauernde Nelkenart mit wohlgeformter, gefüllter, duftender Blüte von Juni bis Herbst. Hübsch im Knopfloch. Alle drei Jahre aus jederzeit (Frühjahr – Herbst) gewonnenen Stecklingen nicht blühender Triebe neu heranziehen.

Exochorda x *macrantha* **'The Bride'**
Prachtspiere
Höhe: 180 cm
Breite: 240 cm
Winterhart, Sonne / leichter Schatten
Die lang übergebogenen Triebe sind im späten Frühjahr mit schneeweißen Blüten bedeckt. Sofort nach der Blüte radikal zurückschneiden. Setzen Sie späte gelbe oder orange Tulpen dazu.

Galanthus **'Atkinsii'**
Schneeglöckchen
Höhe: bis 25 cm
Breite: 5 cm
Winterhart, leichter Schatten
Eines der frühesten und größten Schneeglöckchen mit tropfenförmigen Blüten; ausgezeichneter Koloniebildner. Gut als Untermalung dunkler Helleboren und flächig in schattigen Staudenbeeten als Vorläufer von Funkien und Schaublatt (*Rodgersia*).

Gypsophila paniculata **'Bristol Fairy'**
Schleierkraut
Höhe: 120 cm
Breite: 120 cm
Winterhart, Sonne
Durchsichtige Sträuße gefüllter weißer Blüten auf drahtigen Stielen in der zweiten Sommerhälfte. Die adretten, unauffälligen Blüten können rote Pflanzungen in ihrer Wirkung angenehm mildern. *G. p.* 'Flamingo' ist eine gefüllte hellrosa Form.

Helleborus x *nigercors*
Nieswurz
Höhe: 30 cm
Breite: 45 cm
Winterhart, leichter Schatten
Eine Hybride mit markantem Laub und zahlreichen kreisrunden, weißen Blüten pro Stiel, die zu Grün verblassen. Frühe gelbe Narzissen sind gute Begleiter.

◀ *Hesperis matronalis* var. *albiflora*
Weiße Nachtviole
Höhe: 120 cm
Breite: 30 cm
Winterhart, Sonne / leichter Baumschatten
Kurzlebige Staude, die meist zweijährig als Beetpflanze für Frühjahr/Frühsommer gezogen wird. Probieren Sie dazu blaue Italienische Ochsenzunge (*Anchusa azurea*). Bildet im Schatten schöne Kolonien.

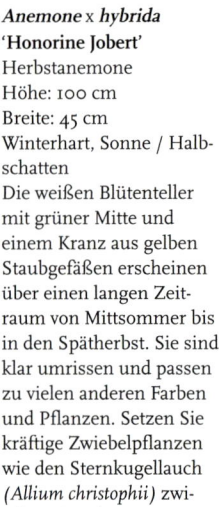

Gebrochenes WEISS

◀ *Hyacinthus orientalis* 'Carnegie'
Hyazinthe
Höhe: 30 cm
Breite: 20 cm
Winterhart, Sonne
Eine schöne Hyazinthe für Topf-, Balkonkasten- oder Gartenkultur. Blüht Mitte der Saison. Wirkt gut hier und da zwischen blaue oder gelbe Stiefmütterchen oder Veilchen gesetzt.

▲ *Impatiens tinctoria*
Fleißiges Lieschen
Höhe: 200 cm
Breite: 150 cm
Etwas frostempfindlich, Halbschatten
Knollenbildende Staude für nahrhaften, feuchten Boden; meist im Haus überwintert, kann jedoch bei guter Abdeckung im Boden verbleiben. Blüht von Juni an. Junge Triebe vor Blattwanzen schützen.

Lunaria annua var. *albiflora*
Weißer Silberling
Höhe: 90 cm
Breite: 30 cm
Winterhart, Sonne / leichter Schatten
Die weiß glänzenden Blüten bringen im späten Frühjahr Licht in schattige Winkel, wo sie sich gern zum giftigen Grüngelb der Stängelumfassenden Gelbdolde (*Smyrnium perfoliatum*) gesellen. *L.a.* 'Alba variegata' hat zusätzlich weiß geflecktes Laub.

Magnolia stellata ▶
Sternmagnolie
Höhe: 200 cm
Breite: 240 cm
Winterhart, Sonne, neutraler oder saurer Boden
Diese Magnolie blüht im zeitigen Frühjahr bereits jung sehr reichlich. Die Knospen sind meist rosa überhaucht. Die Blüten öffnen sich über einen längeren Zeitraum; erfrorene werden bald durch neue ersetzt.

◀ *Narcissus poeticus* var. *recurvus*
Dichternarzisse
Höhe: 45 cm
Breite: 15 cm
Winterhart, Sonne / leichter Schatten
Kaum eine Narzisse blüht in strahlenderem Weiß oder später im Mai; keine duftet stärker. Kurze, rot gesäumte Trompeten. Die gefüllte Form blüht zwei Wochen später. Die reich blühende Triandrus-Narzisse 'Thalia' ist früher.

Nicotiana sylvestris
Höhe: 180 cm
Breite: 60 cm
Recht winterhart, Sonne / Halbschatten
Eine hohe Staude, meist ein- oder zweijährig gezogen, mit großen klebrigen Blättern und großen Blütenständen mit einem Feuerwerk aus weißen, sehr lang gezogenen Röhrenblüten. Duftet sehr stark bei Nacht. Besonders nützlich für den Rabattenhintergrund.

Omphalodes linifolia
Leinblättriges Gedenkemein
Höhe: 30 cm
Breite: 15 cm
Winterhart, Sonne
Abhängig vom Saattermin erscheinen vom späten Frühjahr an und den ganzen Sommer hindurch seine weißen Vergissmeinnichtblüten über graugrünem Laub. Mit dieser Einjährigen lassen sich gut Lücken schließen, besonders in einem weißen Garten; versamt sich auf leichtem Boden.

Philadelphus coronarius 'Aureus'
Großer Pfeifenstrauch, Bauernjasmin
Höhe: 240 cm
Breite: 150 cm
Winterhart, leichter Schatten
Ein Strauch mit giftgrünem bis grüngelbem Laub und im Frühsommer Unmengen weißer duftender Blüten. Benötigt leichten Schatten, damit das Laub nicht verbrennt, dabei aber genug Licht, um die Blattfärbung zu fördern. Nach der Blüte abgeblühte Triebe zurückschneiden.

Phlox paniculata 'Norah Leigh'
Staudenphlox
Höhe: 100 cm
Breite: 45 cm
Winterhart, Sonne / leichter Schatten
Kaum eine Staude zeigt mehr Weiß im Blatt – abgesehen von einem schmalen grünen Bereich in der Mitte ist es vollkommen weiß. Lässt sich in der Rabatte an Stellen einsetzen, wo über einen langen Zeitraum Weiß gewünscht ist. Blüte zart mauve, dunkler in der Mitte.

Romneya coulteri
Baummohn
Höhe: 120 cm
Breite: 200 cm
Winterhart, Sonne
Entzückende kreppartige, reinweiße Mohnblüten mit dickem zentralem Büschel gelber Staubgefäße. Blüht den ganzen Sommer über hübsch vor blaugrünem Laub, das für sich allein etwas struppig wirken kann. Zum Winter bis zum Boden abschneiden; setzen Sie Frühjahrszwiebeln ringsherum.

Sanguisorba tenuifolia 'Alba'
Wiesenknopf
Höhe: 90 cm
Breite: 45 cm
Winterhart, Sonne / Halbschatten
Die überhängenden Stängel tragen flauschige Lämmerchen weißer Blüten. Das Laub wirkt äußerst zart und sollte nicht versteckt werden. Als Kontrast Marienkäfer-Mohn (*Papaver commutatum*) unterpflanzen oder Montbretien *Crocosmia* 'Lucifer' dazusetzen.

Fröhliches Gelb

Nun endlich sind wir beim fröhlichen, aufmunternden Gelb. Die Farbe der Sonne hebt unsere Stimmung. Gelb ist unübersehbar, weshalb viele Menschen es nur ungern tragen.

◀ *In sanftestem Schlüsselblumengelb blühen im zeitigen Frühjahr die nackten Zweige von Corylopsis. Passend benannt ist diese Duftende Scheinhasel (Corylopsis glabrescens), deren Zitronenduft die Frühlingsluft durchweht. Das Gewächs aus der Hamamelis-Familie mag keinen kalkhaltigen Boden, ist davon abgesehen jedoch anspruchslos und liefert herrliche Zweige für Blumendekorationen.*

Es gibt auch eine Snob-Komponente, was Gelb betrifft. Zum Teil hat dies mit dem Wort selbst zu tun, das nicht sonderlich melodisch klingt. Das deutsche „Gelb" klingt bellend, das englische „yellow" ist nicht besser. (Die Franzosen haben mehr Glück mit dem runderen Klang von „jaune".) Im Englischen wie im Deutschen ersetzen wir es, wann immer möglich, durch „Gold", das seine eigenen Assoziationen von Reichtum, Komfort und Wohlbefinden einbringt. Tatsächlich ist Gold eine recht düstere Farbe, mit dem Glanz von Silber überhaupt nicht zu vergleichen, und es schadet gar nichts, dass nur sehr wenige Pflanzen von wirklich goldener Farbe sind.

Im Garten ist Gelb die Farbe des Volkes. „Nichts als gelbe Blümchen" ist der naserümpfende Kommentar selbsternannter Sachverständiger in Sachen des guten Geschmacks. Die Emotionen jedoch sind es, die von dieser Farbe angesprochen werden: Sie hebt die Stimmung. „Eine gelbe Rabatte strahlt wie pures Sonnenlicht," schreiben Nori und Sandra Pope in ihrem Buch *Gärten in Weiß, Gelb, Rot oder Blau* (Callwey) über Farben. Selbst bei bewölktem Himmel stehen wir kurz vor Sonnenuntergang wie hypnotisiert vor einem Beet mit gelbem Sonnenhut (*Rudbeckia* 'Indian Summer' ist meine liebste Sorte).

Solch warmes Licht strahlt vor allem im Herbst, doch auch die klare Frühlingssonne lässt Gelb wirken, das zu jungem Grün ganz ausgezeichnet passt. Daher sehen wir auch so häufig gelbe Narzissen im Gras. Die kleine schlüsselblumengelbe Reifrocknarzisse *Narcissus bulbocodium* var. *citrinus* ist ein Hit. Keine

▲ *Eine der ersten Narzissen ist unsere heimische Osterglocke (Narcissus pseudonarcissus), deren Blüte mit den späten Gartenkrokussen zusammenfällt. Die ersten gab mir meine Mutter, die sie regelmäßig aus Samen zog und auspflanzte; inzwischen säen sie sich selbst aus. Allein oder mit anderen kleinen Wildlingen wirken sie besser als mit großen gezüchteten Gesellen.*

▶ *Staudenpäonien treiben im zeitigen Frühjahr meist in lebhaftem Karminrot aus; hier wurde die Gelegenheit genutzt und eine früh blühende Primel dazugesetzt. Hyazinthen in Kontrastfarben sind ebenfalls gute Partner, ebenso der kleine blau überhauchte, weiß blühende Frühlingsstern (Ipheion uniflorum).*

▼ *Der Winterling (Eranthis hyemalis) sorgt bereits im Januar für große Freude. Er passt gut zu malvenblauem Elfenkrokus (Crocus tommasinianus).*

Narzisse tanzt wie diese. Setzen Sie einige Zwiebeln in ein mageres Rasenstück (meine wohnen unter einer Eiche), und alles Weitere übernehmen sie selbst; sie säen sich aus, bis sie zu Hunderten blühen.

Noch vor den Narzissen kommen die Winterlinge *(Eranthis hyemalis)* und gelbe Gartenkrokusse. Auch Löwenzahnblüten sollten wir nicht hochnäsig schmähen; sie öffnen sich beim ersten Frühlingssonnenstrahl und erwecken den Saum der Landstraßen zum Leben. Genauso schnell reagiert das gelackte Scharbockskraut; man kann nicht umhin, es mit lachenden Kindergesichtern zu vergleichen. Wie seltsam, dass Löwenzahn von Gärtnern durchweg abgelehnt wird, während Scharbockskraut in seinen vielfältigen Formen eine regelrechte Kultpflanze ist. 'Brazen Hussy' blüht in dem üblichen lebhaften Gelb, treibt jedoch so tiefviolettes Laub, dass ich es unter „Schwarz" einsortiere (Seite 187). Lässt man das Scharbockskraut in einer Rabatte los, so breiten sich die winzigen Knollen im Frühjahr im Nu aus und können zu einer rechten Plage werden. Solange man sich dieser Gefahr bewusst ist, lässt es sich unter Kontrolle halten.

Die Schlüsselblume, ein weiterer Frühlingsbote, blüht in einem ganz anderen Gelb, dem nach ihr benannten Schlüsselblumengelb, mit dem häufig auch andere Blüten belegt werden, etwa die blassgelben Ähren der Duftenden Scheinhasel *(Corylopsis glabrescens)*, die das Haus mit Zitronenduft parfümieren. Selbst jene Gärtner (und das sind gar nicht wenige), die fast alle gelben Blumen ablehnen, machen bei diesem Gelb eine Ausnahme; sie

▲ *Die Gelbe Schwertlilie* Iris pseudacorus 'Variegata' *sprüht mit ihrem frisch gestreiften Laub im Frühlingsgarten regelrecht Funken. Die Zeichnung verblasst später, um im folgenden Frühjahr wiederzukehren.*

▼ *Dieser Traubenholunder* Sambucus racemosa 'Plumosa aurea' *wird ausschließlich seines Laubes wegen gezogen. Einem drastischen Rückschnitt im Winter folgt wunderschöner Laubaustrieb – anfangs kupfrig, später limonengrün; die Blüte ist kein Verlust. Ein Zuviel an Sonne lässt ihn im Sommer verbrennen, bei zu viel Schatten ist die Färbung schwach. Schlagen Sie den Mittelweg ein.*

(das heißt ich auch, denn auch ich liebe Schlüsselblumengelb) sind ständig auf der Suche nach dieser Blütenfarbe, die sich so gefügig mit anderen Farben kombinieren lässt, selbst mit Rosa.

Bevor Sie das nächste Mal im Mai über blühende Rapsfelder die Nase rümpfen, überlegen Sie einmal, ob diese Patchwork-Flecken nicht eine fröhliche Note in die ansonsten einheitlich grüne Frühlingslandschaft einbringen. Ihr Gelb enthält einen relativ hohen Anteil vermittelnden Grüns, und sie erfüllen die Luft mit süßem Honigduft. (Zugegeben, später löst diesen ein leichter Kohlgeruch ab.) Eine neue Förderpolitik macht derzeit den Rapsanbau profitabel, und so taucht er plötzlich in einer Landschaft auf, in der unser konservatives Gemüt nicht damit rechnet.

Ein nach Aufmerksamkeit verlangender frühlingsblühender Strauch ist der Ranunkelstrauch (*Kerria japonica*) in der gefüllten Form 'Pleniflora'. Seine leuchtend grünen Vorjahrestriebe, die vor einer Mauer 300 cm erreichen können, sind mit dicht gefüllten Pompons besetzt. Um zu verhindern, dass der Strauch ungepflegt wirkt, müssen wir seine abgeblühten Triebe regelmäßig herausnehmen und die Bildung neuer durch Dünger fördern. Bei guter Pflege ist er von ansteckendem Überschwang. Geschmackvoller jedoch (ich spreche hier für die „Gesellschaft wider den Schlechten Geschmack") ist die einfach blühende Wildform, deren Färbung sanfter scheint. Das ist sie gar nicht, doch die gefüllte Blüte fängt Schatten ein, welche diese dunkler wirken lassen. Kürzlich jedoch habe ich eine einfache Kerrie namens 'Albescens' entdeckt (und gekauft), die tatsächlich hellgelb blüht und auf ihre Weise wirklich bezaubernd ist. Zweifellos wird sie die Zweifel und Ängste der Gelb-Hasser beschwichtigen helfen.

In etwa die intensivste, sprühendste gelbe Frühlingsblüte trägt die Sumpfdotterblume (*Caltha palustris*, 30 cm), eine horstbildende Pflanze, die in der freien Natur die Ränder von Gräben und ähnliche sumpfige Stellen bevölkert. Für den Garten wählen wir mit Recht die noch wirkungsvollere dicht gefüllte 'Flore pleno'. Äußerst angetan von dieser Pflanze war ich auf Lewis, einer Insel der Äußeren Hebriden, deren weites Innere eigentlich deprimierend trostlos ist. Wo jedoch Sumpfland ist (und davon gibt es einiges), breiten sich die Dotterblumen über weite Flächen aus.

Einige Wochen später übernimmt in gleicher Situation die nicht weniger lebhafte wilde Gelbe Schwertlilie (*Iris pseudacorus*, 90 cm) die Hauptrolle. Am Gartenteich, neben ihrem natürlichen Partner, dem Safrangelben Wasserfenchel (*Oenanthe crocata*), kann sie beinahe zu aggressiv sein, doch auch hier war bereits unser verfeinernder Einfluss am Werk. Die Varianten *bastardii* (wessen Bastard? und warum eigentlich ist ein Bastard automatisch männlich?) blüht in gesittetem Blassgelb mit feiner dunkler Äderung, und die weitaus schwächerwüchsige 'Variegata' treibt im Frühjahr wunderschön gelb gestreifte neue Blattschwerter.

Fröhliches GELB

▲ Der bescheidene Spierstrauch Spiraea thunbergii ist im Spätherbst ganz entzückend – zum Winteranfang, um exakt zu sein –, wenn sich sein Laub vor dem Abfallen verfärbt. Im Frühjahr blüht er über einen langen Zeitraum; danach kann er beschnitten werden.

▼ Die Flecken einer Goldorange sollen dicht an dicht stehen und mit Stolz getragen sein, um zu wirken, wie hier bei Aucuba japonica 'Crotonifolia'. Die Blätter sind von markanter Form, ein notwendiger Kontrast zur diffusen Zeichnung.

Nach Grün ist Gelb die Farbe, die Pflanzen am leichtesten produzieren. Wie diese Iris treiben viele Pflanzen zunächst gelb aus und wechseln später zu grün. Im Herbst ist es umgekehrt; das Blattgrün wird abgebaut und hinterlässt vor dem Laubfall einen klaren Gelbton, wofür etliche Bäume ein leuchtendes Beispiel sind – Ginkgobaum *(Ginkgo biloba)*, Tulpenbaum *(Liriodendron tulipifera)*, unser heimischer Feldahorn *(Acer campestre)*. Geistesabwesend halte ich diesen häufig für einen wilden Besenginster *(Cytisus scoparius)* in Blüte, wenn ich ihn nur aus dem Augenwinkel sehe. Man lässt sich so leicht verwirren. Die goldgelben Beeren einiger Feuerdornsorten gaukeln mir im Herbst die dunkel krokusgelben Blüten von *Berberis* x *stenophylla* vor.

Junges gelbes Laub ist sehr attraktiv, kann jedoch in der heißen Sonne einen hektischen, fiebrigen Ton annehmen, sobald der Wurzelbereich austrocknet. Man kann sich darauf verlassen, dass darauf ein Sonnenbrand folgt. Flecke toten Gewebes übersäen die betroffenen Blätter, die sich insgesamt äußerst unappetitlich braun verfärben. Eine leichte Schattenstellung kann dieser Angelegenheit vorbeugen (bei zu viel Schatten geht die Gelbtönung verloren) und ebenso reichliches vorbeugendes Wässern. Junger, saftiger, gelbgrüner Neuaustrieb ist häufig weniger sonnenbrandanfällig als das Laub an älteren, zum Teil abgeblühten Trieben. Ein Beispiel hierfür ist *Philadelphus coronarius* 'Aureus', die beliebte gelblaubige Version unseres europäischen Bauernjasmins, dessen schönes Laub und betäubend duftende Blüten bereits in „Weiß" beschrieben wurden. Man könnte diesen als wirkungsvollen Blattstrauch ziehen, indem man sämtliche Vorjahrestriebe auf einen Stumpf zurückschneidet. Weniger drastisch ist ein gründlicher Rückschnitt, bei dem nach der Blüte im Mai alle abgeblühten Zweige herausgenommen werden.

Sehr am Herzen liegt mir meine gelb gefleckte Goldorange *Aucuba japonica* 'Crotonifolia', deren undisziplinierte Art der Panaschierung in weiten Kreisen auf Ablehnung stößt. Ich muss allerdings gestehen, dass sie im Frühsommer eine schlechte Phase durchmacht – relativ viele ihrer Blätter erleiden dann braune Verbrennungen. Dies war seltener der Fall, bevor der Schatten spendende Maulbeerbaum dem Orkan vom Oktober 1987 zum Opfer fiel. Im Großen und Ganzen ist mein Strauch jedoch gesund, und ich bin gern bereit, die schlimmsten Blätter von Hand abzusammeln. Er ist immergrün, und das Problem hält nicht lange vor. Nicht weit von ihm steht eine Amerikanische Rotesche *Fraxinus pennsylvanica* mit dem Namen 'Aucubifolia'! Ich liebe sie, doch es scheint, kein einziger meiner Freunde mag diese Freude mit mir teilen. Eines Tages finde ich bestimmt jemanden! Der Baum ist im Frühjahr so schön, dass Fergus sagt, er will ihn gar nicht ansehen, um nicht seine Meinung zu ändern. Der erste Baum dieser Art, den ich sah und der mich inspirierte, stand in Holland Park, West London. Ich hoffe sehr, dass er noch existiert.

▲ In dieser Frühlingsszene mit Goldlack, lilienblütigen Tulpen 'Queen of Sheba' und Aronstab Arum creticum (rechts) sind Gelb und Orange spannend kombiniert. Die leuchtend gelbe Blüte des Aronstabs, deren Hochblatt sich zur Spitze zwirbelt, hält meist nur wenige Tage – aber was für Tage!

▶ Anfang August bietet der Exotische Garten dieses Bild üppigster Wonne. Saatwucherblumen (Chrysanthemum segetum) in beißendem Gelb heben die Stimmung. Den Kontrast bildet Verbena bonariensis in Mauve, die sich ebenfalls selbst aussät. Blumenrohr (Canna), Dahlien und eine junge japanische Bananenstaude im Hintergrund.

Manchmal ist leuchtendes Gelb selbst für mich zu viel des Guten. Ich denke dabei an die Robiniensorte *Robinia pseudoacacia* 'Frisia'. Sie ist momentan eine Modepflanze, in manchen Wohngegenden findet sich dieser Baum in jedem zweiten Vorgarten. Weit davon entfernt, im Laufe des Jahres an Leuchtkraft einzubüßen, wird er im Herbst noch aufdringlicher. Wir wollen jedoch fair bleiben (wie langweilig). Das gefiederte Laub ist sehr hübsch. Zum Teil rührt unsere Ablehnung von der ewigen Einfallslosigkeit, mit der der Baum grundsätzlich mit Rotbuche oder rotem Spitzahorn kombiniert wird; zum Teil ganz einfach daher, dass uns die Wiederholung langweilt, was nicht Schuld des Baumes ist. Die Kombination, die mir bisher am besten gefiel, war eine einzelne Robinie zwischen vielen graulaubigen, Licht reflektierenden Silberweiden *(Salix alba)*.

Manchmal ist lediglich ein klein wenig klares Gelb nötig, um eine Wirkung zu erzielen. Im Frühlingsbeet kombiniere ich gern einmal den Goldlack 'Cloth of Gold' in umwerfendem Goldgelb mit tiefviolettem 'Ruby Gem', wobei nur eine gelbe Pflanze auf drei violette nötig ist (das Gleiche gilt übrigens für Weiß im Blumenbeet).

Fergus und ich halten beide große Stücke auf die einjährige Saatwucherblume *Chrysanthemum segetum* (60 cm) oder, wie sie neuerdings so grässlich bezeichnet wird, *Xanthophthalum segetum*. Sie trägt einfache Margeritenblüten mit Zungen- und Scheibenblüten in unglaublich strahlendem Gelb. Wir lassen zu, dass sie sich in unserem recht kultivierten Exotischen Garten selbst aussät; dort gedeihen vielerlei ungewöhnliche Blattpflanzen, wie Bananen und Palmen, aber auch Blumenrohr und Dahlien. Die Saatwucherblume bringt häufig das einzige Gelb ein. Ihr Laub ist graugrün, die Blüten zahlreich, aber weit gestreut, wie Stern-Konstellationen. Die Pflanze ist von unbezwingbar sonnigem Gemüt; sie bringt jeden zum Lächeln.

Die gelben Korbblüter, die im Sommer gleich kleineren, langstieligeren und etwas weniger prachtvollen Versionen des Gemeinen Löwenzahns *(Taraxacum)* unsere heimischen Wildwiesen schmücken, sind ein wichtiges Element im Gesamtkunstwerk. Hierzu zählen Habichtskraut *(Hieracium)*, Pippau *(Crepis)*, Löwenzahn *(Leontodon)* und Bocksbart *(Tragopogon)*. Sie sind nur schwer zu unterscheiden und bereiten den Taxonomen Kopfschmerzen, sind jedoch alle von charakteristischem Wuchs und Färbung, anhand derer man sie auf der Wiese unterscheiden kann. Ihre Vielzahl ist erstaunlich. Als ich damit aufhörte, eine ausgedehnte Rasenfläche in meinem Garten zu mähen und mit Unkrautvernichter zu behandeln, hielten diese gelben Gesellen geschwind Einzug; sie heitern die Szene von Mitte Mai bis in den Spätsommer auf. Sie sind auch eigensinnig; bis spät in den Morgen bleiben sie geschlossen, um sich nur bei Sonnenschein weit zu öffnen und sich am frühen Nachmittag bereits wieder zu

▲ *Seit ich beschloss, den Rasen in unserem Formgehölz-Garten zur ungemähten Sommerwiese aufschießen zu lassen, hat sie sich mit selbst ernannten Wildblumen gefüllt, allen voran Butterblumen und Pippau, beide gelb und am späten Vormittag am fidelsten. Im Hintergrund steht die von Lutyens entworfene Bank, unsere „Familienbank": Mein Vater fotografierte darauf gerne die versammelte Verwandtschaft.*

◀◀ *Längst nicht alle Fackellilien blühen in grellem Orange. Die relativ späte Kniphofia 'Torchbearer' (150 cm) blüht gelb mit reichlich grünen Untertönen. Ihre Blüte konzentriert sich auf einen recht kurzen Zeitraum, lohnt aber das Warten.*

schließen. Ihre Gesichter wenden sie der Sonne zu, die man daher immer im Rücken haben sollte, wenn man diese gelben Blumen betrachtet. Wer wollte sich ihrer Wirkung verschließen? Dazu ein paar weiße Margeriten, roter und weißer Klee und natürlich viele gelbe Butterblumen – mehr braucht man nicht. Als Kind habe ich nur zu gern die Füße durch eine Wiese voller Butterblumen geschleift, bis meine Schuhe gelb vom Pollen waren.

Blau und Gelb ergeben immer einen schönen Kontrast. Im August schlüpfen auf unseren Wiesen Bläulinge, mal mehr, mal weniger; sie fliegen gern die gelben Blüten des Herbstlöwenzahns (*Leontodon autumnalis*) an. Gelbe Korbblüter übernehmen mit dem Fortschreiten des Sommers, während das Licht immer wärmer und herbstlicher wird, eine wachsende Rolle in meinen Rabatten. Sonnenblumen, Sonnenhut und Kreuzkraut sind dabei am auffälligsten. Einer meiner großen Favoriten ist eine Staudensonnenblume, *Helianthus* 'Monarch' (200–240 cm). Teilt man ihre Wurzelstöcke im Frühjahr regelmäßig und setzt sie in verbesserten Boden, so lohnt sie diese Pflege reichlich. Beginnt ihr Blütenstand sich zu verzweigen, entferne ich von manchen Stielen (aber wirklich nur einigen) die Seitentriebe, damit sich alle Energie auf die endständige Knospe konzentriert. Diese Blüten werden riesengroß, über 15 cm im Durchmesser, und die gelben Zungenblüten umrahmen die schwarze Mitte in mehrfacher Reihe. Mit einem blauen Himmel dahinter ist dann das Bild perfekt.

Mahonia x *media* 'Lionel Fortescue' (240 cm) ist eine ganz andere Pflanze, die genauso herrlich wirken kann. Sie ist ein

▲ Einen herrlichen Wieseneffekt erzeugen im Juli einzelne Horste des Riesenalants Inula magnifica (180 cm). Das Gras zu ihren Füßen wird kurz davor gemäht, steht jedoch im Frühjahr voller Dichternarzissen. Mulch verhilft dem Alant zu einer stärkenden Winterruhe.

▼ Schon eine kleine Brise lässt die fadenförmigen Zungenblüten des Alants zittern; der Blütendurchmesser beträgt 15 cm.

immergrüner Strauch mit gefiederten Blättern und steif aufrechtem Habitus, der im November blüht. Aus der Mitte jeder Blattrosette explodiert ein aufrechter Strauß steifer, lediglich fingerdicker gelber Blütentrauben. Bei günstiger Witterung werden diese eifrig von Honigbienen besucht, die spät im Jahr noch unterwegs sind; der Anblick sollte möglichst vor blauem Himmel genossen werden, was erstaunlich häufig möglich ist.

Nicht jedes Gelb wirkt belebend. Etliche Johanniskrautgewächse (*Hypericum*) sind von eher schwerem, glanzlosem Ton. Ich denke da besonders an das weit verbreitete, lange blühende und vollkommen pflegeleichte strauchige *Hypericum* 'Hidcote' (120 cm). Man kann und sollte es jeden Winter stark zurückschneiden. Oft sehe ich es in Vorgärten neben rosa Hortensien. Das sieht nach nichts aus. Manchmal besteht seine Gesellschaft in einer roten Rose. Auch das nicht besser. 'Rowallane' (150 cm), ein anderes, allerdings weniger winterhartes strauchiges Johanniskraut mit tieferen Blütenbechern und glänzendem Blütenblatt, ist unter der Rose weitaus hübscher; dazu dann eine rosa *Anemone hupehensis* 'Bowles Pink'. Am allerschönsten wird das Johanniskraut in Irland, woher es auch stammt.

Zum Schluss möchte ich einige jener gelben Blumen vorstellen, die mir persönlich am meisten Freude machen. Dazu zählt der chromgelbe Goldkrokus *Sternbergia lutea*, dessen Wachstumsphase mit der Blüte im Herbst beginnt. Er möchte reichlich Sonne abbekommen, doch selbst in England, auf kreidehaltigem Boden in Kent, habe ich ihn in geschlossenen Flächen bewundert.

▲ *In diesem Versuchsbeet tolerieren wir auch einige Sämlinge, vor allem die herrliche zweijährige Königskerze* Verbascum olympicum *mit ihren verzweigten, im Hochsommer lange gelb blühenden Kandelabern. Im Vordergrund eine Zierdistel, die Bachkratzdistel* Cirsium rivulare 'Atropurpureum' *mit Blüten in sattem Violettrot.*

▶▲ *The Old Vicarage in East Ruston, Norfolk, vereint den südafrikanischen Korbblüter* Berkheya macrocephala, *vorn, mit* Kniphofia 'Gladness' *und den Blütenkerzen einer namenlosen Natternkopf-Spezies (*Echium*) im Hintergrund zu einer höchst ungewöhnlichen Gesellschaft.*

▶ *Der rosige Blütenschleier von* Heuchera 'Raspberry Regal' *erhält durch die hellgelben Margeritenblüten der Färberkamille* Anthemis tinctoria 'E.C. Buxton' *Definition; wir vermehren die Kamille im Winter aus Basalstecklingen. Ihre Blüte beginnt in den letzten Junitagen und dauert bis in den Oktober, sofern man Verblühtes zu einem Knospenpaar zurückschneidet.*

Ich erwähnte bereits die früh blühende *Fosteriana*-Tulpe 'Yellow Purissima' in der Kombination mit Gänsekresse *Arabis* 'Snowcap'. Sie trägt große, schön geformte Blüten über blau schimmernden Blättern von entsprechender Größe. Die weiche und doch helle Blütenfarbe enthält eine Spur von Grün. Sie wirkt beinahe zu zerbrechlich für die Jahreszeit, doch gutes Wetter sorgt für unvergessliche Erinnerungen, und drohende Gefahr intensiviert unseren Genuss.

Spartium junceum (200 cm), der Spanische oder Binsenginster, strahlt unglaublich hell, aber ohne die raue Herzhaftigkeit, die wir häufig mit Ginster assoziieren. Seine Farbe ist frischer, die Blüten größer. Der Habitus dieses Strauches ist unbeholfen: Die eigentlich aufrechten hohlen, binsenartigen Triebe werden häufig gleich zu mehreren vom Wind umgelegt. Wo es der Platz und eine entsprechend zwanglose Umgebung erlauben, ist dies bezaubernd. Wo nicht, schneidet man den Busch im zeitigen Frühjahr stark zurück, woraufhin er neue, blühende Ruten austreibt, die uns mit ihrem süßen Duft in seine Heimat am Mittelmeer entrücken. In Meeresnähe gedeiht er hervorragend.

Fröhliches GELB

Es gibt eine gewaltige Anzahl von Königskerzen-Arten und -Hybriden, am edelsten jedoch ist meiner und Fergus' Ansicht nach das zweijährige *Verbascum olympicum* (200 cm). Im zweiten Jahr treibt die Pflanze einen kräftigen aufrechten Stängel mit einem gleichmäßig verzweigten Blütenkandelaber von klarem Gelb. Hervorragend vor dunklem Hintergrund. Setzen Sie diese Königskerze in Gruppen oder als Solo-Ereignis ein, ob im hinteren, mittleren oder vorderen Bereich der Rabatte.

Hunnemannia fumariifolia (30 cm) ist eine einjährige oder kurzlebige Staude, die mit dem Goldmohn *(Eschscholtzia)* verwandt ist. Einer ihrer Reize ist das graugrüne, tief eingeschnittene Laub. Darüber schweben becherförmige Mohnblüten in einem kräftigen, aber nicht unfreundlichen Gelb. Leider lässt sie sich in unserem Klima nur schwer ziehen, doch es ist zu schaffen. Sie wird nicht gern gestört, doch ist sie erst einmal gut angegangen, so sorgt sie im Spätsommer und Herbst für ein herrliches Schauspiel, wozu violette *Verbena rigida* oder ein Saum aus blauem Leinblättrigem Gauchheil *(Anagallis linifolia)* gut passen.

Die Seerose *Nymphaea* 'Texas Dawn' mag im Vergleich zu ihren tropischen Verwandten nichts Besonderes sein, in unserem Klima aber ist sie es ganz gewiss. Ihre großen hellgelben Blüten mit recht spitzen Blütenblättern, die jeweils drei Tage halten, reckt sie etliche Zentimeter über die Wasseroberfläche. Sie ist offenbar vollkommen winterhart und der farbliche „Star" unter den bei uns üblichen Seerosen.

Leider in unserem Klima frostempfindlich ist die Gewürzrinde, die meist als *Cassia corymbosa* bezeichnet wird, korrekt aber *Senna corymbosa* heißt. Es ist eine anlehnungsbedürftige Leguminose, die sich, wo sie den Winter überlebt, gern vor einer warmen Wand bis auf 350 cm Höhe in Nachbarsträucher lehnt; ihre Büschel offener Schmetterlingsblüten sind von unvorstellbar sattem Buttergelb. Glänzende, dunkelgrüne Fiederblätter sind ihr größter Vorzug. Sie lässt sich als frostempfindliche Beetpflanze ziehen.

Schreiben Sie Gelb nicht als unter Ihrer Würde ab: Es wirkt so herrlich belebend. In Verbindung mit klarem Pink, dem Thema des folgenden Kapitels, kann uns Gelb aus alten Gewohnheiten aufrütteln, die nur allzu berechenbar geworden sind.

Arum creticum
Aronstab
Höhe: 30 cm
Breite: 30 cm
Fast winterhart (Winterlaub kann verfrieren), Halbschatten
In reichem feuchtem Boden wächst dieser Aronstab vom Herbst bis zum Frühjahr, blüht zur Frühjahrsmitte und zieht zum Sommer ein. Mit Begonien oder niedriger Kapuzinerkresse umpflanzen. Die Wurzelknollen produzieren Ableger; Umpflanzen und Vermehrung nach der Blüte. Herrlich intensiv gelbe Färbung bei den verbreitetsten Kulturformen.

Caltha palustris 'Flore Pleno'
Gefüllte Sumpfdotterblume
Höhe: 30 cm
Breite: 45 cm
Winterhart, Sonne / Halbschatten
Die goldgelben Blütenbecher füllen graue Frühlingstage mit Sonnenschein. Die einfache Blüte ist schlicht, die gefüllte 'Flore Pleno' scheint von intensiverem Gelb. Gut für sumpfigen Boden am Teichrand, zwischen saftigem Grün und spiegelndem Wasser. ▶

Centaurea glastifolia
Flockenblume
Höhe: 80 cm
Breite: 80 cm
Winterhart, Sonne
Sommerblühende Staude für die sonnige Rabatte und alle Böden, sanft in der Farbe und anmutig von Gestalt. Die häufiger anzutreffende C. macrocephala ist ähnlich, mit größeren Blüten auf weniger verzweigten Pflanzen, insgesamt steifer und derber, aber hübsch.

Chrysanthemum (syn. Xanthophthalmum) segetum
Saatwucherblume
Höhe: 60 cm
Breite: 30 cm
Frostverträglich, Sonne
Einjährige mit Margeritenblüten in frischem Gelb. Schön zu blauen Kornblumen, ebenso zu Exoten in glühenden Farben. Häufiger Bestandteil von Wildblumenmischungen, fordert jedoch bearbeiteten Boden. Wo sie sich wohl fühlt, sät sie sich aus.

Corylopsis glabrescens
Duftende Scheinhasel
Höhe: 4 m
Breite: 4 m
Winterhart, leichter Schatten
Dieser Strauch blüht im Frühjahr vor dem Blattaustrieb. Kann als Solitär stehen oder mit markanten Begleitern, wie rot blühendem Rhododendron thomsonii, der ebenfalls sauren Boden benötigt.

Crocus × luteus 'Dutch Yellow'
Gartenkrokus
Höhe: 10 cm
Breite: 5 cm
Winterhart, Sonne / Halbschatten
Dieser relativ große Krokus mit goldgelben Blütenkelchen zählt zu den frühesten Sorten. Breitet sich gut aus; setzt schöne Farbtupfer an unerwartete Stellen und zwischen noch ruhende Pflanzen. Sät sich nicht aus.

Eranthis hyemalis
Winterling
Höhe: 8 cm
Breite: 5 cm
Winterhart, leichter Schatten
Seine goldenen Blütenbecher auf grüner Halskrause schieben sich oft bereits mitten im Winter aus dem Boden. Gut unter Bäumen und Sträuchern, sofern der Boden nicht zu trocken ist, oder zwischen Funkien, wo er sich gerne ausbreitet.

Erysimum cheiri 'Cloth of Gold'
Goldlack
Höhe: 40 cm
Breite: 30 cm
Winterhart, Sonne
Staude, besser jedoch als Zweijährige gezogen. Die großen duftenden Blüten stehen in auffälligem Kontrast zu der tiefvioletten Sorte 'Ruby Gem'; üblicher ist die Kombination mit starkem (Orange-)Rot.

Helianthus 'Monarch'
Sonnenblume
Höhe: 240 cm
Breite: 120 cm
Winterhart, Sonne
Eine hohe Staudensonnenblume mit gelben Zungenblüten und schwarzer Mitte, hoch genug für den Rabattenhintergrund.
H. 'Lemon Queen' ist eine etwas niedrigere wuchernde Staude (180 cm) mit kleineren, aber sehr zahlreichen hellgelben Blüten (bis 12 cm). Gut hinter rosa Herbstanemonen oder dem rosa blühenden Kerzenknöterich Persicaria amplexicaulis 'Rosea'.

Hunnemannia fumariifolia
Hunnemannia
Höhe: 30 cm
Breite: 25 cm
Winterhart, Sonne
Trägt becherförmige, gelbe Blüten über fein zisellertem graugrünem Laub. Benötigt eine warme, geschützte Lage und Winterschutz, um zu überleben und gut zu gedeihen. Setzen Sie violette Verbena rigida oder strahlend blauen Leinblättrigen Gauchheil (Anagallis linifolia) dazu.

Lysichiton americanus
Gelbe Scheinkalla
Höhe: 50 cm zur Blütezeit, später höher
Breite: 50 cm zur Blütezeit, später 300 cm
Winterhart, Sonne / Schatten
Dieses Aronstabgewächs blüht im zeitigen Frühjahr auf feuchten, sumpfigen Böden. Breitet sich über Samen mit der Zeit herrlich aus. Wasser verbreitet den Samen. Blüht vor dem Austrieb; Blätter groß und üppig.
◀

Fröhliches GELB

◀ **Mahonia x media**
Mahonie
Höhe: 300 cm
Breite: 180 cm
Winterhart, Halbschatten
Fiederblättriger immergrüner Strauch mit langen gelben Blütenähren im Winter; bei Bienen beliebt. Schön daran eine kräftige Clematis wie *C. x triternata* 'Rubromarginata'. Kräftiger Rückschnitt im Frühjahr sorgt für dichten Wuchs. Pflanzen Sie so, dass die Blüten sich vor blauem Himmel abheben.

Narcissus bulbocodium var. citrinus
Reifrocknarzisse
Höhe: 10 cm
Winterhart, Sonne / leichter Schatten
Früh blühend, mit hellgelben trichterförmigen Blüten; gedeiht am besten in nährstoffarmem Gras, wo sie sich aussät. Im Beet verdecken Nachbarn wie 'February Gold' und 'March Sunshine' bald das absterbende Laub.

Oenothera glaziouana
Nachtkerze
Höhe: 200 cm
Breite: 80 cm
Winterhart, Sonne
Höchste nicht einjährige Nachtkerze, mit den größten Blüten. Alle Böden. Offene Lage. Zweijährig, blüht im zweiten Jahr den ganzen Sommer. Versamt sich reich und besiedelt häufig Sanddünen und Brachen. Die Blüten öffnen sich in der Dämmerung, halten häufig bis zum späten Vormittag, besonders bei bedecktem Himmel. Gute Leitmotivpflanze, nimmt aber leicht überhand.
▼

◀ **Rudbeckia hirta 'Indian Summer'**
Rauer Sonnenhut
Höhe: 120 cm
Breite: 30 cm
Frostverträglich, Sonne
Eine Hybride mit kräftig gelben Zungenblüten und schwarzer hutförmiger Mitte; jährlich neu aus Samen ziehen. Im Frühherbst schön zwischen *Verbena* 'La France' und weißen Herbstanemonen. *R. fulgida* var. *sullivantii* 'Goldsturm' ist die prächtigste niedrige, buschige Staudenrudbeckie (45 cm).

Sinacalia tangutica
Höhe: 200 cm
Breite: unbegrenzt
Vitales Asterngewächs für nahrhaften feuchten Boden. Überwintert als fleischiges Rhizom, das sich ausbreitet. Im Spätsommer zarte Blütenrispen über schön geschlitztem Laub. Gut dazu Eisenhut-Sorten wie *Aconitum carmichaelii* 'Kelmscott' und weiße Rispenhortensie *Hydrangea paniculata* 'Tardiva'. Im Herbst attraktive, flauschige Samenstände.
▼

Spartium junceum
Spanischer/Binsenginster
Höhe: 2 m
Breite: 2 m
Winterhart, Sonne
Steif aufrechter Strauch mit hohlen, binsenartigen Stielen und im Sommer relativ großen, leuchtend gelben, duftenden Blüten. Passt gut zu Rosa, beispielsweise der Buschmalve *Lavatera* 'Bredon Springs'.

Sternbergia lutea
Goldkrokus
Höhe: 15 cm
Breite: 8 cm
Winterhart, Sonne
Der leuchtend gelbe, an einen Krokus erinnernde Blütenkelch erscheint über riemenförmigem, dunkelgrün glänzendem Laub oft erst spät im Herbst. Benötigt gut durchlässigen Boden, eine warme Lage und reichlich Sonne.

Tulipa 'Yellow Purissima'
Höhe: 35 cm
Breite: 15 cm
Winterhart, Sonne
Eine gelb mit einer Andeutung von Grün blühende Fosteriana-Tulpe mit breiten leicht bläulichen Blättern.

Verbascum olympicum
Königskerze
Höhe: 200 cm
Breite: 120 cm
Winterhart, Sonne
Eine hohe gelbe Zweijährige, im Sommer mit verzweigtem, kandelaberartigem Blütenstand. Sorgt als Gruppe oder als Akzent in der Rabatte für Höhe und Abwechslung. Sät sich aus, häufig äußerst wohlplatziert; ebenso die kürzere Österreichische Königskerze *V. chaixii*, meist gelb mit violetten Staubgefäßen.

Die ganze Wahrheit ROSA

Rosa ist eine sehr feminine Farbe: Blau für Jungs, Rosa für Mädchen. Jeder von uns trägt aber auch eine feminine Komponente in sich, und fast alle empfinden wir eine rosa Blume, wenn es denn das „richtige" Rosa ist, als harmonisch und beschwichtigend.

◀ *Vieles spricht für rosafarbene, einfach blühende Herbstanemonen, hier Anemone hupehensis 'Hadspen Abundance' (180 cm). Meist trägt die Blüte sechs Blütenblätter (hier sind es fünf), zweimal drei, wobei interessanterweise der äußere Kranz häufig von dunklerer Farbe ist. Die Blütenblätter sind breit; bei gefüllten Sorten wird diese Größe jedoch einer höheren Zahl schmaler Petalen geopfert – schlichte Schönheit gegen Unruhe. Der Rosaton tendiert zu Mauve; die Mitte schmücken kontrastierende gelbe Staubgefäße und ein grünes Blütenköpfchen. Ich finde, das passt sehr nett zusammen, oder nicht? Wenn Sie meiner Meinung sind, probieren Sie es einmal mit rosa Anemonen und gelben Sonnenblumen, Helianthus 'Lemon Queen'.*

Rosa kann ganz schön schwierig sein – das ist jedenfalls meine Feststellung. Es tendiert in eine von zwei Richtungen: Entweder nach Rot, das heißt, das Ergebnis ist Lachs – mit lachsfarbenen Blumen habe ich so mein Problem; oder nach Blau, und dann ist unser Problem häufig ein ziemlich aggressiver Farbton. Damit will ich nicht sagen, dass dieser sich nicht einfügen lässt, doch das verlangt Geschick.

Denken Sie einmal an die anfänglich ungemein populäre Rose 'Queen Elizabeth'. Auch ich hatte einen Strauch, einen, und vom Küchenfenster aus war dieser in 50 Meter Entfernung vor einer dunklen geschnittenen Eibe bemerkenswert, wenn auch etwas theatralisch. Wie überdrüssig aber wurde man dieser Rose in jedermanns Vorgarten! Sie will sich praktisch überhaupt nicht in eine Pflanzung einfügen, ihr Wuchs ist steif aufrecht und ganz und gar unelegant, die Blüten viel zu gedrängt.

Weitaus jünger ist die 'McCartney'-Rose, häufig fälschlich als 'Paul McCartney' bezeichnet, doch tatsächlich nach ihm und seiner verstorbenen Frau Linda benannt. Dies ist eher eine Teehybride als eine Floribunda, mit dicht gefüllten, schön geformten Blüten, wenn auch ebenfalls in recht lautem Pink. Sie duftet jedoch herrlich, und obgleich ich den Strauch so nah am Pfad gepflanzt habe, dass ich meine Nase problemlos in eine Blüte stecken kann, habe ich es bewerkstelligt, diesen großen, steifen, athletischen Strauch so weit in seine ebenfalls hoch aufragende Nachbarschaft zu integrieren, dass er nicht eklatant aus dem Rahmen fällt. Wie so viele Pflanzen, bei denen sich das Haupt-

▲ Blüten, die nur einen einzigen Morgen überdauern, sind von charakteristischer, hauchzarter Textur; hier ist es die strauchige, aromatische Zistrose *Cistus* x *purpureus*, die den frühsommerlichen Garten mit großer Frische erfüllt. Der Farbton ist ein lautes blaustichiges Pink, dazu eine gelbe Blütenmitte, doch das grüne Laub ist der Situation problemlos gewachsen.

▼ Rosa Staudenphlox, großblumiger Bartfaden und weißer Schnittknoblauch (*Allium tuberosum*), der gerade zu blühen beginnt. Betrachten Sie zum Vergleich das Bild rechts.

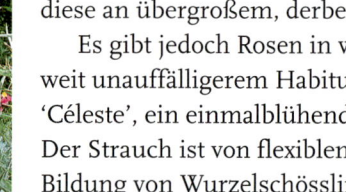

▶ Dreizehn Augusttage und drei Jahre später: Der Schnittknoblauch ist fast voll erblüht; er schiebt sich durch die Rose 'The Fairy'. Statt Bartfaden steht hier nun eine stattliche Königskerze *Verbascum olympicum*, ein beabsichtigter Kontrast zu dem rosa Phlox, ebenso wie die orange Fackellilie dahinter. Vermittelnde Faktoren bringen Ruhe: Vorn das graue, salbeiartige Laub des Brandkrauts *Phlomis fruticosa*, in der Mitte die grünen Säulen der Weidenblättrigen Sonnenblume (*Helianthus salicifolius*), weiter hinten rosig violetter Wasserdost und alles umschließend eine dunkle Eibenhecke im Hintergrund.

augenmerk der Züchter auf die Blütengröße richtet, leidet auch diese an übergroßem, derbem Laub und sehr starken Ruten.

Es gibt jedoch Rosen in weichem, klarem Rosaton und mit weit unauffälligerem Habitus. Unter den alten Sorten findet sich 'Céleste', ein einmalblühender Abkömmling von *Rosa* x *alba*. Der Strauch ist von flexiblem Wuchs und neigt geringfügig zur Bildung von Wurzelschösslingen (er sollte natürlich wurzelecht sein, nicht veredelt); mit diesen kann man Freunde beglücken. Die locker gefüllten Blüten sind von hübscher Form.

Die moderne Polyantha-Rose 'The Fairy' hat vieles, was für sie und, soweit ich weiß, nichts, was gegen sie spricht. Sie ist problemlos wurzelecht zu ziehen, was ich daher empfehlen möchte. Ihr adrettes Laub leuchtet grün und ihre schön gefüllten Blüten beginnen sich Anfang Juli büschelweise zu öffnen. Die Farbe ist ein klares Rosa und die Pflanze lässt sich wunderbar in den vorderen Bereich einer gemischten Rabatte einbinden. Neben meiner wächst Schnittknoblauch (*Allium tuberosum*, 45 cm), der im Spätsommer bleiche Blütenschirme trägt und sich aussät. In Norfolk habe ich diese Rose in einem Gartenbeet mit mauvefarbenen Hornveilchen (*Viola cornuta*) bewundert, die wie viele Stiefmütterchen und Veilchen zum Ranken neigen.

'Ballerina', eine äußerst wüchsige Polyantha-Rose, trägt große Rispen einfacher Blüten in einem nicht überragenden, doch recht ordentlichen Pink. Auf einer starkwüchsigen Unterlage kann sie recht lästig werden. Ich empfehle daher auch hier wurzelechte Pflanzen; die Größe des Strauches lässt sich dann durch Rückschnitt bestimmen.

Nun zu einigen anderen rosa Blumen in klarem, unverfälschtem Farbton. Nelken (*Dianthus*) sind extrem variabel, manche tendieren zu Mauve, andere zu Lachs, wie die ewig populäre 'Doris'. Diese Pflanze verholzt rasch und sollte häufig durch Jungpflanzen ersetzt werden; ihre Besitzer möchten sich selbst von der alten Pflanze nicht trennen. Dasselbe gilt für viele andere Nelken. Eine alte, einmal blühende Sorte ist 'Inchmery' in einem reizenden unverfälschten Rosa, sie duftet wunderbar. Ihre Blütenfarbe steht außerdem in idealem Kontrast zu dem hell graugrünen Laub.

Präriemalven (*Sidalcea*) sind ausdauernde Sommerstauden, deren weit geöffnete Trichterblüten an hohen Ähren ihre Familienzugehörigkeit verraten; ihr Rosa ist recht häufig von schwierigem Ton, hell und grell mit einer gehörigen Portion Blau. Manche jedoch sind sanft und rein gefärbt, ganz besonders möchte ich 'Elsie Heugh' (75 cm) empfehlen. Von ebenso guter Farbe ist 'Sussex Beauty' (120 cm); diese jedoch benötigt eine feste Stütze. Beide passen gut zu Alten Rosen, die im Juni/Juli ihren Höhepunkt haben, und zu rosa Blütenschleiern, auf die ich noch zu sprechen komme.

Malvenrosa ist eine leuchtende Farbe mit hohem Blauanteil und daher recht kompromisslos. Die über viele Jahre beliebteste

▲ Ein zartes, reines Rosé, von Mauve unberührt, ist nicht allzu häufig und entsprechend hoch geschätzt; hier die gerüschten Blüten der ausdauernden Präriemalve Sidalcea 'Elsie Heugh'.

▼ Bei der Veredlung radialer Blüten sind meist breite, überlappende Blütenblätter das Ziel. Bei der Buschmalve Lavatera cachemiriana ist es jedoch gerade die Lückenhaftigkeit der gezinkten Blütenblätter, die ihren zurückhaltenden Charme ausmacht.

Buschmalve (Lavatera) war die raschwüchsige, sommer- bis herbstblühende L. 'Rosea' (200 cm) in leuchtendem Malvenrosa. Ein beachtliches Exemplar – sie wachsen ausgesprochen schnell – bietet im Juli hinter so manchem Vorgartenzaun einen herrlichen Anblick. Sobald jedoch die Spielart 'Barnsley' in seidenweichem Hellrosa mit dunklerem Auge auf den Plan trat, verdrängte sie die alte Sorte auf der Beliebtheitsskala. 'Blushing Bride' ist sogar noch heller. Beide tendieren dazu, zu 'Rosea' zurückzuschlagen.

Die meisten Löwenzahn-Verwandten blühen gelb, eine Ausnahme jedoch ist der Pippau Crepis incana (30 cm). Vor der Blüte veranlassen seine gesägten gräulichen Blätter den Betrachter zu der Bemerkung, im eigenen Garten würde man ihn als Unkraut entfernen. Doch kaum krönt ihn Ende Juni ein weiches, loses Kissen gefüllter rosa Blüten, sind auf einmal ganz andere Töne zu hören. Auch hier bildet das Grau der Blätter einen vorteilhaften Hintergrund.

Der Bartfaden Penstemon 'Evelyn' (60 cm) ist eine recht winterharte Staude für den vorderen Rabattenbereich, die mehrere Jahre ausdauert; allerdings ist ein gründlicher Rückschnitt im Frühjahr förderlich. Das Laub ist schmal lanzettlich; die Blütenstiele tragen schlanke, elegante Lippenblüten in einem recht klaren Rosa mit ganz leisem malvenfarbenem Unterton.

Großblumige frühe Hyazinthen, wie sie auch vorgetrieben angeboten werden, gibt es in unterschiedlichen Rosatönen, was nicht immer aus den Katalogbeschreibungen hervorgeht. 'Jan Bos' wird meist als „rot" dargestellt, obgleich sie eigentlich in einem besonders harschen, bläulichen Dunkelpink blüht. Die alte 'Lady Derby' ist sanft und rein; meine Wahl jedoch, für das Haus wie für den Garten, fällt im Allgemeinen auf 'Anna Marie'. Setzen Sie sie einmal als verblüffenden Kontrast unter das junge bronzene Laub eines Spierstrauchs Spiraea japonica 'Goldflame', den Sie im Juli gleich nach der Blüte zurückgeschnitten haben.

Bei der Wahl von Tulpen fühle ich mich zumeist zu Blüten in Orange, Rot oder Gelb hingezogen; 'China Pink' ist die eine rosa Sorte, die ich ebenfalls immer wieder wähle. Sie ist ein echter Hit, auch wenn ich das nur schwer erklären kann. Zur Mitte der Tulpenzeit öffnen sich ihre Lilienblüten in einem intensiven, ins Bläuliche gehende Pink. Entzückend über einem Teppich rosafarbener Tausendschönchen (Bellis) sowie in vielen anderen Kombinationen, nur nicht zu smaragdgrünem Rasen. Diese beiden passen absolut nicht zusammen.

Ich ziehe nur wenige rosa Dahlien; die rosa Blüten von 'Pearl of Heemstede' (120 cm) sind von sanftem Gemüt und ergänzen schön die violetten Blüten des Enzianstrauchs Solanum rantonnetii und das rotviolette Laub der Rizinuspflanze Ricinus communis 'Carmencita'.

Rosa Blüten, die mühsam einer von Natur aus gelb, orange oder rot blühenden Spezies abgerungen werden, sind selten

Die ganze Wahrheit ROSA

▲ Die lilienblütige 'China Pink' ist meiner Ansicht nach die schönste Tulpe in dieser Farbe. Hohe Stauden verdecken später den hinteren Bereich dieser tiefen Rabatte, doch im Mai fällt der Blick ungehindert auf die Tulpe, die dort für einen munteren Saisonauftakt sorgt.

▼ Eine hellrosa Hyazinthe von sanfter Farbe und starker Gestalt; davor giftgrüne Walzenwolfsmilch (Euphorbia myrsinites), dahinter Schöterich 'Bowles' Mauve'. Eine Aprilszene in Beth Chattos Garten.

wirklich rosa; eine Spur der „Erbsünde" bleibt sichtbar. Rosa Türkenmohn *(Papaver orientale)* beispielsweise lässt nur ungern sein scharlachrotes Erbe hinter sich. Die adrette, tellerförmige rosa 'Karine' (75 cm) jedoch ist eine Schönheit, und die große, gerüschte, seidenraschelnde 'Juliane' zeigt sich regelrecht kokett.

Taglilien *(Hemerocallis)* blühen von Natur aus gelb, manchmal auch lohfarben. Dieser Pflanze auch nur den Anschein von Rosa abzunötigen, war ein großer züchterischer Triumph, was exakt sechzehn Sortennamen im neuesten *RHS Plant Finder* bezeugen, die mit „Pink" beginnen. Die meisten sind von schmuddeliger, unangenehmer Farbe. Stünde mir jedoch der Sinn nach einer rosa Taglilie, so fiele meine Wahl entweder auf 'Stoke Poges' oder auf 'Fairy Tale Pink', die beide von der Royal Horticultural Society geprüft wurden.

Unter den Strauchveroniken *(Hebe)* finden sich etliche prächtige Blütenfarben – Violett, Lavendel, Karmin, sogar Blutrot. In beinahe reinem Rosa blüht 'Great Orme'; die Blüten verblassen fast zu Weiß, eine zweifarbige Wirkung. Die zahlreichen kleinen Ähren von 'Watson's Pink' (syn. 'Dorothy Peach') hingegen blühen durchgehend rosa in einer großen Woge, wenn der Juni in den Juli übergeht. An meinem Strauch rankt darüber die lavendelblaue *Clematis* 'Prince Charles'; deren Blüten sind nicht allzu groß, präzisieren jedoch die wolkige Hebe.

▲ Klares, von Mauve und Gelb verschontes Rosa ist zwar am schönsten, doch nicht leicht zu finden. Hier zu sehen bei der Strauchveronika Hebe 'Watson's Pink', an der ich die „blaue" Clematis 'Prince Charles' ziehe. Die zweite Blüte der Strauchveronika im Herbst fällt manchmal etwas mager aus.

◄◄ In meinem Exotischen Garten blühen die meisten Dahlien gelb, orange oder rot, doch bei den schönen Blüten dieser Seerosendahlie, 'Pearl of Heemstede' in klarem, unverfälschtem Rosa, mache ich eine Ausnahme. Gut dazu passen Verbena bonariensis in dunklem Mauve und violetter Enzianstrauch Solanum rantonnetii.

▶ Ein Foto wild wachsender Hakenlilien inmitten von Wasserfluten brachte mich auf diese Idee: Ich nahm große Horste von Crinum x powellii aus den Rabatten, wo mich ihr schlaffes langes Laub schon immer störte, und setzte sie in das seichte Wasser am Rand meines Pferdeteiches (in dem früher die Ackergäule getränkt wurden) – mit beachtlichem Resultat.

Apropos *Clematis* – viele werden als rosa beschrieben, weil sie dieser Farbe näher stehen als irgendeiner anderen, doch sie alle enthalten mehr oder weniger viel Blau. Das trifft auch auf die vielen Kultursorten der rosigen *C. montana* var. *rubens* zu. Die Kamera jedoch ist ein guter Lügner und zeigt sehr häufig diese Waldreben in einem reinen Pink. Der potenzielle Käufer verlässt sich darauf bei seiner Wahl, um sich später beim Händler zu beklagen, wenn die Wahrheit ans Licht kommt.

Irgendwann muss ich auch auf winterharte Seerosen *(Nymphaea)* eingehen, warum also nicht jetzt. Am besten begutachtet man diese persönlich, da die Rosatöne erheblich variieren und ebenso gefallen wie missfallen können. Enttäuscht war ich von 'Marliacea Carnea', mit Blüten in einem kränklichen, undefinierbaren Rosa auf einer wüchsigen Pflanze, die viel Raum beansprucht. 'James Brydon' ist ausgezeichnet – mit weit geöffneter Blüte von intensivem Karminrosa. Als Sorten in klarem, reinem Rosa sind 'Rose Arey' (mit leicht zugespitzten Blütenblättern) und 'Perry's Pink' zu empfehlen, ebenso 'Rose Magnolia', deren Blüten relativ blass, aber hübsch geformt sind und über schönem Laub mit beinahe dunkel bronzefarbener Unterseite stehen. Diese ist dort gut sichtbar, wo das Blatt über die Wasseroberfläche ragt.

Ein Beet oder eine Rabatte in Rosa-Grau könnte sich im Sommer wunderschön machen, wohltuend, allerdings ganz ohne Spannung. Ich plane sie liebend gern für jemand anderen; selbst möchte ich allerdings keine. Das Grau bringen reichlich *Artemisia* 'Powis Castle' und *A. arborescens* ein, dazu die ganzrandigen, breiteren grauen Blätter von Harfenstrauch *Plectranthus argentatus*. Dieser ist frostempfindlich, doch ein paar Sommerblumen müssen schon sein. Auch andere graue Pflanzen kommen leicht in den Sinn. Im Mai bis Juni habe ich eine Schwäche für die schönen rosa Varianten der Großen Bibernelle *Pimpinella major* 'Rosea', eines heimischen, in seinem üblichen Weiß absolut unauffälligen Doldengewächses, das jedoch zu klarem Tiefrosa fähig ist. Es sät sich gut aus, doch die Nachkommenschaft sollte sorgfältig nach Farbe verlesen werden.

Im Juni/Juli produziert das Schleierkraut *Gypsophila paniculata* 'Flamingo' (90 cm) rosa Blütenwolken; ebenso das niedrigere, ebenfalls gefüllte *G.* ‚Rosenschleier' (30 cm). Im Hochsommer schweben die Blüten der Prachtkerze *Gaura lindheimeri* (90 cm) zwei Monate lang wie ein Insektenschwarm über dem Beet. Der Gesamteindruck ist rosig weiß, die Kultursorte 'Siskiyou Pink' allerdings ist von wesentlich intensiverem, entschiedenerem Rosaton. Ganz gewiss sollten auch die oben erwähnten Präriemalven eine Rolle spielen, deren schlank aufrechter Wuchs einen wertvollen Kontrapunkt zu dem vielen Firlefanz bildet. An den Beetrand käme *Verbena* 'Silver Anne' in klarem, eindeutigem Pink, das erst ganz am Schluss verbleicht – eine ausgezeichnete Verbene mit Tendenz zum Ranken.

▲ Eine allseits beliebte Frühlingsstaude ist das Tränende Herz (Dicentra spectabilis, 60 cm). Die anmutig präsentierten Blüten vereinen Rosa und Weiß in Perfektion. Die einfachste Art der Vermehrung ist durch Samen.

▼ Starker Kontrast von Farbe und Form: die leuchtendgelbe lilienblütige Tulpe 'West Point' und die kräftig karminrosa Bergenia 'Ballawley'. Das großformatige, glänzende Bergenienlaub setzt die Blüten hervorragend ab.

Das ist alles sehr nett und von ausgesuchtem Geschmack, benötigt jedoch noch etwas Robusteres als einigendes Element. Mein Vorschlag wäre eine kompakte *Canna* namens 'Erebus' mit ziemlich graugrünem Laub und Blüten in einem gar nicht süßlichen Lachsrosa.

Farbempfindsame Menschen folgen einem anscheinend allgemein anerkannten Grundsatz, dass Pink mit Gelb „verboten" sei. (Auf Seite 38 habe ich Sie bereits mit Pink zu Orange schockiert.) Dabei ignorieren sie vollkommen die Tatsache, dass beide Farben häufig in einer Blüte vorkommen. Das Greiskraut *Senecio elegans* etwa ist ein kleiner einjähriger Korbblüter, an dem ich im südafrikanischen Frühling meine Freude hatte, mit nahezu karminrosa Zungenblüten und gelber Blütenmitte; um das Maß voll zu machen, blühten ringsumher Unmengen von Mittagsgold (*Gazania*) und Bärenohr (*Arctotis*) in Orange und Gelb. Das war in der freien Natur, und den möchte ich sehen, der dagegen etwas einzuwenden hätte. Pflanzte man flächiges Gelb neben flächiges Pink, sähe es natürlich geschmacklos aus. Dafür besteht im Garten aber gar kein Grund, und wir sollten immer und jederzeit gegenüber allem aufgeschlossen sein. (Ich natürlich ausgenommen.)

In Beth Chattos Garten fand ich mich einmal mit einem Binsenginster (*Spartium junceum*) in voller Blüte neben einer leuchtend karminrosa Buschmalve *Lavatera* 'Bredon Springs' konfrontiert. Ringsum ging noch vieles vor sich und die Gegenüberstellung war ganz und gar nicht feindselig, obgleich beides kräftige Farben waren, der Ginster leuchtendgelb, wenn auch weniger aufdringlich als die meisten seiner Artgenossen. „Ich kombiniere ständig Gelb und Rosa", hat Beth mir schon mehr als einmal gesagt.

Eine Kombination in meinem eigenen Garten, die mir gefällt, ergibt sich im Herbst mit einer rosa Herbstanemone – mit recht hohem Mauve-Anteil, wie alle – vor der 180 cm hohen Sonnenblume *Helianthus* 'Lemon Queen'. Diese trägt Unmengen kleiner hellgelber offener Blüten.

Nori Pope begeistert sich in seinem Garten bei Hadspen, Somerset, nicht für die wirkungsvolle Kontrastierung von Farben, sondern für die einzelne Farbe als Leitmotiv. Und was fand sich da in seinem Versuchsbeet? Ein rein rosa blühendes Tränendes Herz (*Dicentra spectabilis*) in einer Mutation, die zur Blüte gelbes Laub mit nur einer Spur von Grün austrieb! Sie wurde auf den Namen 'Goldheart' getauft. (Vergleichen Sie dazu auch sein Buch mit Sandra Pope, *Gärten in Weiß, Gelb, Rot oder Blau*, Callwey, Seite 57). Er kann gar nicht anders, er muss stolz darauf sein. Könnte er jetzt nicht den Schritt wagen und uns zeigen, dass eine rosa-gelbe Rabatte durchaus möglich ist?

▼ *Eine Folgepflanzung für Lupinen, die bei mir nach der Blüte hinausgeworfen werden: Pastellfarbener Strandflieder* (Limonium) *in Rosa, Mauve und Hellgelb. Diesem Blumenteppich schien es an Substanz zu mangeln, und so fügten wir leuchtendrosa Guernseylilien* (Nerine bowdenii) *hinzu, die wir kurz vor der Blüte von Horsten in anderen Beeten abnahmen.*

Anemone hupehensis 'Hadspen Abundance'
Herbstanemone
Höhe: 100 cm
Breite: 40 cm
Winterhart, Sonne / leichter Schatten
Diese Staude trägt im Spätsommer und Herbst tiefrosa Schalenblüten mit grünem Blütenköpfchen und einem Kranz gelber Staubgefäße. Passt ebenso gut zu Honigstrauch *Melianthus major* und der Hechtrose *Rosa glauca* wie die rosa Form von *A.* x *hybrida* (siehe Kapitel „Weiß", S. 122).

Canna 'Erebus'
Höhe: 180 cm
Breite: 50 cm
Frostempfindlich, Sonne
Eine steif aufrechte Pflanze mit großen, graugrünen, paddelförmigen Blättern und lachsrosa Blüten im Sommer. Sieht schön aus vor dem Eschenahorn *Acer negundo* 'Flamingo'.

Cleome hassleriana (syn. *C. spinosa*)
Spinnenpflanze
Höhe: 120 cm
Breite: 80 cm
Frostverträgliche Einjährige, Halbschatten
Skulpturale Einjährige von beinahe strauchigem Wuchs, breit verzweigt, mit schönem, hanfartig gefingertem aromatischem Blatt. Nährstoffreicher feuchter Boden. Vorsicht vor den grünen Stacheln an der Basis des Blattstiels! Blüht ohne Unterlass den ganzen Sommer und Herbst. ▶

Crepis incana
Pippau
Höhe: 30 cm
Breite: 25 cm
Winterhart, Sonne
Löwenzahnblüten in klarem Zartrosa öffnen sich Ende Juni über einer grauen Blattrosette. Die eventuell kurzlebige Staude lässt sich durch Wurzelstecklinge oder Teilung vermehren. Benötigt gut durchlässigen, nahrhaften Boden und offene, sonnige Lage.

Dianthus 'Inchmery'
Nelke
Höhe: 25 cm
Breite: 25 cm
Winterhart, Sonne
Polsterstaude mit flachen, halb gefüllten Blüten in Perlmuttrosa und grauem Laub. Gut für den vorderen Beetrand. Die zu den alten „Old-fashioned Pinks" gezählte Sorte duftet süß, blüht jedoch nur einmal Mitte des Sommers.

Dierama pulcherrimum ▲
Trichterschwertel
Höhe: 200 cm
Breite: 200 cm
Fast winterhart, volle Sonne
Staude mit irisartigem Laub und biegsamen, aber unglaublich drahtigen Blütenstielen; wirkt am besten in Isolation, beispielsweise im Pflaster. Sät sich aus.

Erythronium dens-canis
Hundszahn
Höhe: 10 cm
Breite: 20 cm
Winterhart, am besten im Halbschatten
Zwiebelblüher für das zeitige Frühjahr mit bei Wärme zurückgebogenen Blütenblättern; gedeiht gut in spärlichem Gras. Schönes, violett marmoriertes Laub. Horste sofort nach der Blüte teilen. ▼

Gypsophila 'Rosenschleier'
Schleierkraut
Höhe: 30 cm
Breite: 100 cm
Winterhart, Sonne
Im Habitus mit *G. paniculata* (vgl. Kapitel „Weiß", S. 122) vergleichbar, jedoch kürzer, schwächer und mit rosa gefüllten Blüten. Gedeiht am besten auf durchlässigem Boden. Gut am vorderen Beetrand, etwa mit grünlichgelber Steppenwolfsmilch (*Euphorbia seguieriana*).

Hebe 'Great Orme'
Strauchveronika
Höhe: 120 cm
Breite: 120 cm
Winterhart, Sonne
Runder Strauch mit glänzendem Laub, violetten Zweigen und rosa Blüten im Sommer und, nach Rückschnitt, gegebenenfalls im Herbst. Wirkt aufgrund der zu Weiß verblassenden Blüte zweifarbig. Probieren Sie dazu Strauchigen Gamander (*Teucrium fruticans*). *H.* 'Watson's Pink' mit Blüten in klarem Rosa passt gut zu *Artemisia ludoviciana* 'Silver Queen' und *Clematis* 'Prince Charles'.

Hyacinthus orientalis 'Anna Marie'
Gartenhyazinthe
Höhe: 25 cm
Breite: 15 cm
Winterhart, Sonne / leichter Schatten
Dicht besetzte zartrosa Blütenkerzen im Frühjahr. Duftet äußerst stark. Will ungestört sein, etwa zwischen Pfingstrosen oder Rosen. Gleichfalls gut für die Treibkultur. 'Lady Derby' ist ebenfalls eine schöne rosa Sorte. Probieren Sie sie zu *Spiraea japonica* 'Goldflame'.

Die ganze Wahrheit ROSA

Nymphaea 'Rose Arey'
Seerose
Höhe: 15 cm
Breite: 150 cm
Winterhart, Sonne
Sternförmige Blüten mit spitzen Blütenblättern in reinem Rosa, mit einem Strauß goldgelber Staubgefäße in der Mitte. Weitere schöne rosa Sorten sind 'Perry's Pink' und 'Rose Magnolia'. ◀

Papaver orientale 'Karine'
Türkenmohn
Höhe: 60 cm
Breite: 60 cm
Winterhart, Sonne
Einfache Blütenbecher in reinem Rosa mit dunklen Basisflecken. Ein ziemlich spät blühender, relativ niedriger Türkenmohn, der nur wenig Stütze benötigt. Eine Alternative ist die gerüschte Sorte 'Juliane'. Nach der Blüte abschneiden und mit Sommerblumen umpflanzen.

Penstemon 'Evelyn'
Bartfaden
Höhe: 60 cm
Breite: 30 cm
Winterhart, Sonne / Halbschatten
Trägt seine innen helleren rosigen, engen Blütenglocken an langen Trieben elegant über dem schmalen Laub. Nicht sehr langlebig, daher vorsichtshalber über Stecklinge vermehren.

Pimpinella major 'Rosea'
Große Bibernelle
Höhe: 120 cm
Breite: 60 cm
Winterhart, Sonne / Halbschatten
Mit Wiesenkerbel verwandter Doldenblüter, jedoch mit rosigem Blütenstand im Frühsommer. Passt ebenso in die Rabatte zu maiblühenden Glockenblumen wie auf eine Blumenwiese.

Rosa 'The Fairy'
Höhe: 100 cm
Breite: 100 cm
Winterhart, Sonne
Kleiner, kompakter, runder Strauch für die gemischte Rabatte mit adrett gefüllten Polyantha-Blüten in klarem Rosa über einen langen Zeitraum von Mittsommer an. Lassen Sie Hornveilchen (*Viola cornuta*) hindurchkraxeln.

Salvia involucrata 'Bethellii'
Quirlsalbei
Höhe: 150 cm
Breite: 50 cm
Beinahe winterhart, Sonne
Staude mit Wurzelknollen, die am besten vor dem Winter herauszunehmen sind. Endständige Blütentrauben und kugelige Hochblätter in leuchtendem Violett-Rosa („Grellpink") im Sommer und Herbst. Sehr auffällig. ◀

Schizostylis coccinea 'Mrs Hegarty'
Spaltgriffel
Höhe: 30 cm
Breite: 50 cm
Winterhart, Sonne
Koloniebildende Staude, sollte möglichst regelmäßig geteilt und neu gepflanzt werden. Braucht unbedingt feuchten Boden und offene Lage. Herbstblüher. 'Jennifer' ist die schönste rosa Selektion, 'Major' die schönste rote. 'Sunrise' blüht lachsrosa. ▼

Sidalcea 'Elsie Heugh'
Präriemalve
Höhe: 75 cm
Breite: 45 cm
Winterhart, Sonne
Zartrosa becherförmige Blüten sitzen im Sommer an hohen Blütenähren. Im Gegensatz zu der höheren 'Sussex Beauty' von gleicher Färbung benötigt diese Sorte keine Stütze. Kombinieren Sie dazu Belladonna-Rittersporn oder Rosen.

Tulipa 'China Pink'
Tulpe
Höhe: 50 cm
Breite: 15 cm
Winterhart, Sonne
Lilienblütige Tulpe mit schlanker Blüte und abgespreiztem, spitzem Blütenblatt in kräftigem Pink. Probieren Sie dazu blaue Vergissmeinnicht (*Myosotis*) oder rosa Tausendschön (*Bellis perennis*). ▶

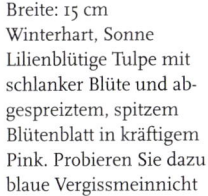

Verbena 'Silver Anne'
Höhe: 30 cm
Breite: 60 cm
Frostempfindlich, Sonne
Flache Blütenteller in Zartrosa verblassen zu fast Weiß; in die Breite wachsende Sommerverbene für den Beetrand. Rankt zwischen und in andere Pflanzen; schön mit buntblättriger Scheinrebe *Ampelopsis glandulosa* var. *brevipedunculata* 'Elegans'. Die Staude wird meist einjährig gezogen und durch Stecklinge überwintert.

Leuchtendes VIOLETT

Violett ist eine dunkle, gesättigte Farbe, „Purpur" weckt Gedanken an Samt und Seide. Im Garten bin ich jedoch mit dunklem Violett sehr vorsichtig. Man muss dicht davor stehen und die Sonne im Rücken haben, damit es wirkt.

◀ Clematis 'Victoria' vermittelt perfekt zwischen dem gewichtigen Violett von 'Jackmanii Superba' und dem hellen Malvenblau von 'Perle d'Azur'. Ihre Farbe ist von ausreichender Intensität und selbst im Verblühen noch schön. Im Hochsommer blüht diese Sorte lange am neuen Austrieb; im Winter kann sie gründlich zurückgeschnitten werden. Hübsch mit rosa Moschusrosen-Hybriden, wenn die Blüte zusammenfällt.

Große Blüten, wie die von Dahlien und *Clematis*, sorgen für sich selbst, doch kleine Blumen werden leicht übersehen. Eine Rabatte in reinem Violett ist vor allem in England, das sich so häufig unter einen grauen Himmel duckt, ein Fehler, es sei denn, man bringt ein paar andere Farbtupfer ein. Violett hebt sich nicht ab. In kontrastreicher Situation hingegen ergeben sich reichliche Möglichkeiten.

Nehmen wir einmal den hohen, im Herbst blühenden amerikanischen Purpur-Wasserdost *(Eupatorium purpureum)*. Er trägt wohlgeformte flache Dolden in staubigem Violett, die in der Sorte 'Atropurpureum' intensiver gefärbt sind. Da er feuchten Boden mag, können Sie ihn zum Beispiel an den Teichrand setzen. Wird er Ihr Herz erfreuen? In Maßen, möchte ich sagen, doch setzen Sie ein hohes, imposantes Gras als Nachbarn dazu und registrieren Sie die Verwandlung. Das Stachelschweingras *Miscanthus sinensis* 'Strictus' (180 cm) ist von stolz aufrechter Haltung; seine aufragenden schmalen Blätter sind großzügig mit gelben Querstreifen versehen. Sie sorgen für den nötigen optischen Halt, und vielleicht setzen Sie dazu noch die im Oktober weiß blühende, grünäugige Oktobermargerite *Leucanthemella serotina* (syn. *Chrysanthemum uliginosum*, 180 cm) oder den duftenden, ebenfalls weißen Knöterich *Persicaria polystachya* (180 cm). Am besten, wo reichlich Raum vorhanden ist. (Beth-Chatto-Entwürfe haben diese Gedanken inspiriert.) Als Zugabe noch ein Mammutblatt – *Gunnera tinctoria* oder *G. manicata* –, und schon ist für viele Wochen von August bis Oktober eine Bühne errichtet.

Leuchtendes VIOLETT

◀ Bei West Dean in Sussex finden die markanten aufrechten Blütentriebe des Dornigen Bärenklaus (Acanthus spinosus) in der überreich zu Mittsommer blühenden Clematis 'Etoile Violette' einen hervorragend kontrastierenden Hintergrund. Die weißen Staubgefäße geben den Clematisblüten einen Schwerpunkt.

▲ Die Grundform der wiederkehrenden Österreichischen Königskerze Verbascum chaixii blüht gelb – dies ist die weiße Form. Beide überraschen mit violetten Staubgefäßen. Leicht aus Wurzelstecklingen zu vermehren; sät sich auch aus.

▼ Feuchte Böden sind für diese beiden gerade richtig: Purpurwasserdost Eupatorium purpureum 'Atropurpureum' und die weißen Federbüschel der Elfenbeinraute Artemisia lactiflora.

Eine andere Blütenstaude, die den Spätsommer verschönt, ist *Vernonia crinita* (180 cm), ebenfalls aus Amerika, ein hoher Korbblüter mit durch und durch rotvioletten Blüten. Nicht jedoch in Alleinstellung, und auch nicht vor dunklem Hintergrund. Sie würde gut zu dem eben beschriebenen Trupp passen, macht sich aber auch schön im Hintergrund meiner Langen Rabatte in Kombination mit den feinen Blattfiedern und ansehnlichen weißen Blüten einjähriger *Cosmos bipinnatus* 'Purity'.

Ein violett blühender Strauch, dessen ich nach anfänglicher Begeisterung rasch überdrüssig wurde, ist der Schmetterlingsflieder *Buddleia davidii* 'Royal Red'. Er ist wirkungsvoller als 'Black Knight', dessen tief violetten Blüten jeglicher Rotanteil fehlt, wirkt aber dennoch leblos. Zum Teil schreibe ich das seinem provokant langweiligen Laub zu. Seine gelb gezeichnete Spielart namens 'Harlequin' ist wesentlich lebhafter.

Jegliche Milderung von Violett ist hilfreich. *Dictamnus albus* var. *purpureus* ist der Brennende Busch, den ich wild im ungarischen Bergland sah; er hat in zwei Violettschattierungen gestreifte Blüten. Das ist schön lebhaft, obgleich ich nicht verschweigen will, dass der rein weiße Diptam, der seine Blütenkerzen gegen ein Laub in dunkelstem, intensivem Grün absetzt, als Pflanze weit wirkungsvoller ist.

Violett findet sich auch überraschend in der Blütenmitte der ausdauernden Österreichischen Königskerze (*Verbascum chaixii*, 150 cm), deren Grundform leuchtend gelb blüht, von der es aber auch hellgelbe und weiße Formen gibt. Sie alle tragen flaumige violette Staubblätter. Bei Krokussen sind es meist die orangefarbenen Griffel in der Mitte von violetten Blüten, die unsere Aufmerksamkeit auf sich ziehen. Violett und Dunkelblau setzen die hellere Farbe ideal ab. Dies fällt bereits bei den Frühjahrsblühern auf, mehr jedoch noch bei dem herbstblühenden Blattlosen Krokus *Crocus nudiflorus* und dem Herbstkrokus *C. speciosus*.

Wodurch erregt eine Pflanze oder eine Blüte Aufmerksamkeit? Wie ich bereits eingangs sagte, muss der Betrachter gerade bei einem ungemilderten „toten" Violett möglichst nahe sein. So überrumpelt mich die *Clematis* 'Royal Velours' der Viticella-Gruppe, die mit ihrer ach so dunklen Blüte viele Gärtner in Begeisterungsstürme versetzt, immer wieder. Ich habe ein schönes Exemplar, das reich blüht, doch bemerken tue ich es erst, wenn Fergus mich auf die Blüte aufmerksam macht. Nun gut, ich habe die *Clematis* zwar wie es sich gehört nah an einen Pfad gesetzt, jedoch mit dem Licht von hinten während des größten Teils des Tages. Die stumpfe Farbe kommt einfach nicht dagegen an.

Ganz anders dagegen der Perückenstrauch *Cotinus coggygria* 'Royal Purple' mit seinem Laub in dunkelstem Purpurviolett. Er wird einzig seines prächtigen Laubes wegen gezogen, weshalb ein drastischer Rückschnitt am Ende des Winters angeraten ist, worauf reichlich junge Triebe mit sehr schönem Laub folgen.

▲ *Schon die jungen Frühjahrstriebe von* Clematis recta 'Purpurea' *sind ein Augenschmaus – violett mit silbriger Unterseite. Da sie 180 cm hoch wird, benötigt die* Clematis *irgendwann eine Rankhilfe, doch damit warten wir möglichst lange ab, um sie erst einmal unbegrenzt bewundern zu können.*

◄◄ *Seit wir unsere ausgelagerten Schätze in Gruppen anstatt in Reihen pflanzen, bereiten uns die Versuchsbeete viel Vergnügen. Hier gesellt sich Bartfaden* Penstemon 'Drinkstone' *zu violettem Gartensalbei* Salvia x superba *und hellgelber Schafgarbe* Achillea 'Lucky Break'; *die gelben Blütenkerzen eines einzelnen* Verbascum chaixii *in ihrer Mitte bringen zusätzliche Höhe in die starken Farbkontraste. Das Laub der Kardone zur Linken sorgt für etwas solide Bodenständigkeit.*

Die Höhe hängt von der Art des Rückschnitts ab; der Strauch sollte so hoch sein, dass man ohne sich zu bücken morgens oder abends die tief stehende Sonne dahinter bewundern kann, die jedes einzelne Blatt wie einen Edelstein aufleuchten lässt.

Ein anderes Beispiel für durchscheinendes Laub sind manche Blumenrohrsorten – *Canna indica* 'Purpurea' beispielsweise. Es hält seine grün-violetten Blätter fast senkrecht in die Höhe und scheint bewusst deren dramatischen Schimmer am Beginn und Ende des Tages zu provozieren. Die violette Spielart der Gartenmelde (*Atriplex hortensis,* 180 cm), mit Spinat verwandt und selbst genießbar, erzielt sowohl von der Sonne durchleuchtet als auch mit der Sonne im Rücken betrachtet Wirkung; ob im Farbverlauf, etwa hinter dem malvenfarbenen Staudenphlox 'Princess Sturdza', oder in Kontrastierung, beispielsweise mit den grünen Federbüschen der Weidenblättrigen Sonnenblume (*Helianthus salicifolius*) und den gelben Margeritenblüten des Sonnensterns (*Telekia speciosa*).

Die neuen Triebe der krautigen *Clematis recta* 'Purpurea' sind in der Frühlingsrabatte unübersehbar; hier ist es nicht die Durchsichtigkeit des Blattes, sondern der essenzielle Gegensatz in Farbe und Textur von Blattober- und -unterseite, die beide gleich sichtbar sind, da die Pflanze sie senkrecht emporreckt. Die Blattunterseiten erscheinen durch den weichen Flaum, der sie bedeckt, ganz hell, und ebenso die jungen Triebe.

Größere violette Blüten haben eine bessere Aussicht, die Aufmerksamkeit auf sich zu ziehen, als kleinere. Die leuchtkräftige rotviolette Dahlie 'Hillcrest Royal' (180 cm), ein mittelgroßer Kaktustyp, ist nicht gerade riesig, doch von unübersehbarer Wirkung. Ich zog sie einmal mit grünköpfigem Papyrus (*Cyperus papyrus,* 180 cm), einem hell weiß gestreiften Riesenschilf (*Arundo donax* var. *versicolor,* 120–250 cm), im Vordergrund die tiefroten Blütenkerzen von *Lobelia* 'Queen Victoria' (90 cm). Manchmal kombiniere ich dazu noch eine andere Dahlie, etwa die kleinblumige dekorative 'White Ballet' oder die rote halb gefüllte 'Bishop of Llandaff'.

Der Evergreen unter den Waldreben, die *Clematis* 'Jackmanii Superba', hat den großen Vorteil, dass sie einen geschlossenen violetten, ins Rötliche tendierenden Blütenvorhang bildet (der warme Rotton hilft). Ich ziehe sie an einer 3 Meter hohen Säule im hinteren Bereich meiner Rabatte, wo sie den ganzen Sommer lang für das Hohe Greiskraut (*Senecio doria*) mit seinen flachen, aus kleinen leuchtend gelben Blüten zusammengesetzten Blütentellern und für die leuchtend grüne hoch aufgeschossene Weidenblättrige Sonnenblume (*Helianthus salicifolius*) einen schönen Hintergrund bildet.

'Etoile Violette' ist eine andere, etwas eher (im Juni) blühende *Clematis* derselben Gruppe. Ihr Violett enthält überhaupt kein Rot, doch sie hat ein den Eindruck belebendes weißes Auge. Die

Leuchtendes VIOLETT

▲ *Die Kranzlichtnelke (Lychnis coronaria, 75 cm) sät sich reichlich aus, um an vollkommen unerwarteter Stelle wieder zur Blüte zu gelangen. Mit ihrem Magentaton wirkt sie überall unglaublich lebhaft. Hier steht ein Exemplar inmitten einer noch nicht blühenden Ingwerlilie* Hedychium densiflorum.

▼ *Magenta und Limonengrün: Im Garten von The Old Vicarage, East Ruston, Norfolk, klimmt der Armenische Storchschnabel* Geranium psilostemon *'Bressingham Fairy' in eine Zwergbambuskolonie* (Pleioblastus auricomus).

Blüte von 'Gipsy Queen' konzentriert sich auf den August; bei ihr sind sogar die Staubblätter von einem leicht rötlichen Violett. Am schönsten sah ich sie zur Schau gestellt inmitten einer Woge der strahlend weißen Mandelwaldrebe *(C. flammula)*, einer im August blühenden Spezies mit winzigen duftenden Blüten.

Ich möchte mich nun der weit leuchtenderen Farbe zuwenden, die als Magenta bezeichnet wird, einem mit einem kräftigen Schuss Rot gewürzten violetten Farbton. Magenta ist eine Stadt in Norditalien, bei der die Franzosen im Jahre 1859 eine Schlacht gegen die Österreicher gewannen; die feurige Anilinfarbe, die kurze Zeit später synthetisiert wurde, wurde nach ihr benannt. Die Farbe ist praktisch unübersehbar und hat daher etliche Feinde unter jenen, die mit kräftigen Farben generell ihr Problem haben.

Typische Vertreter sind die Blüten der Kranzlichtnelke *(Lychnis coronaria)*, runde Mondgesichter an einer Pflanze, die mit grauen Stängeln und Blättern selbst für den passenden Hintergrund sorgt. Wie immer bei einer Furcht einflößenden Farbe haben sich auch hier die Züchter daran zu schaffen gemacht. Ein Ergebnis ihrer Anstrengungen ist 'Abbotswood Rose' (heute *L.* x *walkeri*), bei der die blaue Komponente fast entfällt; außerdem 'Alba' in Weiß und 'Oculata' in Weiß mit rosa Auge. Sie alle sind ein Abklatsch im Vergleich zur eigentlichen Spezies.

Unter den Storchschnabelgewächsen bieten sich herrliche Beispiele. Das mehr oder weniger intensivste Magenta, das man sich vorstellen kann, findet sich bei dem Aschgrauen Storchschnabel *Geranium cinereum* var. *subcaulescens*, dessen schwarze Blütenmitte die Farbe zusätzlich betont. Es ist ein kleines Pflänzchen, für die Rabatte kaum geeignet. Besser für diesen Zweck ist der Armenische Storchschnabel *G. psilostemon* (100 cm), dessen Hauptblüte in den Juni fällt. Sein Magenta enthält etwas mehr Blau, doch auch er ist leuchtkräftig und hat ein schwarzes Auge. Sein Wuchs ist rankend; bieten sich ihm höhere Nachbarn an, so klettert er gern in sie hinein. Im Frühsommer kombiniere ich ihn knallbunt mit dem hohen, halb gefüllten gelben Scharfen Hahnenfuß *Ranunculus acris* 'Stevenii' (120 cm) als Hintergrund und einem blutroten Türkenmohn, den ich als 'Goliath' kenne (ein anderer als 'Beauty of Livermere'). Eine Vielzahl zurückhaltender getönter Pflanzen verhindert, dass die Zusammenstellung übermäßig grell wirkt.

'Ann Folkard' ist eine Hybride zwischen dieser Spezies und *G. procurrens*. Sie blüht in einem reizenden Leuchtendviolett, nicht direkt Magenta. Das schwarze Auge hat sie behalten, und von *G. procurrens* stammt ihr schweifendes, unspezifisches Wachstum; ihre Blüte, die Ende Mai beginnt, dauert so mehr als drei Monate an. Eine einzelne Pflanze breitet sich weit aus, was zu berücksichtigen ist; am Ende der Saison jedoch stirbt sie ab und hinterlässt einen bescheidenen Wurzelstock. Mir gefällt sie

▲ Der Farbkontrast, den die magentafarbene Wiesensiegwurz (Gladiolus communis *subsp.* byzantinus) *in eine Grasfläche einbringen kann, ist erstaunlich lebhaft.*

▶ *Es existieren etliche Neuzüchtungen in Farbe und Größe von* Bougainvillea glabra; *die schönste ist meiner Ansicht nach aber immer noch die magentafarbene Wildform, die man in warmen Ländern an vielen weißgetünchten Mauern vorfindet. Bei uns in Great Dixter setzen wir sie als enttopfte Pflanze in den Exotischen Garten.*

besonders gut neben dem giftigen Gelbgrün von *Euphorbia schillingii* (120 cm), die von Juli bis September blüht.

Magenta und Grün bilden einen so wirkungsvollen Kontrast, dass ich liebend gern den Armenischen Storchschnabel *G. psilostemon* in meiner Wiese etablieren würde; bisher war mein Erfolg allerdings recht beschränkt. Eine andere magentafarbene Blüte, die in der Wiese herrlich wirkt, ist die der Wiesensiegwurz (*Gladiolus communis* subsp. *byzantinus*, 90 cm). Nehmen Sie sich beim Kauf in Acht, denn aus den trockenen Knollen, die von Zwiebelspezialisten angeboten werden, sprießen Blumen in Rosa-Mauve, absolut nicht dem kräftigen Magenta, das überall in Cottage-Gärten anzutreffen ist und auf das wir aus sind. Bei Beth Chatto bekommen Sie das Original (www.bethchatto.co.uk). Ich stelle fest, dass die Siegwurz im Gras zwar die Stellung hält, sich aber nicht vermehrt. In der Rabatte ist sie wunderschön – wirklich aufregend, wenn man sie mit der allerspätesten Tulpe kombiniert, der scharlachroten *Tulipa sprengeri*. Da die Gladiole sich in der Rabatte rasch vermehrt, kann man relativ regelmäßig Knollen in die Wiese umsetzen.

Die Kartäusernelke (*Dianthus carthusianorum*, 60 cm) trägt magentafarbene Blüten auf praktisch nackten Stielen; sie ist eine Spezies, die mir auf rumänischen Wiesen große Bewunderung abnötigte, die ich bisher jedoch nicht auf meiner eigenen Wiese etablieren konnte. Vielleicht sind ja bei Ihnen die Bedingungen richtig.

Ich möchte mich nicht von den Storchschnäbeln abwenden, ohne ein Loblied auf *Geranium* x *riversleaianum* 'Russell Pritchard' zu singen. Er ist von leuchtendem, ein wenig bläulichem Magenta und ich mag ihn besonders am Beetrand, wo er auf den Weg oder die Terrasse wogt, gleichzeitig aber auch nach hinten sickert und

Leuchtendes VIOLETT

▲ Die Petunie 'Purple Wave' kriecht normalerweise über den Boden dahin, doch wie viele ihrer Verwandten nimmt sie gern auch eine Herausforderung an; in diesem Beispiel drapiert sie sich über die markante Figur der Palmlilie Yucca gloriosa. Die beiden sind ungleiche aber wirkungsvolle Beetgenossen.

aufwärts zu höheren Nachbarn drängt. Sein Laub ist graugrün und weich behaart. Ganz besonders gefällt er mir, wenn er sich unter die grauen Stiele und Blätter von Artemisia ludoviciana 'Silver Queen' (60 cm und höher, jedoch beeinflussbar) mischt. Dieser Storchschnabel blüht nonstop von Mai bis Oktober. Bei solcher Verausgabung ist es wohl nicht verwunderlich, dass die Pflanzen meist nach wenigen Jahren absterben, doch Ersatz lässt sich leicht über den Winter aus Stecklingen heranziehen.

'Purple Wave' ist eine sich quer ausbreitende Petunie, die aus Samen gezogen werden kann und in den letzten Jahren eine große Fan-Gemeinde gewonnen hat. Sie blüht eher magenta als violett und erholt sich im Gegensatz zu den meisten Petunien rasch, wenn heftiger Regen oder Hagel ihr zugesetzt haben. Ich ziehe in meinen Rabatten wie auch in den Wiesen Herbstzeitlose (Colchicum). Ende Juni schneiden wir ihr Laub ab; zwischen die Horste setzen wir dann einige wenige 'Purple Wave'-Petunien, die schon bald einen geschlossenen Teppich bilden. Dieser wiederum dient als Hintergrund für die Herbstzeitlosen, wenn sie im August/September ihre Blüten in rosigem Mauve treiben.

Unter den Zistrosen mag ich sehr C. x pulverulentus 'Sunset' (60 cm), einen kleineren, dichteren, lange blühenden Strauch mit graugrünem Laub und Blüten in intensivem, gediegenem Magenta. Wir zogen einst das einjährige orange südafrikanische Kapkörbchen Osteospermum hyoseroides davor und genossen das Aufsehen sehr!

Manchmal finden sich ähnliche Kontraste in einer einzigen Blume. So trägt beispielsweise das etwas unzugängliche Greiskraut Senecio pulcher (45 cm), eine herbstblühende Staude (irgendwann einmal werde ich mit ihr klarkommen!), magentafarbene Blüten mit großer gelber Mitte. Das einjährige S. elegans blüht fast genauso, aber kleiner.

Als Fergus in einem Garten in Südfrankreich arbeitete, besuchte ich ihn dort und bewunderte einen bunten Blütenteppich aus gelbem Mittagsgold (Gazania) und magentafarbenen „Mittagsblumen", wie wir sie ganz allgemein bezeichnen – genaugenommen die Hottentottenfeige Carpobrotus edulis. Um 9 Uhr morgens sahen sie nach nichts aus, da trugen sie noch den Schlaf in den Augen, doch später am Vormittag – wow!

Herrlich finde ich die Bougainvillea heißer Länder in ihrem charakteristischen Magenta, wenn sie über weiß getünchte Wände klimmt. Heute gibt es diese Pflanze in einer Vielzahl anderer Farben, alle angeblich von edlerer Natur, doch in meinen Augen sind sie alle von jenem zauberhaften Magenta weit entfernt.

Während Violett eine Farbe ist, die durch Kontraste sehr gewinnt, braucht man bei der Verwendung von Magenta wirklich keine Rücksicht zu nehmen. Auch wenn es etwas aufdringlich wirkt – hier geht es schließlich um Blumen, und deren Zartheit gleicht jede Aufdringlichkeit aus.

Allium hollandicum
'Purple Sensation'
Zierlauch
Höhe: 100 cm
Breite: 10 cm
Winterhart, Sonne / Halbschatten
Diese späte Frühjahrszwiebel sät sich aus, wenn sie nicht nach der Blüte herausgenommen und im Herbst neu gepflanzt wird. Die satt violetten Kugelblüten kontrastieren mit anderen Pflanzen in Violett und Mauve: Bergkerbel *Chaerophyllum hirsutum* 'Roseum', Leimkraut *Silene dioica* 'Flore pleno', dem Laub des Muskatellersalbeis (*Salvia sclarea*). ▼

Amaranthus hypochondriacus
Fuchsschwanz
Höhe: 200 cm
Breite: 100 cm
Frostempfindlich, Sonne
Im Spätsommer und Herbst blühende Einjährige für guten Boden und sonnige Lage. Diese Sorte mit violettem Laub und rotvioletten Blüten ziehen wir aus eigenem Samen; sie blüht noch, wenn die Rote Gartenmelde (*Atriplex hortensis* var. *rubra*) schon Samen trägt.
◀

Atriplex hortensis
var. *rubra*
Rote Gartenmelde
Höhe: 180 cm
Breite: 60 cm
Winterhart, Sonne
Einjährige mit dunkelviolettem Laub und aufrechtem Wuchs für fruchtbaren, feuchten, durchlässigen Boden. Versamt sich, häufig an idealer Stelle. Probieren Sie dazu *Phlox paniculata* und *Astilbe chinensis* var. *taquetii* 'Superba' oder, als Kontrast, gelbe Königskerze *Verbascum olympicum*.

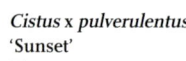

Cistus x *pulverulentus*
'Sunset'
Zistrose
Höhe: 60 cm
Breite: 100 cm
Winterhart, Sonne
Ein niedriger, breit wachsender Strauch mit graugrünem Laub und magentafarbenen Blüten über einen langen Zeitraum. Einen starken Kontrast bietet das orange einjährige Kapkörbchen *Osteospermum hyoseroides*. Der höhere *C.* x *purpureus* blüht heller und nicht so lange.

Clematis viticella
'Purpurea Plena Elegans'
Waldrebe
Höhe: 3 m
Breite: 1 m
Winterhart, Kopf in der Sonne, Füße im Schatten
Spät blühend; eine der ältesten gefüllten *Clematis* in Altrosa. 'Royal Velours' trägt zu Mittsommer kleine Blüten in dunklem Samtviolett. 'Victoria' ist später, mit größeren rosigvioletten Blüten. Weiße Mandelwaldrebe *C. flammula* muntert dunkel blühende Sorten auf.
▼

Cotinus coggygria 'Royal Purple'
Perückenstrauch
Höhe: 5 m
Breite: 5 m
Winterhart, Sonne
Laubabwerfender Strauch, der seiner im Sommer tiefvioletten, im Herbst scharlachroten Blätter wegen gezogen wird. Rückschnitt im Winter fördert den Laubaustrieb, verhindert jedoch die Blütenwolken. So pflanzen, dass die Morgen- oder Abendsonne hindurchscheint. Die beinahe neongrünen Blüten von Grünem Germer (*Veratrum viride*) setzen sich gut vor seinem Laub ab.

Dahlia 'Hillcrest Royal'
Höhe: 180 cm
Breite: 60 cm
Frostempfindlich, Sonne
Mittelgroße Kaktusdahlie, deren eingerollte Blütenblätter wie Stacheln wirken. Intensiv rötlich violett. Gut zu dem gestreiften Riesenschilf *Arundo donax* var. *versicolor* und roter *Lobelia* 'Queen Victoria'.

Dianthus carthusianorum
Kartäusernelke
Höhe: 40 cm
Breite: 20 cm
Winterhart, Sonne
Diese Nelke trägt kleine magentafarbene Blüten in dichten Blütenständen auf langem Stiel. Blüht im Frühsommer. Wächst auf Wiesen, am besten jedoch am gut dränierten Hang. Probieren Sie sie in leichtem, durchlässigem Boden mit *Artemisia* 'Powis Castle'.

Dictamnus albus
var. *purpureus*
Brennender Busch, Diptam
Höhe : 100 cm
Breite: 60 cm
Winterhart, Sonne / Halbschatten
An Schmetterlinge erinnernde Blüten in zwei Violett-Tönen stehen in Ähren über dunkelgrünem, nach Zitronen duftendem Laub. Die geflügelten Samenkapseln sind ebenfalls dekorativ. Nicht zu anderem Violett pflanzen, da die Farbe dadurch verliert.

Eupatorium purpureum
Purpurwasserdost
Höhe: 180 cm
Breite: 100 cm
Winterhart, Sonne
Bei Schmetterlingen sehr beliebte Blütenteller in pudrigem Violett stehen auf violetten Stängeln. Die Kulturform 'Atropurpureum' ist dunkler gefärbt. Wirkt gut neben hohem Gras, etwa Stachelschweingras *Miscanthus sinensis* 'Strictus', zu *Rudbeckia* 'Herbstsonne' oder den milchweißen Blütenfedern der Elfenbeinraute *Artemisia lactiflora*.

Leuchtendes VIOLETT

Geranium psilostemon
Armenischer Storchschnabel
Höhe: 100 cm
Breite: 100 cm
Winterhart, Sonne
Der gleichmäßig gerundete Blatthügel blüht im Frühsommer in leuchtendem Magenta mit schwarzem Auge. Der ähnliche G. 'Ann Folkard' ist kleiner (60 cm) mit gelblichem Neuaustrieb. Probieren Sie diese beiden sowie G. x riversleaianum 'Russell Prichard', mit ähnlichen Blüten zu graugrünem Laub, in einer leuchtend bunten Kombination mit Orange, Gelb und Rot oder aber in einer subtileren Zusammenstellung mit Limonengrün.

Geranium sanguineum
Blutroter Storchschnabel
Höhe: 30 cm
Breite: 45 cm
Winterhart, Sonne
Weit offene magentafarbene Blüten erscheinen fast den ganzen Sommer lang bis in den Herbst über tief eingeschnittenem Laub. Hübsch in enger Nachbarschaft zu Blaustrahl-Staudenhafer (*Helictotrichon sempervirens*). Die Kulturform G.s. 'Shepherd's Warning' ist von noch leuchtenderer Farbe.

Gladiolus communis subsp. *byzantinus*
Wiesensiegwurz
Höhe: 100 cm
Breite: 15 cm
Winterhart, Sonne
Trägt Ende Frühjahr/ Anfang Sommer Blüten in leuchtendem Magenta an hohem Stiel. Versamt sich und bildet in der Rabatte viele Brutzwiebeln.

Lychnis coronaria
Kranzlichtnelke
Höhe: 90 cm
Breite: 60 cm
Winterhart, Sonne
Verzweigte Staude, deren filzig-graue Stiele und Blätter im Kontrast zum strahlenden Magenta der Blüten stehen. Kurzlebig, vermehrt sich gut durch Samen. Zurückhaltende Beipflanzung wirkt beruhigend; mit *Crocosmia* 'Lucifer' strahlt sie noch intensiver.

Petunia 'Purple Wave'
Petunie
Höhe: 30 cm
Breite: 45 cm
Frostempfindlich, Sonne
Dieser magentafarbenen Petunie kann im Gegensatz zu den meisten Kultursorten Regen nicht viel anhaben. Sie breitet sich niedrig aus. Setzen Sie sie zwischen Herbstzeitlosen (*Colchicum*), die dann durch die Petunien wachsen.

Vernonia crinita
Vernonie
Höhe: 180 cm
Breite: 75 cm
Winterhart, Sonne
Blütenstände aus relativ kleinen Einzelblüten in sattem Violett. Treibt spät aus. Probieren Sie dazu die weiße *Cosmos bipinnatus* 'Purity'.

Malope trifida 'Vulcan'
Trichtermalve
Höhe: 90 cm
Breite: 70 cm
Frostempfindlich, Sonne, normaler Boden
'Vulcan' ist die intensivst gefärbte einjährige Malve. Wir säen oft im späten Frühjahr für einen spätsommerlichen Effekt. Der hinter den freien Kronblättern liegende Kelch leuchtet grün wie Kirchenfensterglas.

Orchis mascula
Stattliches Knabenkraut
Höhe: 30 cm
Breite: 15 cm
Winterhart, offene Lage
Diese in Europa heimische früh blühende violette Erdorchidee hat einen knolligen Wurzelstock und gedeiht im lichten Wald und auf Wiesen. Der Geruch der sich im April öffnenden Blüten erinnert an Katzenurin. In England recht häufig am Straßenrand anzutreffen. Schönes violett geflecktes Laub. Das Madeira-Knabenkraut (*Dactylorhiza foliosa*) mit hohen Ähren violetter Blüten passt zu Schildfarnen (*Polystichum*) und bevorzugt Halbschatten.

Studie in BRAUN

In der Natur ist Braun das Symbol für sterbende oder tote Pflanzen. Es ist die Antithese lebenden Grüns. Braun kann jedoch voller Lebenskraft sein – man denke nur an jene Grundvoraussetzung allen Lebens, die Erde!

◀ *Die Samenstände von Disteln sind hygroskopisch, besonders, wenn sie reif sind. Sobald im Winter oder zeitigen Frühjahr ein trockener Wind weht, öffnen sie sich wie sonst die Blüte; hier unsere Gewöhnliche Wetterdistel* (Carlina vulgaris). *Die Zweijährige ist problemlos im Garten zu ziehen; wild wächst sie auf dünnem, kalkhaltigem Boden. Da sie sich nicht verlässlich selbst aussät, muss man den Samen abnehmen und im Topf vorziehen.*

Dunkelbraune Erde erfüllt uns mit Wohlbehagen; sie enthält Feuchtigkeit und nährende organische Bestandteile. Schneiden wir unsere laubabwerfenden Gehölze zurück, so ist die Farbe der Äste äußerst wichtig. Dunkles Braun ist gleichbedeutend mit jungem Holz, das voller Energie steckt. Helle, beige Äste haben schon einiges hinter sich; diese entfernen wir, wenn wir einen Strauch verjüngen und Licht in sein Inneres gelangen lassen wollen, damit er neue Triebe hervorbringt.

Das warme, glänzende Braun junger Baumrinde ist der Hauptgrund, warum wir manche Bäume pflanzen. Die Mahagonikirsche *(Prunus serrula)* trägt eher armselige kleine weißliche Blüten, doch die neue Rinde, die sich unter der alten Schicht herausschält, ist von glänzendem Rotbraun und äußerst attraktiv. Der Zimtahorn *(Acer griseum)* ist ein anderes schönes Beispiel. Seine alte Rinde löst sich in Fetzen, was man „unterstützen" kann, indem man den Stamm reibt und noch mehr neue Rinde freilegt. Dies ist genau der Grund, warum gern dazu geraten wird, den Baum so zu platzieren, dass man ihn häufig passiert: Die sinnliche Komponente wird gefördert, die uns so befriedigt.

Wenn die Haarfarbe einer Frau mit dem bildhaften Begriff „Kastanienbraun" beschrieben wird, weiß ich nie, ob damit die Rosskastanie oder die Edelkastanie gemeint ist; beide könnten es gleichermaßen sein, frisch von ihrer schützenden stacheligen Hülle befreit. Allein das Gefühl des glatten, wunderschönen Samens in der Hand ist reiner Tastgenuss.

▲ *Eine Hauptattraktion vieler Fritillarien ist ihre düster-rote Farbe, in diesem Fall die Pyrenäen-Schachblume* Fritillaria pyrenaica *(40 cm), die sich leicht und willig in der Rabatte ziehen lässt. Hier gesellt sie sich zu Traubenhyazinthen* Muscari armeniacum 'Blue Spike'.

Das Braun von Stielen und Blättern ist eine vollkommen natürliche Übergangsfarbe; niemand, der den gegebenen Ablauf der Jahreszeiten akzeptiert, braucht sich an ihnen zu stören. Wenn sie unangenehm auffallen, liegt die Schuld zumeist bei uns selbst, die wir größere und größere Blüten heranzüchten, die meist mit einer Unzahl von Blütenblättern befrachtet sind. Das trifft auf viele gefüllten Kamelien zu. Mit der gefüllten Blüte ist ihr die Fähigkeit abhanden gekommen, die Blüten einfach abzuwerfen, sobald diese vom Wind verletzt oder angefroren oder ganz einfach dahin sind. Sie verbleiben unansehnlich einfach am Strauch.

Bei gefüllten Rosen ist es dasselbe. Viele tragen Blütendolden mit Knospen in unterschiedlichen Entwicklungsstadien. Sind die vorwitzigsten verblüht, so lassen sie nicht etwa ihre Hüllen fallen, sondern halten die braun gewordenen Blütenblätter fest und ruinieren die Pracht, welche die nachfolgenden Knospen bereithalten. Ausputzen ist dabei ein solcher Umstand, dass es einfach nicht praktikabel ist. Und doch scheinen Rosenliebhaber für diese Fehler ihrer Lieblinge ganz und gar blind zu sein; wagt man, die Rose zu kritisieren, so nehmen sie dies als persönlichen Affront (was es vielleicht sogar ist!).

Rhododendren auszuputzen wird zu einem längeren Unterfangen, wenn diese eine beachtliche Größe haben; Leitern und viel Zeit sind dazu erforderlich. Der angeführte Grund ist der, die Samenbildung behindere den Knospenansatz für das nächste Jahr. Ich habe mich mit dieser Frage eingehend befasst und kann zuversichtlich sagen, dass das Ergebnis dasselbe sein wird, ob man nun ausputzt oder nicht. Der wahre, verschwiegene Grund für diese lästige Arbeit ist der, dass die toten, nicht abgeworfenen Blüten vieler Rhododendren (längst nicht aller) einen unschönen Anblick bieten.

Eine interessante, generelle Tendenz zur braunen Farbe findet sich bei der überwiegenden Zahl neuseeländischer Pflanzen. Eine Hypothese, die gern dazu aufgestellt wird, ist das Ozonloch, das in jenem Teil unserer Erde schon sehr lange existiert. Die Pflanzen sollen sich mit dieser Farbe vor Verbrennungen durch die Sonne schützen – Sonnenbräune, wie beim Menschen. Wie dem auch sei – neuseeländische Pflanzen jedenfalls sind eine faszinierende „andersartige" Komponente. Wenn ein Besucher geringschätzig fragt, ob meine grasartige Rote Segge *(Carex buchananii,* 60 cm) „tot oder lebendig" sei, denke ich bei mir, „du weißt aber herzlich wenig über den Unterschied zwischen Totem und Lebendigem". Einen derart gesunden Glanz kann einzig eine lebende Pflanze reflektieren.

Ein neuseeländischer Strauch, den sowohl Fergus als auch ich heiß lieben (wenn er auch zugegebenermaßen vom Publikum mehr oder weniger ignoriert wird), ist *Olearia solandri.* Er ist von recht aufrechtem Wuchs, gut 240 cm hoch und sitzt voller kleiner

◤ *Frühherbst in unserem Pfauengarten: Die Vogelgestalten sind frisch beschnitten und bieten den unbestimmteren Pflanzen einen festen Halt, darunter vor allem Angehörige der fernöstlichen Schilfgräser* Miscanthus, *hier in Blüte. Vom Chinaschilf* M. sinensis *gibt es sehr unterschiedliche Zuchtformen, die mit Beginn der Blüte ihre Farbe wechseln, häufig über warmes Braun nach und nach zu Rehbraun. Ihre Schönheit bleibt vielfach bis ins neue Jahr erhalten. Parallele Hecken der buschigen* Aster lateriflorus *'Horizontalis' (60 cm) sind beinahe voll erblüht; ihr lilarosiger Blütenschleier verbindet die Formsträucher.*

bräunlicher Blätter, die in auffälligem Kontrast zu seiner saftigen Umgebung stehen. Der ganze Strauch verströmt rund ums Jahr einen Duft nach Heliotrop, der uns unvermittelt einhalten lässt, auch wenn wir mit den Gedanken ganz woanders waren. Im August prangt er für einen kurzen Zeitraum mit unauffälligen weißen Blüten, und der Duft nach Heliotrop wird noch intensiver. Dieser Strauch samt sich aus – ich fühle mich geehrt.

Eine weitere Neuseeländerin in meinem Garten schließlich, *Libertia peregrinans* (45 cm), die ich bereits als Begleitung für orange Tulpen vorstellte, zieht tatsächlich die Aufmerksamkeit auf sich. Diese immergrüne Staude hat steife, schmale Blätter, beinahe wie manche Iris; sie sind von einem schmuddeligen Braungrün, doch die verdickte Mittelrippe ist braunorange und leuchtet im Winter besonders hell. Sie bilden im vorderen Bereich meiner Langen Rabatte eine Kolonie. Ich ziehe auch andere *Libertia*-Arten, wie *L. formosa*, doch diese stammen aus Südamerika und haben dunkelgrünes Laub ohne den geringsten Braunanteil.

Nur sehr wenige meiner Beispiele für Braun kombinieren diese Farbe mit einer anderen; bei manchen Magnolien jedoch fällt ein hübscher Kontrast auf. Die pelzigen Deckblätter, welche die Blütenknospen umhüllen, sind im Allgemeinen von einem düsteren Grün, bei den meisten weiß blühenden Magnolien jedoch tiefbraun. Sowie sich die Knospe zur Blüte entfaltet, geben die Deckblätter dem Druck von innen nach und wir dürfen das Schneeweiß der neuen Blüte neben dem Braun des Deckblatts bewundern.

▲ *Raureif zeichnet die bleichen Blütenstände des Chinaschilfs* Miscanthus sinensis *'Undine'.*

◄◄ *Im Dezember sind die pyramidenförmigen Samenstände von* Sinacalia tangutica *(ehedem* Senecio tanguticus*) fast so schön wie ihre gelben Spinnenblüten im August und September (siehe Seite 139). Die Zweige des alten Feigenbaums, der schon länger auf Dixter weilt als meine Familie, haben ihre Blätter verloren, doch die nicht mehr ausgereiften Früchte sind verblieben.*

Ein anderes Beispiel für Braun und Weiß in frohem Verein findet sich in einer Schau-Aurikel namens 'Brownie' (*Primula auricula*); auf diese Gruppe von Zimmerpflanzen hat sich die Craven Nursery in West Yorkshire spezialisiert. Aurikeln gehören zu der weitverzweigten Familie der Primelgewächse und haben relativ fleischige dicke Blätter. In diesem Fall sind sie fein weiß bemehlt, eine begehrte Eigenschaft. Die Blüten von 'Brownie' sind von perfekter Kreisform mit einem äußeren braunen Ring und einem weißen Auge. Schau-Aurikeln werden grundsätzlich im Topf gezogen. Diese Sorte kann in einer Terrakotta-Schale zu einem schönen großen Exemplar heranwachsen; die stammartigen Stiele unter den Blattrosetten verholzen mit der Zeit.

Von sehr lebendigem, attraktivem Braun sind die Früchte der Mispel; sie sind nicht ganz glatt, sondern haben eine beinahe schuppige Oberfläche. Ähnliche, allerdings kleinere Früchte tragen beispielsweise die wilde Elsbeere *Sorbus torminalis* und der Speierling *Sorbus domestica*.

Viele Ziergräser sind ein attraktiver hellbrauner Winterschmuck, der bestehen bleibt, ohne allzu viel Schaden zu nehmen. Die Kulturvarianten des Chinaschilfs (*Miscanthus sinensis*) halten im Allgemeinen wenigstens bis zum Jahreswechsel, bisweilen länger. Das Silberährengras (*Stipa calamagrostis*, 100 cm) ist eines der schönsten Gräser; nicht nur seine Halme, sondern auch die Blütenstände bleiben erhalten und neigen sich vor den vorherrschenden Winden in eine Richtung. Das Reitgras *Calamagrostis* x *acutiflora* 'Karl Foerster' (180 cm), das zur Blüte im Juni–Juli ein einziger violetter Schleier ist, nimmt im Oktober eine hellbeige Färbung an; seine hellen, verblichenen Halme überdauern kerzengerade den ganzen Winter und sind ein schöner Blickfang bis zum März. Dann sehe ich schließlich die Zeit gekommen, sie abzuschneiden und den Weg für die neue Saison zu bereiten.

Das Hakone-Gras *Hakonechloa macra* 'Aureola' (30 cm) bietet drei Viertel des Jahres einen immer wieder anderen schönen Anblick: Seine würzigen limonengrünen Blattspeere vom April nehmen im Sommer eine gesetzte grün-gelbe Streifung an; im Herbst folgt die Blüte in warmem Hellbraun; bis in den Winter hinein erfreut es uns noch. In eine flächige Pflanzung bringen die gelb gesäumten Blätter des dreimal so hohen Goldleistengrases *Spartina pectinata* 'Aureomarginata' (100 cm) Höhe ein.

Die verblühten Blumen von Korbblütern können ausgesprochen schön sein. Oftmals sind sie hygroskopisch – bei feuchter Witterung schließt sich der Samenstand schmollend, um sich bei trockenem, im Spätwinter meist nordöstlichem Wind voll zu entfalten. Es kostet mich regelrechte Überwindung, im März oder spätestens April die Färberscharte *Serratula seoanei* abzuschneiden, um Platz für ihren Neutrieb zu machen, denn die winzigen

Studie in BRAUN

▲ Im November fotografiert: Die Chinaschilf-Sorte Miscanthus sinensis 'Silberfeder' gehört zu den verlässlichsten alten Sorten; spätestens Anfang September steht sie in Blüte. Die Ähren werden mit der Zeit bleich und flaumig, verlieren aber nicht an Charme.

▼ Das wohl höchste Dienstalter erreicht in meinem Garten jedes Jahr das Reitgras Calamagrostis x acutiflora 'Karl Foerster'. Das Violett des frühsommerlichen Blütenflauschs weicht dem Chamois der geraden Ruten, die sich hier im November vor einem fruchttragenden Pfaffenhütchen (Euonymus europaeus) absetzen.

hell rehbraunen Blütenstände des vergangenen Herbstes sind so reizend. Sie ist mit der Flockenblume verwandt und mit ihrem drahtigen Gewirr dunkler, fein ziselierter Blätter bereits im Sommer eine Freude. Die kleinen violetten Blütenköpfchen sind im Oktober am schönsten und sehen hübsch zu dem ebenfalls spät blühenden rosa Spaltgriffel Schizostylis coccinea 'Viscountess Byng' aus.

Die wilde Eberwurz oder Kleine Wetterdistel Carlina vulgaris wächst zweijährig, weshalb man sie immer wieder neu aus Samen ziehen muss, lohnt jedoch unbedingt die Mühe. Unter den Entbehrungen des natürlichen Standorts bringt eine Pflanze vielleicht nur drei Blüten hervor, doch unter Kulturbedingungen darf man das Zehnfache erwarten, hübsch über eine dekorativ verzweigte, 45 cm hohe Pflanze verteilt. Zur Blütezeit ist diese noch silbergrau; im Winter wird sie beige, und ihre Gestalt behält sie bis zum Frühjahr bei.

Nur wenige unserer heimischen Bäume kleiden sich in so leuchtendes herbstliches Rot oder Gold wie so viele amerikanische und japanische Arten, doch ihr Rostrot hat seinen eigenen Reiz, und so brauchen wir wohl nicht neidisch zu sein. Buchen (Fagus sylvatica) nehmen schöne, klare, leuchtende Brauntöne an. Während die Baumform diese Blätter abwirft, halten Buchenhecken ihr Laub, bis es im nächsten April vom Neuaustrieb beiseite geschoben wird. Das winterliche Braun dieser Blätter ist blass; viele Leute sehen es als Vorteil. Ich muss gestehen, ich finde seine Leblosigkeit eher deprimierend. Lieber hätte ich eine kahle Hecke, etwa aus Weißdorn (Crataegus laevigata), der bereits recht früh im März zu grünen beginnt. Als dicke Hecke sorgt auch er für Sicht- und Windschutz.

Natürliches, der Jahreszeit angemessenes Braun ist immer willkommen. Im Winter liebe ich die dunklen Gestalten der Karde (Dipsacus fullonum, 200 cm). In vielen Bereichen unseres Gartens bilden sie eine stattliche Präsenz. Allerdings reduziere ich ihre Zahl im Sommer drastisch. Sie blühen Anfang August – um den Blütenkopf tragen sie malvenfarbene Bänder –, doch dann sieht die Pflanze rasch tot aus, und zwar reichlich verfrüht. Winterastern mit ihren warmen Bronzetönen sind gerade recht für diese Jahreszeit, und ihr leicht scharfer Duft passt auch, doch auf düster-tote Karden sind wir noch nicht eingestellt, und so wird ihre Zahl ziemlich drastisch reduziert. Später, wenn alles andere abgestorben ist, werden wir uns über die verbliebenen Karden freuen.

Braun kommt draußen also eine wichtige Rolle zu. Es fällt in eine von zwei Kategorien: lebendiges Braun voller Saft und Kraft und totes Braun mit seinem passiven, beinahe geisterhaften Beitrag. Es gibt wohl kaum jemanden, der sich die Sinnesfreude versagen wollte, durch einen raschelnden Blätterteppich zu waten – ich jedenfalls nicht.

Studie in BRAUN

Acer griseum
Zimtahorn
Höhe: 6 m
Breite: 3 m
Winterhart, Sonne
Ein wohlproportionierter Ahorn mit attraktiver Rinde, die sich vom dritten Jahr an wie Papier abschält, sodass die hellere Rindenschicht darunter sichtbar wird. Pflanzen Sie ihn am Weg, um die Rinde im Vorübergehen abreiben zu können. ◀

Calamagrostis x acutiflora 'Karl Foerster'
Reitgras
Höhe: 180 cm
Breite: 60 cm
Winterhart, Sonne
Ein elegantes Gras mit zartvioletten Blütenständen im Sommer; die Halme färben sich im Herbst hellbeige (schön zu späten Dahlien), bleichen aus und halten bis zum Frühling ihre gute Form. Die bunte Sorte 'Overdam' ist gut als hoch aufrechter Blickfang.

Carex buchananii
Rote Segge
Höhe: 60 cm
Breite: 75 cm
Winterhart, Sonne
Horstbildende grasartige Segge mit glänzend braunen überhängenden Halmen. Sieht gut aus in Pflasterritzen, sät sich reichlich aus.

Carlina vulgaris
Kleine Wetterdistel
Höhe: 45 cm
Breite: 30 cm
Winterhart, Sonne
Zweijährige Distel mit silbrigen Zungenblüten um eine große hellbraune Blütenscheibe. Bei gutem Standort auf fruchtbarem Boden und in voller Sonne verzweigt sie sich reichlich. Die Silberdistel (*C. acaulis*) blüht ähnlich, ebenfalls im Juli, mit größeren Blüten auf kurzen, unverzweigten Stielen.

Dipsacus fullonum
Wilde Karde
Höhe: 200 cm
Breite: 75 cm
Winterhart, Sonne
Auf den interessant aufgebogenen Blättern dieser Zweijährigen sammelt sich Wasser. Der offen strukturierte kandelaberartige Blütenstand verfärbt sich braun und bleibt dem Wintergarten als schöne Silhouette erhalten. ◀

Hakonechloa macra 'Aureola'
Hakone-Gras
Höhe: 30 cm
Breite: 45 cm
Winterhart, Sonne / Halbschatten
Gras mit gelb-grüner Zeichnung, die im Herbst passend zur hellbraunen Blüte allmählich zu Beige verbleicht. Ist bis Neujahr ein warmer Schmuck; dann kann es abgeschnitten werden. Passt gut zum Goldleistengras *Spartina pectinata* 'Aureomarginata'.

Hydrangea anomala ▶ subsp. *petiolaris*
Kletterhortensie
Höhe: unbegrenzt
Breite: aufgrund Absenkerbildung unbegrenzt
Winterhart, feuchte Lauberde in Sonne oder Schatten
Winterkahle, selbst haftende Kletterpflanze; kann auch als normaler frei stehender Strauch gezogen werden. Junge Triebe glänzen in warmem Braun; sie enden im Winter in hellgrünen Knospen. Blüht im Frühsommer über und über mit weißen Spitzenhäubchen. Leuchtend gelbes Herbstlaub.

Libertia peregrinans
Libertia
Höhe: 45 cm
Breite: 30 cm
Winterhart, Sonne
Die steifen braungrünen Blätter dieser Pflanze haben eine orange Mittelrippe, die im Winter besonders auffällt. Im Frühsommer erscheinen weiße Blüten. Die aufrechten Blattspeere kontrastieren mit orangefarbenen Tulpen und im Herbst mit der niedrigen polsterbildenden Myrtenaster *Aster ericoides* f. *prostratus* 'Snow Flurry'.

Olearia solandri
Baumaster
Höhe: 2,40 m
Breite: 2 m
Winterhart, Sonne
Immergrüner Strauch mit kleinen heideartigen Blättern, die nach Heliotrop duften. Unmengen weißer Blüten, auf die bräunliche Samenstände folgen, erscheinen im Spätsommer.

Prunus serrula
Mahagonikirsche
Höhe: 10 m
Breite: 8 m
Winterhart, Sonne
Der wohlproportionierte Baum wird seiner attraktiven Rinde wegen gepflanzt, die sich streifenweise ablöst und eine neue glänzende Rindenschicht in warmem Kupferbraun freilegt. So pflanzen, dass Sonnenlicht auf den Stamm fällt. ▼

Serratula seoanei
Färberscharte
Höhe: 45 cm
Breite: 30 cm
Winterhart, Sonne
Fein ziseliertes violettes Laub und kleine malvenviolette Distelköpfe im Oktober, die monatelang an der Pflanze verbleiben und sich im Frühjahr bei trockener Witterung wie neue Blüten öffnen. ▶

Edles SCHWARZ

*"Invention flags, the mind grows muddy,
And black despair succeeds brown study."*

*„Der Geist erlahmt, der Mut wird bang,
Auf Grübeln folgt jetzt schwarze Angst."*

William Congreve

„Schwarz hatte schon immer eine schlechte Presse", ist Fergus' Kommentar, als ich ihm dieses Zitat vorlese, während er mir noch schnell ein herrlich wärmendes und überhaupt nicht schwarzes Feuer anfacht.

Schwarz wird assoziiert mit Nacht, Dunkelheit, der verschärften Wahrnehmung von Geräuschen und ihrer schreckensvollen Interpretation. Schwarz ist das bedrohliche Unbekannte. Und doch sehnen sich in Wagners *Tristan und Isolde* die Protagonisten nach Nacht und Dunkelheit, und es ist der gefühllose Tag, den die menschlichen Eifersüchteleien und Missverständnisse zur Bedrohung machen.

Schwarz spielt für unsere Kleidung eine große Rolle. Bei der Abendgarderobe des Mannes ist es das ideale Gegenstück zu Weiß: Flächiges Schwarz – Jackett, Hose, Krawatte – im Gegensatz zu wenig gleißendem Weiß – Hemdbrust und Manschetten (von denen nicht zu wenig hervorschauen sollte). Im Sommer legen Männer eine weiße Abendgarderobe an, weil diese kühler sein soll, optisch jedoch ist sie wirkungslos.

Bei Blumen und Pflanzen findet sich lebendiges Schwarz vergleichsweise selten, doch es ist mondän und edel und daher sehr begehrenswert. Trotz seiner Negation des Lichts ist es ein Glanzpunkt, besonders, wenn die Oberfläche schimmert.

Nur wenige Pflanzen blühen von Natur aus schwarz, und so bemühen wir uns nach Kräften, weitere durch Züchtung so weit wie möglich in diese Richtung zu drängen – schwarze Helleboren beispielsweise, von der Art *Helleborus orientalis*. Diese fallen im

◀ *Schwarz im Garten nimmt vielerlei Gestalt an, nicht zuletzt die von Früchten – Ligusterbeeren beispielsweise und die Beeren der Zimmeraralie (*Fatsia japonica*) ebenso wie die des eng mit ihr verwandten Efeus (*Hedera helix*). Beider Beeren reifen erst im Frühjahr – die der* Fatsia *im Mai. Sät man die Samen sofort, so keimen sie im Nu.*

▲ *Die düster-violetten Blüten der Schachblume* Fritillaria persica *'Adiyaman' wirken fast schwarz. Sie stehen in einer Ähre auf einem kräftigen, grün belaubten Stängel und sorgen im April garantiert für eine kleine Sensation.*

▼ *Stockrosen* (Alcea rosea, *240 cm) gibt es in einer eindrucksvollen schwarzen Variante, 'Nigra'. Diese Farbe lässt die helle Blütenmitte ganz besonders hervortreten. Schwarze Blüten wecken grundsätzlich das Interesse des Betrachters.*

Garten überhaupt nicht auf, doch von Nahem betrachtet beeindrucken sie uns mit ihren bleichen Staubgefäßen. Jeder botanische Name, der *niger* oder *ater* enthält, bezeichnet Schwärze: *nigricans* = „schwarz werdend" oder „nahezu schwarz", *atropurpureus* = „schwarzviolett". Verwirrend wird es dann bei *Helleborus niger*, der unleugbar weiß blühenden Christrose, doch hier beschreibt das Wort die schwarzen Wurzeln.

Schwarz fasziniert; es weckt unser Interesse. Einen anderen Grund kann ich nicht erkennen, warum man die Storchschnabelart *Geranium phaeum* ziehen wollte, deren kleine schwarze Blüten vollkommen unbedeutend sind, vor allem in dem von ihr bevorzugten Walddunkel, das sie noch mehr als sowieso unvermeidbar verschluckt; dennoch zählt diese Pflanze eine große Anhängerschaft unter den Gärtnern. Ich gehöre nicht dazu; Show ist mein Motto, aber mir ist klar, dass manche die Dinge gern von Nahem beäugen. Für diese sind schwarze Blümchen etwas; wir dürfen jedoch nicht erwarten, dass der Garten eines Beäugers einen großartigen Gesamteindruck hinterlässt (außer vielleicht den eines großartigen Durcheinanders).

So mancher Amateur hat sich schon an der Schachblume *Fritillaria persica* 'Adiyaman' (75 cm) versucht. Auf einem gewichtigen Unterbau aus Stängel und grünem Laub (häufig wird sie von den Frühjahrswinden am Boden abgeknickt) trägt sie eine Ähre unproportional kleiner Glockenblüten, außen grau schimmernd, innen schwarz. „Ungewöhnlich" ist sie ganz gewiss.

Die Veilchen 'Molly Sanderson' und 'Bowles' Black' wurden wegen ihrer Schwärze selektiert, die bei *Viola* nicht natürlich ist. Die meisten „schwarzen" Blüten sind von einem sehr dunklen Violett, so zum Beispiel beim fast 200 cm hohen Schwarzen Germer *(Veratrum nigrum)*, einer Pflanze mit schön gefälteltem leuchtend grünem Laub zu Frühjahrsbeginn (die Schnecken lieben es leider), die später eine Kerze von Sternblüten in dunkelstem Mahagonibraun hervorbringt. In lichtem Schatten passt sie gut zu Lilien in sattem Orange, beispielsweise der Pantherlilie *(Lilium pardalinum)*. Im Juli eine kräftige Kolonie dunkler Germerpflanzen in ihrer ganzen Pracht sehen zu dürfen, ist schon atemberaubend. Und dennoch, als wirkungsvolle Gartenpflanze würde ich doch immer das weiße Pendant, *Veratrum album*, vorziehen.

Iris chrysographes (50 cm) tendiert von Natur aus zu Schwarz, was von den Züchtern zusätzlich stark gefördert wird. Und so finden wir heute 'Black Beauty', 'Black Knight', 'Black Velvet' und 'Kew Black' als Sortennamen und ebenso unverbrämtes Schwarz. Wenn Sie sie an sumpfiger Stelle neben farbenfrohe Etagenprimeln setzen, sehen sie ziemlich gut aus.

Schwarze Stockrosen *Alcea rosea* 'Nigra' können wirkungsvoll sein, entweder neben helleren Sorten oder in Verbindung etwa mit einer hohen gelben Königskerze *(Verbascum)*. Diese Stockrose schmückt außerdem ein heller Kegel aus Staubgefäßen.

Edles SCHWARZ

▲ Bei dieser einjährig gezogenen Kletterpflanze, dem Rosenkelch (Rhodochiton atrosanguineus), verbleibt der laternenförmige violette Blütenkelch wochenlang an der Pflanze, während die schwarze röhrenförmige Trompete bald abfällt. Die dunkle Blütenschleppe setzt sich hier vor dem charakteristisch gestreiften Blatt der Canna 'Striata' in Szene (und das ganz ohne unser Zutun).

▲ Die sehr dunkle Blütenrosette der Samtskabiose Scabiosa purpurea 'Ace of Spades' ist ein bezaubernder Hintergrund für ihre weißen Staubgefäße. Meist wird sie einjährig gezogen, doch manchmal beglückt sie uns noch ein zweites Jahr.

Ausgesprochen sympathisch ist mir die einjährige, manchmal auch mehrjährige Samtskabiose (Scabiosa atropurpurea, 90 cm), sofern sie, ihrem Namen getreu, sehr, sehr dunkel blüht. Eine solche Selektion ist im Handel allerdings selten; 'Ace of Spades', die ich gerne in meine Rabatten einfüge, wurde wegen dieser Eigenschaft ausgesucht. Ihre Attraktivität wird durch die darüber gesprenkelten weißen Staubgefäße noch gesteigert, die der Blume im Englischen den Namen „Nadelkissen" eingetragen haben.

Eine andere Pflanze, in deren Blüte sich der gleiche Kontrast findet, ist der Rosenkelch *Rhodochiton atrosanguineus*. Er wird allgemein als einjährige Kletterpflanze gezogen, kann aber tatsächlich einen milden Winter überdauern. Er zieht Girlanden violetter, baumelnder lampenschirmförmiger Blüten, wobei diese anhaftenden „Schirme" seine Blütenkelche sind. Darin aufgehängt findet sich eine weit vergänglichere röhrenförmige Trompete – in reinstem Schwarz, kann ich Ihnen versichern. In der Trompetenöffnung sind strahlend weiße Staubgefäße zu erkennen. Man muss nah herantreten und den Hals ein wenig recken, bevor man diesen Kontrast sehen, geschweige denn genießen kann: Doch eigentlich will ich nichts weiter sagen als dass die ganze Girlande, ob nun schwarz oder violett, ein hübscher, wirkungsvoller Blickfang ist. Ganz anders hingegen ein Peruanischer Salbei *(Salvia discolor)*, für den sich einige meiner Bekannten begeistern. Dies ist ein kleiner Strauch, der im Frühsommer blüht, doch darauf muss man erst einmal hingewiesen werden. Der Kelch ist grün; lediglich die kleine Blütenkrone ist schwarz. Kaum erwähnenswert, finde ich.

Schwarz in einer ansonsten kontrastfarbenen Blüte kann ein großer Gewinn sein, wie bei dem einjährigen Marienkäfer-Mohn *Papaver commutatum* (siehe Seite 17). Auch bei manchen Türkenmohn-Sorten tragen die Blütenblätter einen schwarzen Basisfleck, darunter vor allem *P. orientale* 'Black and White'.

Wir bemühen uns sehr um eine schwarze Dahlie. Am nächsten kommt dem 'Dark Secret', die außerdem erfreulicherweise eine schöne Pflanze ist. Sie bleibt relativ niedrig und trägt tief eingeschnittenes zartes Laub. Die Blüten sind einfach und fast schwarz mit einer Mitte aus dunkelgelben Einzelblüten und Staubblättern. Ich habe sie bisher nur beim Züchterwettbewerb gesehen, hoffe jedoch, sie eines Tages mein Eigen zu nennen.

Jahrelang war die nach Kakao duftende Schokoladenkosmee *(Cosmos atrosanguineus*, 45 cm) jedermanns Liebling. Sie bildet Wurzelknollen und ähnelt einer Dahlie derart, dass ich sie für einen Wechselbalg halten möchte. Sie kostete viel Geld, bis sie sich als guter Kandidat für die Meristemvermehrung erwies. Ist sie erst gut angegangen (ich habe sie mehrmals im ersten Winter verloren), so ist sie eine verlässlich winterharte Staude. Die eigentliche Pflanze ist allerdings eine recht krautige Angelegenheit, die ich inzwischen nicht mehr begehre (das dürfen Sie verstehen, wie Sie wollen).

▲ *Die Blüten der Drachenwurz* (Dracunculus arum) *wären in jeder Farbe ein Blickfang, doch die gespenstische Kombination von schwarzer Spadix vor violettem Hochblatt schlägt alles. Dieses Aronstabgewächs ist winterhart. Teilen Sie die Wurzelknollen alle zwei Jahre nach der Blüte im Juli, bevor sie für den Sommer einzieht, um eine anhaltende Blütenpracht zu sichern.*

◀◀ *Die aufregend schwarzen schaufelförmigen Blätter des Taro* Colocasia esculenta *'Black Magic' bleiben so gut wie unsichtbar, wenn man sie nicht irgendwie von der Umgebung absetzt. Ich habe dafür zwei weiß gezeichnete Blattpflanzen gewählt: Den Harfenstrauch* Plectranthus madagascariensis *'Variegated Mintleaf' darunter und das gestreifte Riesenschilf* Arundo donax var. versicolor *darüber.*

▶▲ *Manchmal ist es nur eine Kleinigkeit, wie hier die zehn schwarzen Staubbeutel in jeder Blüte des im Februar blühenden* Rhododendron *'Seta', die eine Pflanze vor anderen auszeichnet.*

▶ *Dem intensiven Blick einer schwarzäugigen Sonnenblume, hier die einjährige* Helianthus *'Valentine', können wir uns genauso wenig entziehen wie dem eines Menschen.*

Relativ viele schwarzviolett blühende Pflanzen sind von intensivem Duft, der nicht immer wohlgefällig ist. Das süßliche Aroma der oben beschriebenen Skabiose wirkt ein wenig schal. Der Schmalblättrige Klebsame (*Pittosporum tenuifolium*, 6 m), ein bedingt winterharter Baum/Strauch, öffnet im Mai Blüten in der Farbe von Bitterschokolade; nachts verströmen diese einen schokoladig-eigenartigen Duft. Die Fingerblättrige Akebie (*Akebia quinata*) zählt ebenfalls dazu; ohne ihren Duft würde man die Blüten kaum bemerken. Die Drachenwurz (*Dracunculus vulgaris*) umgibt ihren schwarzen Blütenkolben mit einem tiefvioletten Hochblatt. Sein Geruch nach verrottendem Fleisch lockt die ihn bestäubenden Schmeißfliegen an.

Manche Blüten haben schwarze Staubbeutel, die in deutlichem Kontrast zum Gesamteindruck stehen. Die spitzen kleinen Blätter von *Rhododendron* 'Seta' (150 cm) verschwinden im Februar nahezu unter rosa Blüten; in jeder einzelnen sitzen zehn schwarze Staubblätter. Sie sind unübersehbar. Ich habe auch eine weiße Schmucklilie (*Agapanthus*), die mit ihren schwarzen Staubgefäßen sehr elegant wirkt. Schwarz dient häufig als Accessoire: der schwarze Kegel, der wie ein Auge die Blütenmitte der tiefgelben Rudbeckie ziert; die schwarze Mitte der meist orangefarbenen Schwarzäugigen Susanne (*Thunbergia alata*).

Oft sind es nicht die Blüten, sondern die Stängel oder Blätter, die im auffälligen Kontrast zur übrigen Pflanze stehen. Die schwarzen Blätter des Scharbockskrautes *Ranunculus ficaria* 'Brazen Hussy' sind ein idealer Hintergrund für ihre lebhaft gelben Blüten. Diese beliebte Pflanze habe ich selbst eingeführt. Sie wuchs wild in einem Waldstück in der Nähe, und ich hatte seit Jahren davon gewusst, bis mein holländischer Freund und damaliger Obergärtner Romke van de Kaa vorschlug, sie in die Gartenwelt einzuführen.

Der Schlangenbart *Ophiopogon planiscapus* 'Nigrescens', eine niedrige, riemenblättrige Pflanze, ist ganz und gar schwarz; einzig sein lichtreflektierender Glanz sorgt für etwas Helligkeit. Bei ihm stellt sich grundsätzlich die Frage, wie man ihn einbringen soll. Eine beliebte Praktik ist eine Zwischenpflanzung mit weißen Schneeglöckchen, doch diese blühen nur sehr kurz, bestehen danach wochenlang nur aus schlappem grünem Laub, um schließlich ganz zu verschwinden. Da dieser Schlangenbart sich ganz gut über Wurzelausläufer ausbreitet, eignet er sich auch für Pflasterfugen, wobei das Pflaster (natürlich von Qualität) für den hellen Hintergrund sorgt. Man kann ihn auch neben eine andere sich ausbreitende Pflanze von ähnlichem Habitus setzen; ich habe ihn neben den grünen Farnwedeln der neuseeländischen Seefeder (*Blechnum penna-marina*) gesehen. Die beiden verbinden sich harmonisch, wo sie sich aneinander drängen. Eine solche Kombination verlangt grundsätzlich nach Aufsicht, damit nicht ein Pflanzpartner den anderen überrennt. Perfekte Ehen gibt es nur im Himmel.

Edles SCHWARZ

Dieser Schlangenbart ist ein Extremfall, ebenso wie der Taro *Colocasia esculenta* 'Black Magic' (110 cm). Hier handelt es sich um eine frostempfindliche Staude, die den Sommer über ins Beet ausgepflanzt oder in den Teich gesenkt werden kann. Dieses Aronstabgewächs hat wie ein Großteil seiner Verwandtschaft pfeilförmige Blätter. Ich habe noch keine Blütenansätze gesehen, doch Blätter und Blattstiele sind schwarz und reflektieren nur wenig Licht. Die beste Art, sie herauszustellen, scheint mir vor weiß gemustertem Laub, und so habe ich das breit weiß gestreifte Riesenschilf *Arundo donax* var. *versicolor* dahinter gesetzt und den niedrig rankenden grünweißen Harfenstrauch *Plectranthus forsteri* 'Marginatus' davor (Seite 180/181).

Unter den Buntnesseln gibt es eine auf den passenden Namen 'Inky Fingers' getaufte Sorte. *Solenostemon* ist der korrekte Name dieser auch als *Coleus* bezeichneten Gattung, zu der hauptsächlich Blattpflanzen in vielen kunterbunten Farben zählen. Sie sind frostempfindlich und werden normalerweise im Topf gezogen, machen sich im Sommer aber auch im Beet sehr nett. 'Inky Fingers' hat grüne Blätter mit schwarzen Spitzen.

Bei der japanischen Wachsglocke *Kirengeshoma palmata* (120 cm) sind die Stängel und die Hauptblattadern schwarz, das Blatt mit seiner interessanten Kontur jedoch ist grün und die Blüten sind hellgelb. Wie bei anderen Zusammenstellungen wirkt

▲ 'Nigra', eine alte Sorte der Bauernhortensie *Hydrangea macrophylla*, zeichnet sich heute wie vor Jahren durch ihre schwarzen Zweige aus. Wenn im Winter das Laub abgefallen ist und die Blütenstände braun sind, sind sie nicht zu übersehen. Vor März schneiden wir nicht zurück.

das Schwarz dazu sehr edel. Derselbe Effekt findet sich bei einer eher gewöhnlichen heimischen Wiesenpflanze, der Kuhblume oder dem Wiesenkerbel *Anthriscus sylvestris* 'Ravenswing'. Er trägt weiße Blüten zu zergliederten schwarzen Blättern.

Die Silberkerze *Cimicifuga simplex* var. *simplex* Atropurpurea-Gruppe (120 cm) hat sehr dunkle Blätter und Stiele, die in ausgeprägtem Kontrast zu ihren weißen Blütenkerzen stehen. Sie ist permanent für einen großen Anlass gekleidet und fordert einen Preis, der ihrem gesellschaftlichen Rang entspricht. Ich möchte darauf hinweisen, dass die Gärtnereien aufgrund von Eile und hoher Nachfrage häufig die Pflanzen aus Samen ziehen, was zu gemischten Ergebnissen führt (daher die Bezeichnung „Gruppe" in ihrem Namen). Angeblich selektieren sie nur solche Sämlinge mit besonders dunklem Laub, doch die Fakten sagen anderes aus. Mit ihrer durchsichtigen Struktur ist diese Spezies gut für den Beetrand geeignet, beispielsweise vor dunkelblauem Eisenhut.

Der Schwarzrohrbambus *Phyllostachys nigra* lässt uns auf einen eleganten Kontrast zwischen grünem Blatt und schwarzem Rohr hoffen. Die Wirkung kann ausgesprochen edel sein, in der Praxis jedoch findet man den Farbkontrast selten. Vollkommen schwarze Halme hat keine der bekanntesten Selektionen, wie *punctata, henonis* oder 'Boryana'. In manchen Fällen färbt sich das Rohr im Alter schwarz, sagen wir nach vier Jahren, doch wer wie ich seinen Bambus gern regelmäßig ausdünnt und die ältesten Triebe herausnimmt, um nur die jungen, kräftigsten stehen zu lassen, sitzt in der Klemme. Am besten suchen Sie nach einer Pflanze, deren Triebe sich bereits jung schwarz färben. Das ist zum Beispiel *P.n.* forma *nigra*, die von P.W. Plants angeboten wird; diese Firma ist für ihren ausgezeichneten Bambus bekannt.

Die schwarzen Zweige mancher Sträucher wirken am schönsten im Winter, ohne störendes Laub. Ein solcher Strauch ist die Hortensie *Hydrangea macrophylla* 'Nigra', eine alte Sorte mit zwar relativ kleinen, jedoch verlässlich und zahlreich hervorgebrachten Hortensienblüten in Rosa oder Hellblau. Selbst zur Zeit der Blüte sind die Stängel noch bemerkenswert.

Ein weiterer Strauch mit schwarzen Zweigen ist der Tatarische Hartriegel *Cornus alba* 'Kesselringii'. Was soll ich damit?, fragen Sie sich vielleicht, wo wir doch bereits Sorten mit brillant roten Trieben und den Weißen Hartriegel *C. stolonifera* 'Flaviramea' mit leuchtend gelbgrünen Ruten haben. Wenn Sie jedoch alle drei Sorten in Gruppen nebeneinander setzen und ein paar weißstämmige Birken dahinter, wie ich es in einer aus den zwanziger Jahren stammenden Pflanzung bei Herstmonceux Castle in East Sussex sah, werden auch Sie den Anblick umwerfend finden.

Schließlich und endlich zeigt sich in der Pflanzenwelt Schwarz bei den Beeren, nicht zuletzt den wilden Brombeeren, die ich im Herbst gern sammle. Die Überzeugung, dass Vögel rote Beeren andersfarbigen vorziehen – gelben, orange- oder rosafarbenen,

Edles SCHWARZ

▲ *Zwischen grünem Ewigblatt* (Aeonium) *und anderen Sukkulenten ziehen die glänzenden schwarzen Blätter des* Aeonium arboreum 'Zwartkop' *mühelos die Aufmerksamkeit auf sich. Den Sommer über lassen sie sich schön im Beet arrangieren. Hier haben sie ihren Platz in einer warmen, sonnigen Rabatte, die wir relativ trocken halten. Manchmal welken sie in der Sonne, um sich dann aber bald wieder aufzurichten.*

blauen oder schwarzen –, ist nicht auszurotten, obwohl sie sich meiner Erfahrung nach auf keinerlei Fakten gründet. Unsere Züchter selektieren Farbabweichungen, beispielsweise gelbe Beeren beim Ilex, um der bunten Vielfalt willen. Doch warum die Natur eine Farbe einer anderen vorziehen sollte, weiß ich nicht. Die Beere ist die Eigenwerbung der Pflanze; Vögel sollen ermuntert werden, sie zu fressen und ihre Nachkommenschaft in der Welt zu verstreuen, so ungehalten es uns auch machen mag. Warum jedoch die Farben dabei so vollkommen unterschiedlich ausfallen, bleibt mir ein Rätsel.

Schwarz ist absolut nicht die üblichste Beerenfarbe, und doch treffen wir es immer wieder an, beispielsweise beim gewöhnlichen Efeu *Hedera helix*. Efeubeeren reifen im Februar, im noch Winter, und Vögel (besonders Ringeltauben) lassen sie sich nur zu gerne schmecken. Ligusterbeeren sind schwarz; die reichste Ernte tragen unsere heimische Rainweide *Ligustrum vulgare* (am häufigsten auf kalkhaltigen Böden anzutreffen) und der Immergrüne Heckenliguster *L. ovalifolium*. Da Hecken geschnitten werden, sieht man nur selten Frucht an der zweiten Art. Haben Sie jedoch im Oktober die Gelegenheit, fruchtbeladene Zweige dieses Strauchs mit den pink-orangefarbenen „Pfaffenhüten" an den Zweigen des Spindelbaums *(Euonymus europaeus* oder einer verwandten Art) zu arrangieren, werden Sie begeistert sein.

Die beste Verwendung für Schwarz ist immer der auffälligste Kontrast. Das wär's dann, Schwarz auf Weiß.

Edles SCHWARZ

Alcea rosea 'Nigra'
Stockrose
Höhe: 200 cm
Breite: 45 cm
Winterhart, Sonne
Staude mit Blüten in sehr dunklem Mahagoniton, der als Schwarz durchgeht. Setzen Sie sie in den vorderen Rabattenbereich, um sie aus der Nähe bewundern zu können. Aus Saatgut ziehen oder aussamen lassen.

Anthriscus sylvestris 'Ravenswing'
Wiesenkerbel
Höhe: 100 cm
Breite: 45 cm
Winterhart, Halbschatten
Kurzlebige Staude mit filigranem, dunkelviolettem, beinahe schwarzem Laub und Stiel. Zarte weiße oder hellrosa Blüten erscheinen am Ende des Frühjahrs. Das Laub stirbt im Hochsommer ab. Kombinieren Sie sie mit rosa Blüten. ▼

Dracunculus vulgaris
Drachenwurz
Höhe: 60 cm
Breite: 45 cm
Winterhart, Halbschatten
Leicht zauberisch aussehendes Aronstabgewächs mit glänzendem Laub und einem pechschwarzen Blütenkolben vor dem dunkel violettschwarzen Hochblatt. Die Blüte hält drei Tage; beim Aufblühen lockt sie mit ihrem Geruch nach verdorbenem Fleisch Schmeißfliegen zur Bestäubung an. Ein geborener Solist.

Fatsia japonica
Zimmeraralie
Höhe: 350 cm
Breite: 350 cm
Bedingt winterhart, Sonne / leichter Schatten
Runde schwarze Beeren an kontrastierenden weißen Stielen sind an diesem markanten immergrünen Strauch ein Winterbonus. Seine großen glänzenden Blätter bringen das ganze Jahr Licht in dunkle Ecken. Auf weiße Blüten im Herbst folgen schwarze Beeren (siehe Seite 176).

Iris chrysographes
Höhe: 50 cm
Breite: 8 cm
Winterhart, Sonne / leichter Schatten
Eine schlanke, elegante Iris für feuchten Boden mit erstaunlich dunklen Blüten mit goldener Zeichnung. Sorten wie 'Black Beauty' und 'Black Knight' sind so dunkel, dass man die Farbe fast Schwarz nennen kann. Probieren Sie dazu leuchtend bunte Etagenprimeln. ▼

Kirengeshoma palmata
Höhe: 120 cm
Breite: 75 cm
Winterhart, Halbschatten
Schöne Waldpflanze mit klar hervortretenden schwarzen Stängeln und Blattadern, die sowohl das Hellgelb der Blüten als auch das Hellgrün der Blätter schön hervorheben. Probieren Sie als Kontrast daneben die scharlachroten Beeren des Aronstabs.

Ophiopogon planiscapus 'Nigrescens'
Schwarzer Schlangenbart
Höhe: 15 cm
Breite: 30 cm
Winterhart, Sonne
Eine büschelig wachsende Pflanze mit schmalen linealischen Blättern; erinnert an schwarzes Gras. Schön in Pflasterfugen oder in Verbindung mit den grünen Farnwedeln der neuseeländischen Seefeder (*Blechnum penna-marina*). ▼

Phyllostachys nigra
Schwarzrohrbambus
Höhe: 4 m
Breite: 3 m
Winterhart, Sonne / leichter Schatten
Horstbildender Bambus mit biegsamem Rohr, das sich im Alter schwarz färbt. Die Halme von *P.n.* forma *nigra* nehmen bereits jung eine schwarze Färbung an. Setzen Sie sie so, dass die Farbe des Rohrs sichtbar ist, etwa dort, wo die Abendsonne darauf fällt. ▼

Rhodochiton atrosanguineus
Rosenkelch
Höhe: 300 cm
Frostempfindlich, Sonne
Diese einjährig gezogene Kletterpflanze trägt Girlanden violetter Blütenkelche mit dramatischen, röhrenförmig verwachsenen schwarzen Kronblättern und weißen Staubgefäßen. Im Herbst säen, unter Glas vorziehen und im Frühjahr an Winterjasmin oder einen anderen Strauch setzen.

Ranunculus ficaria 'Brazen Hussy'
Scharbockskraut
Höhe: 10 cm
Breite: 15 cm
Winterhart, Sonne
Glänzende, leuchtendgelbe Blüten öffnen sich im späten Winter und zeitigen Frühjahr über schwarzbronzenem Laub; die ganze Pflanze verzieht sich noch vor Sommerbeginn unter die Erde. Benötigt einen sonnigen Standort, um die Blätter auszufärben. ◀

Scabiosa atropurpurea 'Ace of Spades'
Samtskabiose
Höhe: 90 cm
Breite: 30 cm
Winterhart, Sonne
Nahezu schwarze Blüten schmücken sich mit weißen Staubgefäßen, die über den dunklen Blütenblättern schweben. Setzen Sie sie zu kurzen weichen Gräsern.

Viola x *wittrockiana* ▶ 'T & M's Black Pansy'
Stiefmütterchen
Höhe: 10 cm
Breite: 10 cm
Winterharte, kurzlebige Staude, am besten in der Sonne. Viele benannte Stiefmütterchen und Veilchen zweifelhafter Herkunft tragen nahezu schwarze Blüten und säen sich halbwegs verlässlich sortenecht aus. Am besten wirken sie über hellem Kies.

REGISTER

Die Seitenzahlen in *kursivfetter Schrift* beziehen sich auf Abbildungen.

A

Abutilon x suntense 87, 92
  A. vitifolium 87
Acanthus spinosus 74, *156*
Acer campestre 129
  A. griseum 167, 175, *175*
  A. negundo 'Flamingo' 152
Achillea filipendulina 58
  A. 'Lucky Break' *10*, *11*, 87, *88–89*, *158–159*
Aconitum carmichaelii 'Kelmscott' 139
  A. 'Spark's Variety' *58*
Aeonium 'Zwartkop' *185*
Agapanthus 62, *62*, *118*, 182
  A. 'Loch Hope' *62*, 76
Ageratum 'Blue Horizon' 50, 84–87, *86*, 92
Akebia quinata 182
Alcea rosea 'Nigra' *178–179*, *178*, 187
Allium *111*
  A. 'Beau Regard' 92
  A. cristophii *10*, *11*, 87, 92, *92*, *120*, 122
  A. 'Gladiator' 92
  A. 'Globemaster' 92
  A. hollandicum 87, 93
  A.h. 'Purple Sensation' 80, *164*, **164**
  A. 'Lucy Ball' 92
  A. neapolitanum 50
  A. tuberosum 38, *142*, **142**, *143*
Alonsoa warscewiczii 46–50, 54
Alstroemeria aurea 38, 54
  A.a. 'Dover Orange' 38, 54
  A. Ligtu hybrids 37–38
Alyssum saxatile 90, 92
Amaranthus 82, 92
  A. hypochondriacus *164*, *164*
Ammi majus *10*, *88–89*, 110, *112–113*
Ampelopsis glandulosa var. brevipedunculata 'Elegans' 153
Anagallis linifolia 137, 138
  A. monellii subsp. linifolia *68*, 68
Anchusa 114
  A. azurea 66, 122
  A. a. 'Dropmore' 66
  A. a. 'Opal' 66
Anemone x fulgens 32, *33*, 34, *34*
  A. hupehensis 'Bowles' Pink' 135
  A. h. 'Hadspen Abundance' *140*, 152
  A. x hybrida 152
  A. x hybrida 'Honorine Jobert' *87*, 114, *114*, 122
Anthemis sancti-johannis 38, 54
  A. tinctoria 'E.C. Buxton' *137*
Anthriscus sylvestris 'Ravenswing' 184, 187, *187*
Aquilegia 'Magpie' *119*
  A. 'William Guiness' *119*
Arabis Snowcap *115*, 115, 136
Arctotis 51
Arisaema 98
  A. consanguineum 98, 106, *106*
Artemisia alba 'Canescens' 44, 54
  A. arborescens 60, 148
  A. capillaris 104, 106, *106*
  A. lactiflora 55, *157*, 164
  A. ludoviciana 'Silver Queen' 152, 163
  A. 'Powis Castle' 148, 164
Arum 98
  A. creticum 98, 130, 138, *138*
  A. italicum *53*
  A. i. subsp. italicum 'Marmoratum' 53, 98, *98*, 106
  A. maculatum 53, *53*
Arundo donax var. versicolor 28, 34, 160, 164, *180–181*, 183
Asarum europaeum 98, 106
Asclepias tuberosa *58*
Asperula orientalis 55, 70
Asplenium scolopendrium Crispum Group 99
Aster 82
  A. dumosus 82
  A. ericoides f. prostratus 'Snow Flurry' 175
  A. x frikartii 34, 82, 92
  A. x frikartii 'Mönch' *84*
  A. lateriflorus 'Horizontalis' *169*
  A. 'Little Carlow' *84*
  A. macrophyllus 82
  A. sedifolius 52, 82, 92
Astilbe chinensis var. taquetii 'Superba' 77, 80–82, *83*, 93, 164
Athyrium filix-femina 'Plumosum Axminster' 96, 106
  A. niponicum var. pictum *106*
Atriplex hortensis 82, 93, *160*
  A. h. var. rubra 30, 82, 83, *118*, 164
Aubrieta 90, *90*, 91, 92, 120
Aucuba japonica 'Crotonifolia' 129, *129*
Auricula 'Brownie' 172
Aurinia saxatilis 90, 92

B

Baptisia australis 63, **66**, 67
Bassia scoparia f. trichophylla 104, 106
  B. c. t. 'Evergreen' *105*
Baum
  Rinde 167
  Laub 104
Beeren 184, 185
Begonia 93
  B. 'Dragon Wing' *75*
  B. 'Stara White' 122, *122*
Bellis 144, 153
  B. perennis 68
Berberis x stenophylla 129
Bergenia 'Ballawley' *150*
  B. stracheyi 90, *91*
Berkheya 116
  B. macrocephala *137*
berries 184, 185
Blau 57–77
Blechnum penna-marina 182, 187
Bomarea caldasii 52, *52*
Borago officinalis 70
Bougainvillea 163
  B. glabra **163**
Brachyscome 55
Braun 167–175
Browallia americana 20, 50, 54, *117*
Brugmansia 121
Buchenhecke 173
Buddleja davidii 'Black Knight' 157
  B. d. 'Dartmoor' **100**
  B. d. 'Harlequin' 157
  B. d. 'Royal Red' 157
  B. 'Lochinch' 38, 55, 100
Bupleurum falcatum 32, 34

C

Calamagrostis x acutiflora 'Karl Foerster' *41*, 172, **173**, 175
  C. x acutiflora 'Overdam' 175
Calendula 37, 70
  C. officinalis **38**, 54, 76
Caltha palustris 128
  C. p. 'Flore Pleno' 128, 138
Camassia cusickii 76, *76*
  C. quamash 76
Camellia 72, 121, 168
  C. japonica 'Margherita coleoni' *73*
Campanula lactiflora 80, 81, 92
  C. medium 35
  C. patula 79, 80, 92, **92**
  C. persicifolia 79–80, 120
Canna 23, **131**
  C. 'Durban' **23**, 46
  C. 'Erebus' 150, 152
  C. 'General Eisenhower' 24, 34
  C. indica 'Purpurea' 9, **22**, 23, **25**, 34, 35, 160
  C. Tropicanna ('Phasion') **23**
  C. 'Striata' **46**, *179*
  C. 'Wyoming' 46, **47**, 54, *54*
Carex buchananii 168, 175
  C. elata 'Aurea' *69*
Carlina acaulis 175
  C. vulgaris *166*, 173, 175
Carpobrotus edulis 163
Caryopteris x clandonensis 59–60, 76
  C. x clandonensis 'Worcester Gold' 60, **60**, 76
Cassia corymbosa 137
Catalpa bignonioides 'Aurea' 30
Ceanothus 61
  C. arboreus 'Trewithen Blue' *61*, 76
  C. 'Puget Blue' *61*
Centaurea cineraria 20
  C. cyanus 68–70, *71*
  C. c. 'Blue Diadem' *70*
  C. glastifolia 138, **138**
  C. c. gymnocarpa 20
  C. macrocephala 138
  C. montana 70
Cephalaria alpina 58, 76
Ceratostigma willmottianum 60
Cerinthe major 'Purpurascens' 76, *76*
Chaerophyllum hirsutum 'Roseum' 164
Chatto, Beth *33*, 44, *45*, 60, *111*, *120*, *145*, 150, 155, 162
Chionodoxa 73, *73*
  C. luciliae 73, 76
  x Chionoscilla *73*
  x C. allenii 73
Chrysanthemum 173
  C. segetum 130, *131*, 138
Cimicifuga simplex var. simplex Atropurpurea Group 184
Cirsium rivulare 'Atropurpureum' *136*
Cistus x pulverulentus 'Sunset' *163*, 164
  C. x purpureus **142**, *163*, 164
Clematis 155
  C. 'Alba Luxurians' 120
  C. 'Etoile Violette' **156**, 160
  C. flammula *161*, 164
  C. 'Gipsy Queen' 160–1
  C. 'Huldine' *121*
  C. 'Jackmanii Superba' *4*, **40**, **155**, 160
  C. x jouiniana 'Praecox' *100*
  C. montana var. rubens 148
  C. 'Perle d'Azur' **155**
  C. 'Prince Charles' **145**, *148*, 152
  C. recta 'Purpurea' *17*, 160, **160**
  C. rehderiana **114**
  C. 'Royal Velours' *157*, 164
  C. x triternata 'Rubromarginata' 139
  C. 'Victoria' **154**, 164
  C. viticella 34
  C.v. 'Purpurea Plena Elegans' 164, *164*
Cleome hassleriana 152, **152**
  C. pungens 92
Clerodendrum bungei *97*
  C. trichotomum 74
Colchicum 163
Colocasia esculenta 'Black Magic' *180–181*, 183

REGISTER

Consolida 'Blue Cloud'
38, *112–113*
Convolvulus cneorum **115**
Coreopsis 63
  C. verticillata **63**
Cornus alba 'Kesselringii'
184
  C. alternifolia 'Argentea'
  7*, **8–9**
  C. stolonifera 'Flaviramea'
  184
Cortaderia selloana
  'Pumila' 16, ***41***
Corylopsis glabrescens **124**,
  126, 138
Cosmos atrosanguineus
  179–182
  C. bipinnatus 87
  C. b. 'Purity' 46, ***48–49***,
  54, ***67***, 90, 115, 157, 165
  C. sulphureus 46
Cotinus coggygria 'Royal
  Purple' 157–160, 164
Cotoneaster horizontalis 52
Cotyledon orbiculata 74
Crambe cordifolia 110, 122
  C. maritima **119**
Crataegus laciniata 90
  C. laevigata 173
Craven Nursery 172
Crepis 130
  C. incana 144, 152
Crinum x *powellii* **149**
Crocosmia **62**, 63
  C. 'Citronella' ***40***, 82, 92
  C. x *crocosmiiflora*
  'Solfatare' 44, 54
  C. 'Late Lucifer' ***30***, ***31***
  C. 'Lucifer' ***14***, 32, 34,
  64–65, 123, 165
  C. masoniorum 'Dixter
  Flame' ***31***
  C. pottsii 68
Crocus 157
  C. flavus 90, 92
  C.f. subsp. *flavus* 42, 54
  C. x *luteus* 12
  C. x *l.* 'Dutch Yellow' 138
  C. nudiflorus 157
  C. speciosus 90, 157
  C. tommasinianus 42, 54,
  90, 92, ***92***, ***126***
Cyclamen coum 92
  C. hederifolium **99**
Cynara cardunculus **11**, 17,
  35, 38, **100**
Cynoglossum amabile 37,
  38, 54, ***72***, *72*, 76, 77
Cyperus papyrus 160
  C. vegetus **99**
Cytisus battandieri 93
  C. scoparius 129

D
Dactylorhiza foliosa 165
Dahlia 23, 25–6, 59, 87,
  131, 155
  D. 'Alva's Doris' ***25***, 59
  D. 'Bishop of Llandaff'
  24, 25–6, 34, 160
  D. 'Chimborazo' ***4***
  D. 'Clair de Lune' 84
  D. 'Dark Secret' 179
  D. 'David Howard' **9**, 12,
  46, ***47***, ***48–49***, 54, ***54***, 115
  D. 'Ellen Huston' 26, 34
  D. 'Grenadier' ***22***, 26,
  34, ***34***
  D. 'Hillcrest Royal' 84,
  160, 164
  D. 'Pearl of Heemstede'
  145, ***146–147***
  D. 'White Ballet' 160
  D. 'Wittemans Superba'
  24
Daphne mezereum 12
Datura meteloides 121
Delphinium 57, 76, 105,
  116, 153
  D. 'Mighty Atom' ***10***, 87,
  88–89
Dianthus 142–144
  D. carthusianorum
  162, 164
  D. 'Doris' 142
  D. 'Haytor White'
  122, ***122***
  D. 'Inchmery' 144, 152
Dicentra spectabilis **150**
  D.s. 'Gold Heart' 150
Dictamnus albus var.
  purpureus 157, 164
Dierama pulcherrimum 152,
  152
Digitalis **10**, 67
  D. purpurea 'Sutton's
  Apricot' ***10***, 38
Dipsacus fullonum **11**, 173,
  174, 175
Doronicum 115
Dracunculus vulgaris 182,
  182, 187

E
Echinops 62
  E. bannaticus 'Taplow
  Blue' **62**, 76
  E. ritro subsp. *ruthenicus*
  62, **62**
Echium **137**
Epimedium pinnatum
  subsp. *colchicum* 98
Eranthis hyemalis 90, 126,
  126, 138
Eryngium alpinum 63, ***63***
  E. giganteum **111**
  E. x *oliverianum* 54, 62,
  64–65, 76

  E. x *tripartitum* 63
Erysimum 50
  E. allionii 54
  E. 'Bowles' Mauve' **145**
  E. cheiri 'Cloth of Gold'
  130, 138
  E. linifolium 42, ***42***, 80,
  92
  E. 'Ruby Gem' 130, 138
Erythronium dens-canis 152,
  152
Escallonia bifida **48–49**
Eschscholzia 79, 92, 137
  E. californica 38
Eucalyptus 74
  E. gunnii 23, **25**, 34
Euonymus europaeus
  173, 185
Eupatorium 143
  E. capillifolium 104, 106
  E. purpureum **31**, 155,
  164
  E.p. 'Atropurpureum' 38,
  55, 155, ***157***, 164
Euphorbia **39**
  E. amygdaloides var.
  robbiae **90**
  E. characias **45**
  E. griffithii 'Dixter' 42,
  44, 54
  E. g. 'Fireglow' 42, 54,
  54, 87, 92
  E. x *martinii* 32, ***32***, 35, **97**
  E. myrsinites 32, ***33***, 34,
  145
  E. palustris 106, ***106***
  E. polychroma 32
  E. rigida 32
  E. schillingii ***104***, 162
  E. seguieriana 152
Exochorda x *macrantha*
  'The Bride' 122

F
Fagus sylvatica 173
Farfugium japonicum
  'Argenteum' 106
  F. j. 'Aureomaculatum'
  106, ***106***
Farne 96, 98
Fascicularia bicolor **26**
x *Fatshedera lizei* 96, ***96***
Fatsia japonica 96, ***177***, 187
Felicia 55
Formgehölze **169**
Fraxinus pennsylvanica
  'Aucubifolia' 129–130
Fritillaria imperialis 42–44,
  45, 54
  F. persica 'Adiyaman'
  178, ***178***
  F. pyrenaica 168
Fuchsia magellanica var.
  gracilis 'Aurea' **58**
Furcraea longaeva **23**

G
Gaillardia 'Red Plume' 77
Galanthus 'Atkinsii' 122
Galium odoratum **120**
Garrett, Fergus 84, 110,
  130, 137, 157, 163, 168,
  177
Gaura lindheimeri 148
  G. l. 'Siskiyou Pink' 148
Gazania 51, 163
Gentiana acaulis 66–8
  G. asclepiadea 68, **68**
  G. verna 66
Geranium 'Ann Folkard'
  10, 87, ***88–89***, 161, 165
  G. cinereum var.
  subcaulescens 161
  G. phaeum 178
  G. procurrens 161
  G. psilostemon 35, 38, 54,
  161, 162, 165, ***165***
  G. p. 'Bressingham Fair'
  161
  G. x *riversleaianum*
  'Russell Prichard'
  162–163, 165
  G. rubescens 17, 35
  G. sanguineum 165
  G.s. 'Shepherd's
  Warning' 165
  G. wallichianum
  'Buxton's Variety' 77, **77**
Geum 'Borisii' 44, 54
Ginkgo biloba 129
Gladiolus 51
  G. alatus 51
  G. communis subsp.
  byzantinus 162, ***162***, 165,
  165
  G. tristis 84, 93
Glaucium corniculatum **12**
  G. flavum 54
  G. f. f. fulvum 44, 54
Gleditsia triacanthos
  'Elegantissima' 100, 106
Glen Chantry, Essex **69**
Gräser 172
Grevillea 'Canberra Gem'
  27
Grün 95–107
Gunnera manicata 155
  G. tinctoria 155
Gypsophila paniculata 110,
  152
  G. p. 'Bristol Fairy' 122
  G. p. 'Flamingo' 122, 148
  G. 'Rosenschleier'
  148, 152

H
Hakonechloa macra
  'Aureola' 172, 175
hawthorn 90
Hebe 145
  H. 'Great Orme' 145, 152

  H. 'Watson's Pink' 145,
  148, 152
Hecke, Buchen- 173
Hedera colchica 'Dentata
  Variegata' 96
  H. helix **27**, ***176***, 185
  H. h. 'Buttercup' **86**
Hedychium 44
  H. coccinium 'Tara'
  44, **55**, ***55***
  H. densiflorum 44, ***161***
  H. d. 'Assam Orange' 44
Helenium 'Moerheim
  Beauty' ***4***, ***39***, **50**
Helianthus 'Lemon Queen'
  138, ***141***, 150
  H. 'Monarch' 134–135,
  138
  H. salicifolius **59**, **96**,
  100, ***100***, 105, 107, 110,
  143, 160
  H. 'Valentine' **183**
Helictotrichon sempervirens
  165
Heliophila 55
Helleborus argutifolius
  107, ***107***
  H. niger 178
  H. x *nigercors* 114, 122
  H. orientalis 177
Hemerocallis 145
  H. 'Fairy Tale Pink' 148
  H. 'Marion Vaughn' 79,
  82, ***82***
  H. 'Stoke Poges' 148
Hepatica nobilis 92
Herbstfarbe 26–27
Herstmonceux Castle,
  East Sussex 184
Hesperis matronalis 66
  H.m. var. *albiflora*
  114, 122, ***122***
Heuchera 'Raspberry
  Regal' **137**
Hieracium 130
Hippocrepis emerus 44
Hosta 98
  H. 'Buckshaw Blue'
  73–74, **77**
  H. 'Halcyon' ***73***, **74**, 77
Houttuynia cordata
  'Chameleon' **31**
Hunnemannia fumariifolia
  137, 138
Hyacinthoides hispanica
  'Chevithorn' **58**
Hyacinthus **127**, 144, **145**
  H. orientalis. 'Anna Marie'
  144, 152
  H. o. 'Carnegie' 123, ***123***
  H. o. R. 'Jan Bos' 144
  H. o. 'King of the Blues'
  77, **77**
  H.o. 'Lady Derby'
  144, 152

189

Hydrangea 60, 80, 92, 135
  H. anomala subsp. *petiolaris* 175, *175*
  H. arborescens 'Annabelle' *11*
  H. macrophylla 'Générale Vicomtesse de Vibraye' 60–61, *60*, 77
  H. m. 'Nigra' 184, *184*
  H. paniculata 'Tardiva' 139
  H. serrata 'Bluebird' 60
Hypericum 135
  H. 'Hidcote' 135
  H. 'Rowallane' 135–136

I
Ilex x *altaclerensis* 'Golden King' 32, 34
Impatiens 20–23, 34, 120
  I. tinctoria 123, *123*
Inula magnifica 135
Ipheion uniflorum 127
Ipomoea lobata 7, *13*, 90
  I. tricolor 'Heavenly Blue' 72–73
Iris 35
  I. chrysographes 178, 187
  I. foetidissima 53
  I. pseudacorus 128
  I. p. var. *bastardii* 128
  I. p. 'Variegata' 128–129, *128*
  I. sibirica 'Placid Waters' 69
  I. unguicularis 79, 93, *93*
Itea ilicifolia 100

J
Jekyll, Gertrude 13, 57
Juniperus sabina 'Tamariscifolia' *99*

K
Karde *11* (siehe *Dipsacus fullonom*)
Kardone siehe *Cynara cardsunculus*
Kerria japonica 'Albescens' 128
  K.j. 'Pleniflora' 128
Kingdon-Ward, Frank 44
Kirengeshoma palmata 53, *53*, 68, 183, 187
Kniphofia 40, 62, *143*
  K. 'Gladness' *137*
  K. linearifolia 41
  K. 'Lord Roberts' *41*
  K. rooperi 40
  K. 'Torchbearer' *132–133*
  K. uvaria 'Nobilis' *4*, *31*, 38, *40*, 55
Kochia siehe *Bassia*
Kürbis, Turban- 53

L
Laburnum 90
Laub
  Herbstfarbe 26–27
  violett 157-160
  Textur 7–8
  Bäume 104
  panaschiert 7
Lavandula angustifolia 87–90
  L. dentata 90
  L. stoechas 90
  L.s. subsp. *pedunculata* 'James Compton' 93, *93*
Lavatera 144
  L. 'Barnsley' 144
  L. 'Blushing Bride' 144
  L. 'Bredon Springs' 139, 150
  L. cachemiriana 144
  L. 'Rosea' 144
Lawson, Andrew 13
Leontodon 130
  L. autumnalis 134
Leucanthemella serotina 155
Leucanthemum x *superbum* 114
  L. vulgare 108
Leymus arenarius 20, *20*, 35, 72, *72*, 76
Libertia formosa 42, 169
  L. grandiflora 42
  L. ixioides 42, 70
  L. peregrinans 42, *43*, 169, 175
Ligustrum 185
  L. ovalifolium 185
  L. vulgare 185
Lilium 39
  L. candidum 35, 114
  L. 'Enchantment' 37–38
  L. pardalinum 178
  L. pomponium 55, *55*
  L. regale 114
Limonium 151
Liriodendron tulipifera 129
Lobelia cardinalis 27
  L. 'Fan Scharlach' (Fan Scarlet) 28, *28*, 34, *34*
  L. 'Fan Tiefrot' (Fan Deep Red) 28
  L. fulgens 27
  L. 'Queen Victoria' 27, 34, 160, 164
  L. tupa 29
Löwenzahn 126, 130
Lonicera x *tellmanniana* 52
Lunaria annua 'Alba Variegata' 84
  L.a. variegata 84, 93, *93*
  *L.a.*var *albiflora* 114, 123
Lutyens, Edwin 115, *115*, *134*
Lychnis chalcedonica 29, *29*, 32, 34, 110
  L. coronaria 32, 34, 87, 93, *118*, 161, *161*, 165
  L. c. 'Alba' 161
  L. c. 'Oculata' 161
  L. x *haageana* 29–32, 34
  L. x *walkeri* 'Abbotswood Rose' 161
Lysichiton americanus 138, *138*
Lysimachia ciliata 'Firecracker' 76

M
Magenta 161–163
Magnolia 169
  M. stellata 123, *123*
Mahonia x *media* 139, *139*
  M. x *media* 'Lionel Fortescue' 135
Malope trifida 'Vulcan' 165, *165*
Marienglockenblume 17, 29, 34
Matteuccia struthiopteris 94, 107
Mauve 79–93
Meconopsis 66
  M. betonicifolia 66, *67*
  M. cambrica 106
  M. grandis 66, *67*
  M. punicea 35, *35*
  M. x *sheldonii* *12*, 66, *67*
Melianthus major *40*, 152
Metasequoia 104
Mina lobata siehe *Ipomoea lobata*
Miscanthus sinensis *169*, 172
  M.s. 'Silberfeder' *173*
  M.s. 'Strictus' 155, 164
  M.s. 'Undine' *172*
  M.s. 'Variegatus' *102–103*, 120
Mispel 172
Muscari 42, 73
  M. armeniacum 73
  M.a. 'Blue Spike' 73, *168*
Myosotis 8, 17, 70, *72*, 153
Myrtus communis 109

N
Narcissus bulbocodium var. *citrinus* 125–126, 139
  N. 'February Gold' 139
  N. 'Hawera' 66
  N. 'Jetfire' *91*, 114
  N. jonquilla 73
  N. 'March Sunshine' 139
  N. poeticus var. *recurvus* 115, 123, *123*
  N. pseudonarcissus 126
  N. 'Thalia' 115, 123
Nerine bowdenii 26, *84*, *151*
Neuseeländische Pflanzen 168–169

Nicotiana alata 46, 54, 121
  N. sylvestris 121, 123
Nigella damascena 37, 54, 120, *120*
  N. d. 'Miss Jekyll' *56*, 70, 77
Nachtblüher 121
Nymphaea 148
  N. 'James Brydon' 148
  N. 'Marliacea Carnea' 148
  N. 'Perry's Pink' 148, 153
  N. 'Rose Arey' 148, 153, *153*
  N. 'Rose Magnolia' 148, *153*
  N. 'Texas Dawn' 137

O
Oenanthe crocata 128
Oenothera glaziouana 139, *139*
The Old Vicarage, East Ruston 6, 29, 71, *116*, *137*, 161
Olearia solandri 168–169, 175
Omphalodes cappadocica 72
  O. c. 'Cherry Ingram' 72, 73
  O. c. 'Starry Eyes' 72
  O. linifolia 120, 123
Ophioglossum vulgatum 99
Ophiopogon planiscapus 'Nigrescens' 182–183, 187, *187*
orange 37–55
Orchis mascula 165, *165*
Osteospermum 51
  O. hyoseroides 50, 55, *55*, 70, 163, 164

P
Paeonia 127
  P. 'Sarah Bernhardt' 58
Papaver commutatum 'Ladybird' 17, *18–19*, 35, 92, 110, 123, 179
  P. 'Fireball' 50
  P. 'Goliath' 17, *17*, 35, 161, *192*
  P. orientale 15, *16*, 17, 145
  P. o. 'Beauty of Livermere' 161
  P. o. 'Beauty Queen' 44
  P. o. 'Black and White' 179
  P. o. 'Juliane' 145, 153
  P.o. 'Karine' 145, 153
  P. spicatum 44
Paris polyphylla 28, 34, 96, *97*, 106, 107, *107*
Patrinia scabiosifolia 84, *85*, 93

Paulownia tomentosa 102–103
Penstemon 142
  P. 'Chester Scarlet' 35, *35*
  P. 'Drinkstone' *158–159*
  P. 'Evelyn' 144, 153
Perovskia atriplicifolia 60
Persicaria amplexicaulis 'Rosea' 138
  P. polystachya 155
Petersilie 105, *105*
Petroselinum 'Bravour' 105
Petunia integrifolia 34
  P. 'Purple Wave' 163, *163*, 165
Philadelphus coronarius 'Aureus' 115, 123, 129
Phlomis fruticosa 100, 107
Phlox 38, *39*, 105, *142*, *143*
  P. carolina 'Miss Lingard' 110
  P. maculata 'Princess Sturdza' 82, *82*, *83*, 160
  P. paniculata 42, *78*, 80–82, *82*, 92, 93, 164
  P. p. 'Alba' *31*
  P. p. 'Norah Leigh' 116, *117*, 123
Phormium 'Sundowner' *102–103*
Phyllostachys bambusoides 'Castilloni' *83*
  P. nigra 184, 187, *187*
  P. n. 'Boryana' 184
  P. n. var. *henonis* 184
  P. n. f. *nigra* 184, 187
  P. n. f. *punctata 100*, 184
Physocarpus opulifolius 'Dart's Gold' 115
  P. o. 'Luteus' 115
Pilosella aurantiaca 51, 52
  P. a. subsp. *carpathicola* 52
Pimpinella major 'Rosea' 148, 153
pink 141–53
Pittosporum tenuifolium 182
Plectranthus argentatus 84, 148
  P. forsteri 'Marginatus' 183
  P. madagascariensis 'Variegated Mintleaf' *180–181*
Pleioblastus auricomus 161
  P. variegatus 118
Plumbago auriculata 60
Polypodium aureum 75, 76, 77
  P. interjectum 'Cornubiense' *98*
Polystichum 165

190

REGISTER

P. setiferum
  'Pulcherrimum Bevis'
  96, 98, *98*, 107
Pontederia cordata 68
Pope, Nori 125, 150
Pope, Sandra 125
Primel 91, 126, *127*
Primula vialii 13
Prunus glandulosa 'Alba
  Plena' 26
  P. laurocerasus
  'Castlewellan' 100, 107
  P. serrula 167, 175, *175*
P.W. Plants 184
Pyracantha 129

Q
Quercus coccinea 26, 35
  Q. c. 'Splendens' 27, 35

R
Ranunculus acris 'Stevenii'
  17, 161
  R. ficaria 126
  R. f. 'Brazen Hussy' 126,
  182, 187, *187*
Raven, Sarah *39*
Rheum palmatum
  'Atrosanguineum' 35
Rhodochiton atrosanguineus
  90, 122, 179, *179*, 187
Rhododendron 17, 26,
  61, 168
  R. neriiflorum 62
  R. 'Seta' 182, *183*
  R. strilligosum 61
  R. thomsonii 138
Ricinus communis
  'Carmencita' 46, 144
Robinia pseudoacacia 104
  R. p. 'Frisia' 130
Rodgersia pinnata
  'Superba' 73, 77
Romneya coulteri 116, 123
Rosa 141-153
Rosa 168
  R. x *alba* 142
  R. 'Ballerina' 142
  R. 'Céleste' 142
  R. 'Fru Dagmar Hastrup'
  16–17, 35
  R. glauca 77, 152
  R. moyesii 15
  R. rubiginosa 16
  R. rugosa 16, *16*
  R. serafinoi 116
  R. setipoda 21, *53*
  R. 'The Fairy' 142,
  143, 153
  R. 'The McCartney Rose'
  142
  R. 'The Queen Elizabeth'
  141–142
Rot 15–35
Rotdorn 90

Rubus cockburnianus
  'Goldenvale' 68, *68*
  R. thibetanus 120
Rudbeckia 182
  R. fulgida var. *deamii 84*
  R. f. var. *sullivantii*
  'Goldsturm' 34, 82, 139
  R. 'Herbstsonne' 164
  R. hirta 'Indian Summer'
  84, *87*, 92, 125, 139, *139*
Ruscus aculeatus 98

S
Sackville-West, Vita 115
Salix alba 130
Salvia 17–20, 59
  S. coccinea 'Lady in Red'
  20, *20–21*, 35, *72*
  S. discolor 179
  S. guaranitica 59
  S. g. 'Blue Enigma' 59
  S. involucrata 'Bethellii'
  4, 53, 153, *153*
  S. nemorosa
  'Ostfriesland' 54
  S. patens 59
  S. p. 'Cambridge Blue'
  59, *59*
  S. sclarea 164
  S. s. var. *turkestanica* 87,
  93
  S. splendens 26
  S. x *superba* 29, 34, *50*,
  158–159
  S. uliginosa 58, 77
Sambucus racemosa
  'Plumosa Aurea' *128*
Sanguisorba tenuifolia
  'Alba' 17, *18–19*, 110, 123
Sarcococca ruscifolia 96
Scabiosa atropurpurea 'Ace
  of Spades' 179, *179*
Schilling, Tony 44
Schizostylis coccinea
  'Jennifer' 153
  S. c. 'Major' 153
  S. c. 'Mrs Hegarty' 153, *153*
  S. c. 'Sunrise' 153
  S. c. 'Viscountess Byng'
  173
Schneeglöckchen 109, *110*
Scilla 73
  S. siberica 73
Sedum 'Herbstfreude'
  60, 76
Senecio doria 100, 160
  S. elegans 51, 150, 163
  S. pulcher 163
  S. serpens 74
Senna corymbose 137
Serratula seoanei 172–173,
  175, *175*
Sidalcea 58, 144
  S. 'Elsie Heugh' 142,
  144, 153

S. 'Sussex Beauty' 142,
  153
Silene dioica 'Flore Pleno'
  164
Sinacalia tangutica 139,
  139, *170–171*
Sissinghurst Castle, Kent
  9, 15, 115, 116, 120
Smyrnium perfoliatum 107,
  114, 123
Solanum crispum
  'Glasnevin' 93
  S. rantonnetii 144,
  146–147
Solenostemon 'Inky
  Fingers' 183
Sorbus domestica 172
  S. scalaris 27
  S. torminalis 172
Spartina pectinata
  'Aureomarginata'
  172, 175
Spartium junceum 136–137,
  139, 150
Spiraea japonica 'Gold
  Mound' 42
  S. j. 'Goldflame' *98*, 107,
  144–145, 152
  S. thunbergii 129
Sternbergia lutea 135, 139
Stipa calamagrostis 172
  S. gigantea 17, 80, *81*, 110
  S. tenuissima 111
Stourton House, Somerset
  38
Symphytum 'Belsay' *87*
Syringa vulgaris 90

T
Tagetes 105
  T. erecta 50, 105
  T. patula 'Disco Orange'
  105
  T. tenuifolia 'Starfire' 105
Tamarix ramosissima 100,
  100, 107
Taxodium distichum
  104, 107
Telekia speciosa 160
Tellima grandiflora 96, 107
Tetrapanax papyrifer
  102–103
Teucrium fruticans 152
Thalictrum delavayi 9, 84
  T. flavum subsp. *glaucum*
  58, 76
Thompson & Morgan 62
Thunbergia alata 52–53,
  182
Tithonia rotundifolia 40
  T. r. 'Goldfinger' 46
  T. r. 'Torch' *36*, 46, 55, *90*
Trachelium caeruleum 77
Tragopogon 130
Tropaeolum majus 52, 55

T. speciosum 26
Tulipa 72, *87*, 145
  T. 'Ballerina' 32, *32*, 42,
  43, 55
  T. 'Bleu Aimable' *84*, 93
  T. 'China Pink' 70, *145*,
  145, 153, *153*
  T. 'Dillenburg' 42, *42*, 55,
  80, 92
  T. 'Dyanito' 32, *32*
  T. 'Orange Emperor' 42,
  43
  T. 'Orange Favourite' 42,
  43, 55
  T. 'Prinses Irene' 55, *55*
  T. 'Queen of Sheba' *13*,
  130
  T. 'Red Matador' *32*
  T. 'Red Shine' *35*
  T. sprengeri 35, *35*, 162
  T. 'Spring Green'
  98, 107, *107*
  T. 'West Point' *150*
  T. 'White Triumphator'
  10, 115
  T. 'Yellow Purissima'
  115, *115*, 136, 139
Turbankürbis 53

U
Ursinia 51

V
Valeriana phu 'Aurea' 73
van de Kaa, Romke 182
Veratrum album 178
  V. nigrum 178
  V. viride 164
Verbascum 178
  V. chaixii 139, 157, *157*,
  158–159
  V. olympicum 136, 137,
  139, *143*, 164
Verbena bonariensis 4–5, 9,
  9, 12, *13*, 22, *24*, 25, 34,
  48–49, 54, 55, 82–84,
  85, 93, *93*, *131*, *146–147*
  V. 'La France' 84, *87*, 139
  V. rigida 20, 35, 137, 138
  V. 'Silver Anne' 148, 153
Vernonia crinita 157, 165
Veronica 63–66
  V. austriaca subsp.
  teucrium 'Crater Lake
  Blue' 54, 63, 77
  V. a. subsp. *teucrium*
  'Shirley Blue' 66
  V. gentianoides 66
  V. g. 'Variegata' 66
  V. peduncularis 'Georgia
  Blue' 66
Viburnum davidii 74, *74*
  V. opulus 'Compactum'
  21, 23–5, 35, *35*
  V. tinus 74

Vinca minor 77, *77*
  V. m. 'La Grave' 77
Viola 'Bowles' Black' 178
  V. cornuta 44, 54, 142, 153
  V. 'Molly Sanderson' 178
  V. x *wittrockiana* 'T&M's
  Black Pansy' 187, *187*
Violett 155–165

Vitis coignetiae 27, *27*, 35
  V. c. Claret Cloak
  ('Frovit') 27

W
Ward, Frank Kingdon 44
Weiß 109–123
West Dean, Sussex *156*
Wiesen 7, 51–52, *70*, 104,
  130–134, *134*, *135*, 162

X
Xanthophthalmum segetum
  siehe *Chrysanthemum
  segetum*

Y
Yucca gloriosa 119, *163*

Z
Zantedeschia aethiopica
  100, *99*, 114
  Z. a. 'Green Goddess'
  100
Zauschneria californica
  'Glasnevin' 46
  Z. c. 'Olbrich Silver' 46
Zinnia 'Chippendale' 54

Papaver *'Goliath'*

DANKSAGUNG DES AUTORS

Mein besonderer Dank gilt Jonathan Buckley, der seit 1994 meinen Garten in jeder Jahreszeit so getreulich fotografiert. Unglaublich willig kommt er dringenden Bitten nach. Wir haben auch auf Fotos zurückgegriffen, die er an anderen Orten aufnahm, was jedoch nur in einigen wenigen Fällen notwendig war. Erica Hunningher war die sorgfältigste und aufopferndste Herausgeberin, die man sich vorstellen kann. Dank gebührt ebenfalls Viv Bowler, meiner Lektorin bei BBC, deren Vertrauen in mein Buch mich von Anfang an ermutigte. Wollen wir hoffen, dass es gerechtfertigt war.

Die ursprüngliche Idee für ein Buch zum Thema Farbe im Garten hatte Tom Cooper, mein Freund in Boston, Massachusetts, für dessen amerikanisches Magazin *Horticulture* ich bereits viele Artikel geschrieben habe.

DANKSAGUNG DES FOTOGRAFEN

Seit vielen Jahren genieße ich das Privileg, Dixter zu allen Jahreszeiten immer wieder besuchen zu dürfen, und während ich die letzte Wegkurve hinter mich bringe und den ersten Blick auf das Haus erhasche, beschleunigt noch immer mein Puls in Erwartung der neuesten spannenden Entwicklung. Der ungewöhnliche Zauber dieses Ortes liegt ebenso sehr an den Menschen wie an dem Garten, und ich möchte nicht nur Christopher danken, sondern ebenso all den Gärtnern, die dazu beitragen, dass ich mich dort so willkommen fühle. Besonders dankbar sind Erica und ich Fergus Garrett. Mit seinem Enthusiasmus, seiner Unterstützung und seiner Hingabe übte er einen Einfluss auf dieses Buch aus, der über seine bescheidene Selbsttitulierung als einfacher Gärtner weit hinausgeht.

Sämtliche Fotos wurden in Great Dixter aufgenommen, bis auf die im Folgenden aufgeführten Ausnahmen (l = links, r = rechts, o = oben, u = unten):
Beth Chatto Gardens, Elmstead Market, Essex, Beth Chatto, 33, 34 ol, 45, 60 o,
    74 u, 110, 111, 120 o, 145 u, 150 o, 152 u, 178 o
Craigieburn, Dumfrieshire, Bill Chudziak, 67 o
The Dingle, Powys, Roy und Barbara Joseph, 175 u
French, Perthshire, Colin Hamilton und Kulgin Dural, 51
The Garden House, Gloucestershire, Pam Schwerdt und Sibylle Kreutzberger,
    74 o, 99 o, 106 or, 114 u
Glen Chantry, Essex, Wol und Sue Staines, 55 ol, 69, 187 or
Hergest Croft, Herefordshire, W.L. und R.A. Banks, 175 o
Hollington Herb Garden, Berkshire, Judith und Simon Hopkinson, 59 u
Ketley's, East Sussex, Helen Yemm, 76 u
Miserden Nursery, Gloucestershire, Dave Robb, 63
The Old Vicarage, East Ruston, Norfolk, Alan Gray und Graham Robeson, 6, 29 l,
    71, 116, 137 o und u, 16 lu
Perch Hill Farm, East Sussex, Sarah Raven, 120, 24 ul, 36, 38 o und u, 39, 66 u,
    77 ul, 107 ol, 183 u, 187 ol und ur
RHS Gardens, Wisley, 94, 126 u, 128 o
Ruth Salisbury's Garten, Gloucestershire, 4-5, 157 o
Upper Mill Cottage, Kent, David und Mavis Seeney, 12u, 13 ul, 26 u, 29 r, 35 ol,
    50 u, 67 u, 164 l, 165 l
West Dean Gardens, West Sussex, The Edward James Foundation, 156
White House Farm, Kent, Maurice Foster, 60 u © Fergus Garrett